"十四五"高等职业教育城市轨道交通通信信号技术专业系列教材

城市轨道交通概论

崔惠珊　刘亚磊　徐晶晶◎主　编
许云雅　周　蒨◎副主编

CHENGSHI GUIDAO JIAOTONG GAILUN

中国铁道出版社有限公司
CHINA RAILWAY PUBLISHING HOUSE CO., LTD.

内 容 简 介

本书紧密结合城市轨道交通行业的发展现状及趋势，对城市轨道交通系统进行了全面介绍，内容丰富实用，主要包括城市轨道交通概述及发展、线路和车站、车站机电设备、车辆、信号与通信系统、供电系统和运营管理七个项目。

每个项目下的任务均配有技能训练工单，训练工单结合理论知识进行实训，对应轨道交通企业岗位能力需求，形成理实一体化的学习模式。

本书内容新颖、知识面广、重点难点突出，为方便教学，配有电子课件、巩固与练习答案等资源，同时还配有二维码形式的数字化教学资源。

本书适合作为高等职业院校城市轨道交通运营管理、城市轨道车辆应用技术、城市轨道交通通信信号技术、城市轨道交通机电技术等专业的基础课教材，也可作为轨道交通行业岗位培训或自学用书，还可供在城市轨道交通行业工作的广大科技人员学习参考。

图书在版编目（CIP）数据

城市轨道交通概论 / 崔惠珊，刘亚磊，徐晶晶主编.
北京 ：中国铁道出版社有限公司，2025. 5. --（“十四五”高等职业教育城市轨道交通通信信号技术专业系列教材）. -- ISBN 978-7-113-31877-2

Ⅰ. U239.5

中国国家版本馆 CIP 数据核字第 2025CK3953 号

书　　名：城市轨道交通概论
作　　者：崔惠珊　刘亚磊　徐晶晶

策　　划：闫钇汛　　　　**编辑部电话：**（010）83527746
责任编辑：李中宝　贾淑媛
封面设计：郑春鹏
责任校对：苗　丹
责任印制：赵星辰

出版发行：中国铁道出版社有限公司（100054，北京市西城区右安门西街 8 号）
网　　址：https://www.tdpress.com/51eds
印　　刷：北京联兴盛业印刷股份有限公司
版　　次：2025 年 5 月第 1 版　2025 年 5 月第 1 次印刷
开　　本：787 mm × 1 092 mm　1/16　**印张：**13.75　**字数：**365 千
书　　号：ISBN 978-7-113-31877-2
定　　价：56.00 元

前言

随着我国城市规模和经济建设的快速发展，城市化进程在逐步加快。城市轨道交通具有载客量大、运送效率高、能源消耗低、相对污染小和运输成本低、人均占用道路面积小等优点，是解决城市交通拥堵问题的最佳方式。近年来，很多三四线城市也纷纷开始筹建轨道交通，我国已成为世界上城市轨道交通发展最快的国家之一。随着各大城市的轨道交通线路陆续开通运营，产生了大量技术技能型人才需求，城市轨道交通类技术技能型人才出现了巨大缺口。

为满足城市轨道交通行业对轨道交通类人才的需求以及职业院校城市轨道交通专业的教学要求，突出职业教育的特点，编者编写了本书。

本书是理实一体化新形态教材，紧密结合当前轨道交通产业的发展及需求，重点对城市轨道交通各系统（如城市轨道交通线路与车站、机电设备、车辆、信号与通信系统、供电系统、运营管理系统等）进行了介绍。

本书的主要特色如下：

1. 落实立德树人根本任务

坚持以习近平新时代中国特色社会主义思想引领职业教育城市轨道交通类教材建设，提升教材的思想性、科学性、时代性。书中融入我国城市轨道交通的发展史，以培养学生的职业认同感，同时介绍了国外城市轨道交通的发展史，以开拓学生的国际化视野，切实发挥教育培根铸魂的作用。

2. 以学生为中心，注重实用性，突出职教特色

本书突出实用性、实践性和职业性，注重遵循职业教育教学规律和职业院校学生的认知发展规律。项目下的每个任务都以"任务导入""任务目标""任务描述"引入新知识，通过"核心知识"和"技能训练"强化学生的知识掌握度，提升文化素养，发展学生的兴趣，提升学生的课堂参与度，鼓励学生自主学习，提升教学效果。

3. 遵循专业教学标准，配套资源丰富

本书内容遵循《高等职业教育专科城市轨道交通类专业教学标准》，配有二维码数字

化教学资源，融合了“知识拓展”模块。

本书由北京交通职业技术学院崔惠珊、刘亚磊、徐晶晶任主编，北京铁路电气化学校许云雅、北京交通职业技术学院周蒨任副主编。其中，崔惠珊编写了项目五、项目七；刘亚磊编写了项目二、项目四；徐晶晶编写了项目三；许云雅编写了项目六；周蒨编写了项目一。崔惠珊负责制定编写大纲和全书统稿。本书在编写过程中参考了大量的相关资料，在此一并向其作者表示最诚挚的谢意。

由于编者水平有限，书中难免有疏漏和不足之处，恳请广大读者批评指正。

编　者

2024 年 10 月

目录

项目一
城市轨道交通概述及发展

项目导入

城市轨道交通是城市公共交通的骨干运输工具之一，是城市交通基础设施的重要组成部分，是城市综合发展实力、城市竞争力、城市经济能力的重要代表。城市轨道交通网络覆盖可以推动城市内各区域均衡发展，优化城市空间布局，提升城市整体的交通可达性。

城市轨道交通的类型多样且各具特色。不同城市会综合考虑多种因素来选择和规划轨道交通的建设形式。有些城市侧重高效率和高密度；有些城市侧重平衡资源和拓展空间；有些城市侧重低碳环保、出行品质。本项目主要介绍城市轨道交通的基本概念和发展历史。

学习目标

知识目标	技能目标	素质目标
(1)了解城市轨道交通的必要性； (2)了解城市轨道交通国内、国外发展建设情况； (3)了解城市轨道交通涉及的专业门类； (4)了解城市轨道交通的运营人才构成	(1)能够指出不同城市轨道交通的发展特点； (2)具备指出城市轨道交通系统所需的专业人才和不同专业功能的能力	(1)增进轨道交通行业人文文化素养和社会责任感； (2)通过城市轨道交通优点的学习，增强节能环保意识； (3)增强学生专业自信，培养服务意识

学习任务一　认知城市轨道交通

视频
认知城市轨道交通

任务导入

“六型地铁”即平安型地铁、人文型地铁、高效型地铁、节约型地铁、法治型地铁、创新型地铁。“六型地铁”来源于北京地铁优秀文化的积淀，来源于建设“六型地铁”的战略思考，来源于“北京地铁”的文化价值。

“六型地铁”突出安全可靠、长治久安，着力建设“平安型地铁”；突出以人为本、提升服务，着力建设“人文型地铁”；突出提高运力、增加运量，着力建设“高效型地铁”；突出低耗环保、严控成本，着力建设“节约型地铁”；突出宣传引导、厉行法治，着力建设“法治型地铁”；突出改革创新、创新驱动，着力建设“创新型地铁”。

任务目标

知识目标

(1)了解城市轨道交通的概念。

(2)理解城市轨道交通的特点。

能力目标

(1)能够描述城市轨道交通涉及的相关专业。

(2)能够理解城市轨道交通企业对人才的需求。

素质目标

(1)培养学生正确的职业观念和价值观念，培养服务意识。

(2)增强学生的专业自信、激发学生热爱行业的工作热情。

任务描述

通过本任务学习，学生能够了解轨道交通行业的运营特性，对未来所从事的行业、企业、岗位有初步的认知。

核心知识

一、城市轨道交通的概念

在城市中，使车辆在固定导轨上运行并主要用于城市客运的交通系统称为城市轨道交通。城市轨道交通是城市公共交通的一个重要组成部分，随着城市的不断发展，它逐渐成为城市中最主要的交通工具。图 1-1 所示为城市轨道交通运营现场照片。

图 1-1　城市轨道交通运营现场照片

二、城市轨道交通的特点

近年来我国城市发展速度加快，城市人口日益增加，城市管理难度不断攀升，道路拥堵、环境污染、职住分离等一系列问题限制着城市发展。城市轨道交通特有的运输优势使其成为公共客运系统的重要分支，在满足居民出行需求、建立一小时通勤圈、都市圈等方面极具发展潜力。

城市轨道交通具有无可比拟的优势，主要体现在运能大、速度快、能耗低、污染少、可靠性高、舒适性好和占地面积少等方面。

城市轨道交通虽然有许多优点，但在具体的发展过程中还存在建设投资巨大、线路建成后不易调整、运营成本高、经济效益有限等局限性。

三、城市轨道交通涉及的专业门类

城市轨道交通系统犹如一台“大联动机”，各种设备相互联系、相互制约。只有城市轨道交通各种设备及其相互关系均处于正常状态，“大联动机”才能正常运转。

在运输组织上要实行集中调度、统一指挥，按列车运行图组织列车运行；在功能实现方面，各有关专业如隧道、线路、供电车辆、通信、信号、车站机电设备及消防系统均应保证状态良好、运行正常；在安全保障方面，主要依靠行车组织和设备正常运行来保证必要的行车间隔和正确的行车路径。

城市轨道交通系统是一个庞杂的系统工程，一般而言（以地铁为例），它主要包括地铁线路、地铁车辆、地铁信号、地铁通信、地铁供电、地铁环境控制与车站机电设备等几大部分。

1. 地铁线路

地铁线路由不同的材料部件组成，具有规定的强度和稳定性，是能保证地铁以规定速度平稳、安全、正点、不间断运行的整体结构工程。地铁的轨道结构和我国的铁路轨道结构本质上没有区别。

2. 地铁车辆

地铁车辆是地下线路交通系统的重要组成部分，也是技术含量较高的机电设备。地铁车辆有动车和拖车、带驾驶室车和不带驾驶室车等多种形式。地铁车辆在运营时一般采用动拖结合、固定编组，形成电动列车组。由于它本身带有动力牵引装置，兼有牵引和载客两大功能，因此和普速铁路列车不同，不需要再连挂单独的机车。

3. 地铁信号

地铁的信号设备可保证行车的安全和提高线路的通过能力，包括信号装置、联锁装置、闭塞装置等。信号装置是指示列车运行条件的信号及附属设备；联锁装置是保证在车站范围内行车和调车安全及提高通过能力的设备；闭塞装置是保证在区间内行车安全及提高通过能力的设备。

4. 地铁通信

地铁的通信系统是地铁正常运转的神经系统，是地铁运营调度、企业管理、服务乘客、治安防控、应急指挥的网络平台，它能够为地铁工作人员提供内部、外部联络的通信手段，为地铁运营调度指挥列车运行、下达调度命令、列车运营电力供应、日常维修、防灾救护、票务管理等提供指挥专用通信工具，为旅客及工作人员及运营所需各系统提供通信网络。

5. 地铁供电

地铁的供电系统是地铁正常运营的基础保障。地铁列车是依靠电力牵引运行的，其内部的辅助供电设施如通风、空调、照明等也都需要电能。此外，地铁车站或区间中的辅助设施包括照明通风、空调、排水、通信、信号、防灾报警、电梯等也都依赖电能。地铁供电电源一般取自城市电网，通过城市电网电力系统和地铁供电系统实现输送或变换，然后以适当的电压等级供给地铁各类设备。

6. 地铁环境控制与车站机电设备

为了保证地铁安全正常运行，地铁内设置环境控制设备和各类必需的车站辅助设备和系统，包括通风、空调、给排水、消防、自动扶梯、直升电梯、动力、照明、自动售票机、自动检票机、站台门系统、自动报警消防系统、机电设备监控系统、防淹门系统和乘客引导等设备。

四、城市轨道交通发展对人才的需求

城市轨道交通是个复杂的系统工程，设备先进、技术含量高、技术发展快，对从业人员技术水平要求也较高。根据测算，每公里城市轨道交通线路要投入运营需要 50～55 人。目前城市轨道交通急需的人才有下列几种：

1. 城市轨道交通运营管理人才

城市轨道交通需要大量能从事城市轨道交通运营管理、调度、行车值班等工作的高等应用型专门人才。然而目前城市轨道交通运营管理人才较为紧缺，与产业发展不相吻合。该类人才主要从事城市轨道交通站厅站台管理、客流组织、设备管理、行车组织和票务管理等方面工作，应掌握客运、行车、设备、票务、会计和计算机应用等专业知识，具备现代城市轨道交通车站运作管理、设备操作与管理和行车指挥等工作经验。

2. 城市轨道交通工程技术人才

城市轨道交通工程涉及线路规划、设计、工务管理、线路日常维护等环节，直接影响城市轨道交通的顺畅与安全，相关人才的重要性不言而喻。该类人才主要从事轨道线路检修、轨道线路施工、工务管理等方面工作，应掌握土木工程、力学、测量学、金属工艺学、计算机应用等专业知识，具备城市轨道交通线路检测、故障分析与维修等能力，有从事城市轨道交通工务管理和线路维护等工作经验。

3. 城市轨道交通通信信号技术人才

城市轨道交通通信信号技术人才是具有地铁信号自动控制设备、列车运行控制设备的操作、维护、检修、管理及工程施工能力和智能化电子仪表维护能力的高端技能型人才。此类人才需要具有研发能力，集控制科学与工程、信息与通信工程、计算机科学与技术三类专业知识于一身，还需要掌握数据的采集、传输与处理，以及电子设备与信息系统等方面的基本理论和技术，接受过电子与信息工程分析、设计与实践等方面的基本训练，掌握现代城市轨道交通列车运行自动控制系统、现代通信系统的分析和应用技术。

4. 城市轨道交通机电设备技术人才

城市轨道交通中的机电设备包含自动售检票系统、电梯和自动扶梯、暖通和环控、给排水、消防安全、站台门等设施。城市轨道交通机电设备技术人才正是为轨道交通运营环节保驾护航的应用型工程技术人才。该类人才需掌握工程制图、工程力学、电工技术、电子技术、微机原理及应用、机械设计基础、电力拖动原理、电梯与自动扶梯、变配电技术、机电设备、空气调节、供热工程、通风工程和给排水工程等专业知识。

5. 城市轨道交通车辆技术人才

城市轨道交通车辆技术人才是负责城市轨道交通车辆驾驶、运用与管理、车辆故障诊断处理、车辆保养与维护方面的一线工程技术人才。该类人才需要掌握机械设计、机械制图、电工电子技术、电力电子、车辆构造、车辆电力牵引与控制、车辆电气控制、车辆故障诊断与检修、城市轨道交通列车驾驶与应急处理等专业知识。

6. 城市轨道交通供配电技术人才

城市轨道交通供配电技术人才掌握城市轨道交通供电系统和设备的基础知识，能从事城市轨道交通供配电系统的变电站运行、变电站设备检修、接触网施工和检修等工作，是具备变配电所需的运行、检修、故障处理能力的城市轨道交通供电技术应用型高级工程技术人才。该类人才需要掌握电工电子技术、电力电子、高低压电气设备、计算机网络与故障处理、变压器与牵引整流机组、继电保护与二次回路、城市轨道交通供电系统运行、城市轨道交通供电综合自动化系统、城市轨道交通变电站安全运行规程等专业知识。

技能训练

<table>
<tr><th colspan="8">训练工单：认识城市轨道交通</th></tr>
<tr><td colspan="8">姓名：________　班级：________　日期：________</td></tr>
<tr><td colspan="2">任务目标</td><td>指导老师</td><td colspan="5"></td></tr>
<tr><td colspan="2" rowspan="2">城市轨道交通行业、企业调研</td><td>团队成员</td><td></td><td></td><td></td><td></td><td></td></tr>
<tr><td>分工职责</td><td></td><td></td><td></td><td></td><td></td></tr>
<tr><td>任务内容</td><td colspan="7">网络调研或实地走访所在城市的轨道交通线路基本运营情况，包括运行线路现状、运营企业信息等</td></tr>
<tr><td rowspan="8">引导问题</td><td colspan="7">1. 所在城市轨道交通线路有哪些？有何特点？</td></tr>
<tr><td colspan="7"></td></tr>
<tr><td colspan="7">2. 所在城市轨道交通有哪些运营企业？</td></tr>
<tr><td colspan="7"></td></tr>
<tr><td colspan="7">3. 所在城市轨道交通运营企业设置哪些工作岗位？</td></tr>
<tr><td colspan="7"></td></tr>
<tr><td colspan="7">4. 所在城市轨道交通企业的相关岗位的工作内容是什么？</td></tr>
<tr><td colspan="7"></td></tr>
<tr><th colspan="8">任务实施</th></tr>
<tr><td colspan="8">以小组为单位调研本地轨道交通线路运营情况。要求小组成员分工协作，制订调研计划、调研范围、调研内容，记录调研过程和信息来源等，撰写一篇调研报告</td></tr>
</table>

任务评价

序号	评价内容	分数	评分记录		
			学生自评	组间互评	教师评分
1	了解轨道交通的概念和特点	30			
2	熟悉轨道交通岗位设置和人才需求	30			
3	熟悉本地轨道交通线路运营情况	40			
总成绩		100			

巩固与练习

一、判断题

1. 城市轨道交通与传统铁路属于同一范畴。　（　）
2. 城市轨道交通运能大、速度快、能耗低、污染少。　（　）

3. 城市轨道交通运行在封闭线路上,具有独享路权。 ( )

二、填空题

1. 使车辆在________运行并主要用于城市客运的交通系统称为城市轨道交通。

2. 城市轨道交通系统主要包括地铁线路、地铁车辆、________、地铁通信、________、地铁环境控制与车站机电设备等几大部分。

三、简答题

1. 简述城市轨道交通的概念。

2. 简述城市轨道交通发展对人才的需求。

学习任务二 认知城市轨道交通发展

任务导入

2020年3月12日,我国城市轨道交通行业第一个"纲要"和"规划"类文件《中国城市轨道交通智慧城轨发展纲要》发布,文件从时代背景、总体要求、发展战略、建设目标、建设重点、建设路径、保障措施等七个方面对今后一个时期(2020—2035年)我国智慧城轨建设作出了指导和规范。

我国智慧城轨发展蓝图是:创建智慧乘客服务、智能运输组织、智能能源系统、智能列车运行、智能技术装备、智能基础设施、智能运维安全和智慧网络管理八大体系;建立一个城轨云与大数据平台;制定一套中国智慧城轨技术标准体系。今后一段时间,力争通过"两步走"实现智慧城轨建设的战略目标。第一步:2025年,中国式智慧城轨特色基本形成,跻身世界先进智慧城轨国家行列。第二步:2035年,进入世界先进智慧城轨国家前列,中国式智慧城轨乘势领跑发展潮流。

任务目标

知识目标

(1)了解城市轨道交通行业发展情况。

(2)了解主要城市轨道交通现状。

能力目标

(1)具备指出国外主要城市轨道交通的发展阶段和特征的能力。

(2)具备指出国内主要城市轨道交通的发展阶段和特征的能力。

素质目标

(1)通过对发展历史的学习,培养学生正确的职业观念和价值观念。

(2)培养学生科技创新意识和保障民生的观念。

任务描述

通过本任务学习,学生能够熟悉国内外轨道交通行业的发展历史,熟悉未来所从事的轨道交通行业。

核心知识

一、世界城市轨道交通的发展概况

从马车时代到铁路产生,从汽车的普及到城市轨道交通的蓬勃发展,每一次城市化进程的演变都必然伴随公共交通方式的兴起与发展，当世界各工业发达国家经过数十年的城市建设实现了城市交通机动化，建成了比较完善的综合交通体系，城市轨道交通作为新型公共交通工具，其地位和作用也越来越凸显，成为现代化城市尤其是大型、特大型城市必不可少的公共客运运输工具。轨道交通的不断进步，反过来推进了城市化进程发展，标志着城市现代化水平，更彰显了现代化城市的经济功能和社会功能。世界城市轨道交通的发展历经变化，其主要发展脉络可分为如下几个阶段：

1. 诞生和初始发展阶段(1863—1923 年)

工业革命后，西方国家纷纷加快城市建设，引进机械化生产模式，人们的出行方式由马车为代表的自然交通工具，转变为铁路、机车为主的机动交通工具。1804 年，英国工程师理查德・特里维希克改良蒸汽机，并研制了第一辆单汽缸蒸汽机车，以 5 ~ 6 公里的时速带动 5 节车厢货物的运输。1814 年，英国人乔治・史蒂芬森设计了第一台双汽缸蒸汽机车，又历经十余年改进制造出第一辆客运蒸汽机车“旅行号”。1825 年，乔治・史蒂芬森在英国主导建设了世界第一条以机械牵引的商用铁路(从英国达林顿到斯托克顿)，之后他创立火车制造厂，研制出更多的改进型机车，并担任英国铁路系统的总工程师。1830 年，英国首条干线铁路建设成功(从英国利物浦到曼彻斯特)，成为英国工业化进程的里程碑事件，是英国铁路大规模建设铁路的开端。蒸汽机车的运用和铁路的商业化运营，昭示着客运产业新的发展方向，为后面城市客运和运输业发展奠定了技术基础，城市轨道交通由此产生。

19 世纪 50 年代，蒸汽动力铁路网已经初步形成，并蔓延至城市市区周边，但这些线路受房屋建筑阻碍和拆迁限制，无法贯穿城市内部通行，乘客只能在周边下车，换乘或步行到市中心，大大增加了城市拥堵，于是开始在地下修建城市铁路，并连接市区周边铁路终点站。1863 年 1 月 10 日，世界上第一条蒸汽机车驱动的地下铁路——“大都会铁路”在英国伦敦成功通车，标志着城市轨道交通的诞生。当时地铁车辆在地下隧道内运行，有隧道通风孔可以把蒸汽机烟雾引出隧道，但排风不畅仍然使乘客头晕目眩、烟熏气闷，即便如此，和缓步迟行的市区道路相比，畅通无阻的地铁仍然受到伦敦市民的追捧，开通第一年便运送了 950 万人次乘客，最繁忙时每 10 分钟就运送一班车辆。受伦敦成功建设地下铁道的影响，1863—1899 年，英国的伦敦和格拉斯哥、美国的纽约和波士顿、匈牙利的布达佩斯、奥地利的维也纳以及法国的巴黎等五个国家七座城市先后修建成地下铁道。伦敦地下铁道如图 1-2 所示。

图 1-2　伦敦地下铁道

地下铁道的不良环境直到电动机车的出现才得到空前改善，此后世界著名都市相继建造电气化铁道，地铁建设展示出强大的生命力。1873 年奥地利维也纳世博会，比利时工程师格拉姆错接自激直流发电机电线,发现了电动机,促进了直流电动机的问世。自此电力开始用来带动机器,成为取代蒸汽动力的新能源。1879 年,德国人冯·西门子在德国柏林工业博览会展出第一条电气化铁道,在长约 300 m 的环形线路上,布设两根轨道和第三条直流供电轨,以四轮电力机车牵引三辆拖车。这台不冒烟的电车赢得观众的一片喝彩,冯·西门子大受鼓舞,在 1881 年柏林郊区又修建了一条 2.45 km 的电气化双轨线路,双轨中的一条铁轨为相线,另一条铁轨作回路,但这种线路对公共安全造成危险,西门子通过将输电线架高的方式来解决供电和安全问题。德国有轨电车如图 1-3 所示。1888 年,美国弗吉尼亚州的里兹门德市,将市内有轨马车线路改建成电气化的有轨电车线路,并改进了电车的集电装置、悬挂方式和驱动方式,成为世界上第一个投入商业运营的城市有轨电车交通系统。

图 1-3　德国有轨电车

当时私人铁路公司普遍认为城市地铁的线路短、投资回收期长,更倾向建设中长线铁路项目。而有轨电车因其无须考量地质条件,也不用建设隧道和高架,成为地铁建设的有力竞争者,被人们称为"半地铁"。这一此消彼长的现象,直到城市人口增加、新老城区交替发展才得以转变。政府部门一改过去放任自由竞争的"观望态度",转而积极参与到城市交通建设和管理之中,政府出资并建设的轨道交通项目大幅增加。1890 年,世界上第一条电力驱动的深层隧道地铁"都市与南伦敦铁路"(city and south London railway)在英国伦敦开始运行。1904 年,美国纽约地铁贝尔蒙线开通,成为美洲最早建立地铁系统的城市。

19 世纪末期到 20 世纪初期是城市轨道交通的快速发展时期,电气化线路最初修建在工矿线路和一些大城市近郊线路上,之后应用到城市客运运输干线,城市轨道交通逐步成为大城市的重要公共交通形式。值得一提的是,1984 年,世界上第一台汽油内燃机车在德国研制成功,并应用于线路运输,但由于汽油耗费太高,并没有在轨道交通行业得到推广,反而以其轻盈的重量、紧凑的结构、便捷的启动方式等优势,伴随汽车的产生而逐渐发展壮大。

2. 停滞萎缩阶段(1924—1949 年)

工业革命后,西方城市化进程不断加快,人们的出行方式由马车为代表的非机动交通方式转变为铁路、电车为主的机动交通方式,政府也鼓励发展机动交通工具来刺激经济发展和为运输军备提供便利。然而建设周期长、投资巨大等隐形因素还是逐渐表现出来,即便投资较低的有轨电车或者是政府投资地铁项目,城市轨道交通建设也难以为继,面临汽车工业带来的巨大竞争压力,一些城市的有轨电车系统被相继停运和拆除。城市轨道交通运输历经蓬勃发展、自由竞争走向行业性亏损而快速衰落,汽车工业的发展、世界大战的爆发、城市人口的骤减加速了轨道交通的退潮。

3. 再发展阶段(1950—1969 年)

1950 年以后,世界各国纷纷进入战后经济复苏阶段,机动车的大量蔓延使得城市道路拥堵异常,交通瘫痪时有发生,即便各国政府一度扩建道路、建设立体交通、发布各项交通规划和改进政策,但都难以扭转城市问题,加之汽车的尾气污染、噪声污染和石油资源的枯竭,人们开始意识到机动车作为城市主导交通方式并不能引导城市和环境健康发展,反而恶化了空间环境,解决城市交通问题必须依赖公共交通,于是城市轨道交通以其污染少、能耗低、运量大、速度快和空间优势,重新站上历史舞台,这一时期有中国、朝鲜、韩国、巴西等国家的 17 个城市先后开通了地铁。

4. 高速发展阶段(1970 年至今)

1970 年至今,世界各国城市化进程不断深化、客流量不断攀升,各国政府都确立以城市轨道交通为主导的发展模式,大力鼓励地铁、有轨电车等轨道交通建设,并提供政策和财政支持,发达国家的轨道建设如火如荼,发展中国家也逐步意识到交通治理的重要性,奋起直追,成为轨道交通建设的生力军。同时,对历史文化建筑的保护受到人们的重视,促进了旧有线路的保护和复兴,增加了老城区的改造、复刻历史原貌等规划项目,这些措施提高了旧有轨道交通线路的吸引力,助力了城市轨道交通的再发展道路。此外,技术的革新为轨道交通发展提供了有力支持,带动了轨道交通系统的高速发展,不断涌现了许多新型轨道交通方式。1981 年,日本建成了自动导向轨道系统,即神户新交通系统。1983 年,法国现代化轻轨电车线路在里尔市建成通车,它是世界上第一条无人驾驶的全自动地下铁道。1984 年,英国在伯明翰建成低速磁悬浮铁路并投入使用。目前,世界各大城市都已建立了纵横交错的轨道交通线路网,支撑了轨道交通日益增长的运输需求。

二、世界主要大城市轨道交通发展现状

国际化大都市大都有比较成熟与完整的轨道交通系统,客运量和建设规模比较大的城市有日本的东京、英国的伦敦、法国的巴黎、美国的纽约、俄罗斯的莫斯科等。

1. 东京

就城市规划而言,"东京"这个词包含三个概念。"东京城区部"是指东京的中心城区,"东京都"是指东京的行政区域,而"东京都市圈"则指能够到东京上班、上学的地区范围,面积约 13 000 km^2。东京交通系统的最大特征是四通八达的城市轨道交通网。

东京是亚洲最早修建地铁的城市,地铁主要布局在中心城区。乘地铁出行人数约占东京都市圈轨道交通出行总人数的 1/5。除地铁之外,在东京都市圈还有众多的由地面线或高架线组成的市郊铁路、市区横贯铁路等。城市轨道交通线网总运营里程在 2 000 km 以上。这些铁路可在高峰时段以二三分钟的间隔发出一列由 8 ~ 15 节车辆编组的列车,一条路线的单向客运能力有 5 万 ~ 10 万人/小时,而这样的线路有 30 多条。东京的轨道交通都是严格按照以秒为单位制定的时刻表来运行的。在东京都市圈,即便是去 50 km 以外的场所,在使用轨道交通工具的情况下,都可以按照当初预定的时刻到达目的地。

2. 伦敦

伦敦由小到大可分为伦敦中心区、包括 33 个区在内的大伦敦地区和包括大伦敦地区在内的东南地区。伦敦城市轨道交通采用多层次、多类型的交通模式,主要轨道交通系统分为地铁、快速轻轨(以地面或高架形式为主)以及高架独轨三种类型,并可再细分为七种不同层次、类型,从而组成一个综合的轨道交通系统。

伦敦城市轨道交通共有 12 条线路,加上高峰时间和星期日增开的三条线路,共计 15 条,各线路互相交错,四通八达。换乘时不用出站,在站内即可换乘其他线路,几乎可达伦敦所有地区。一些重要的公交车站和地铁车站,几乎都建在一栋建筑内,有三分之一的地铁车站和小汽车停车场结合在

一起，许多地铁车站设置在人流集中的大商店或办公楼底部，形成十分方便的换乘体系。

伦敦是世界上第一个修建地铁的城市，地铁是伦敦中心区的主要交通形式。目前伦敦拥有较为完善的地铁网络系统，线路全长461.6 km，每天运送旅客约300万人次，共有车站273座，年客运总量为8.15亿人次。

3. 巴黎

巴黎的城市轨道交通承担着近70%的客运量，地铁、市域快速轨道系统、有轨电车，以及大巴黎的市郊铁路构成了整个900万巴黎人的主要交通工具。

从1900年1号线的开通，一个多世纪以来，巴黎的地铁网络在地下不停延伸地铁网络，四通八达。在巴黎街头，步行不出300 m便一定能找到地铁线。巴黎的地铁带给人们的不仅仅是快速便捷，更是一种艺术的享受。各车站独具特色的内部装饰、1900年法国建筑师设计的巴黎地铁入口标志性建筑、车站里卖艺的音乐家，无一不构成匆匆人流边一道道美丽的风景。

从建造第一条区域铁路线至今，巴黎区域铁路线的发展已经历了160多年。区域铁路线的主要功能是将巴黎市中心与其近郊连接起来，因此区域线是城市轨道交通最原始的骨架，是城市综合交通的主要轴线。伴随着技术的不断进步，区域轨道交通线已经成为巴黎的城际交通大动脉。

4. 纽约

1904年10月27日，纽约第一条永久性地铁诞生。目前地铁网运营线路29条，全长443.2 km，设有504座车站，站间平均距离0.8 km，日客运量超过490万人次，地铁运量占纽约市全部公共交通系统运量的70%。纽约地铁24 h运行，地铁线路四通八达，上下班高峰期很拥挤，是世界上使用效率最高的地铁系统之一。

5. 莫斯科

莫斯科拥有一个立体交叉地铁网，总长243 km，设有140多座车站。由一条环线和八条放射线组成，每天运营20 h，高峰时列车间隔为75 s，日客运量高达800多万人次。客运密度为每公里1 400多万人次。

莫斯科地铁一直被公认为是世界上最漂亮的地铁之一，地铁站的建筑造型各异、华丽典雅，如图1-4所示。每个车站都由著名建筑师设计，建筑格局各不相同，各有其独特风格。莫斯科地铁站多用五颜六色的大理石、花岗岩、陶瓷和五彩玻璃，镶嵌各种浮雕、雕刻和壁画装饰，照明灯具十分别致，好像富丽堂皇的宫殿，享有“地下的艺术殿堂”之美称。

三、中国城市轨道交通的发展概况

中国最早的轨道交通系统可以追溯到1899年，第一条有轨电车线路由西门子公司承建，从正阳门到永定门外马家堡，总长约3 km。随后一些城市也开始兴建有轨电车，天津（1906年）、上海（1908年）、大连（1909年）、沈阳（1924年）、哈尔滨（1927年）、长春（1935年）等城市相继开通有轨电车线路。当时政府无暇管理城市交通建设，大部分城市在战后伤痕累累，真正意义上的轨道交通线网建设开始于新中国成立之后。

1. 初始阶段（1949—1977年）

新中国成立初期，我国百废待兴，许多城市陆续拆除原有轨道电车线路，致力于国家的工业建设计划，少数城市如大连、长春等还保有部分有轨电车线路。我国第一条地铁线路——北京地铁，自1965年开始筹划建设，历时4年于1969年10月建成，由于属于备战工程项目，北京地铁在通车后很长时间并未面向公众开放，而是面向少数的参观需要，实际通勤功能较弱，直到1971年1月15日开始试运营。图1-5所示为我国第一条地铁线路的开工典礼、参观券及乘车票。

图 1-4　莫斯科地铁站

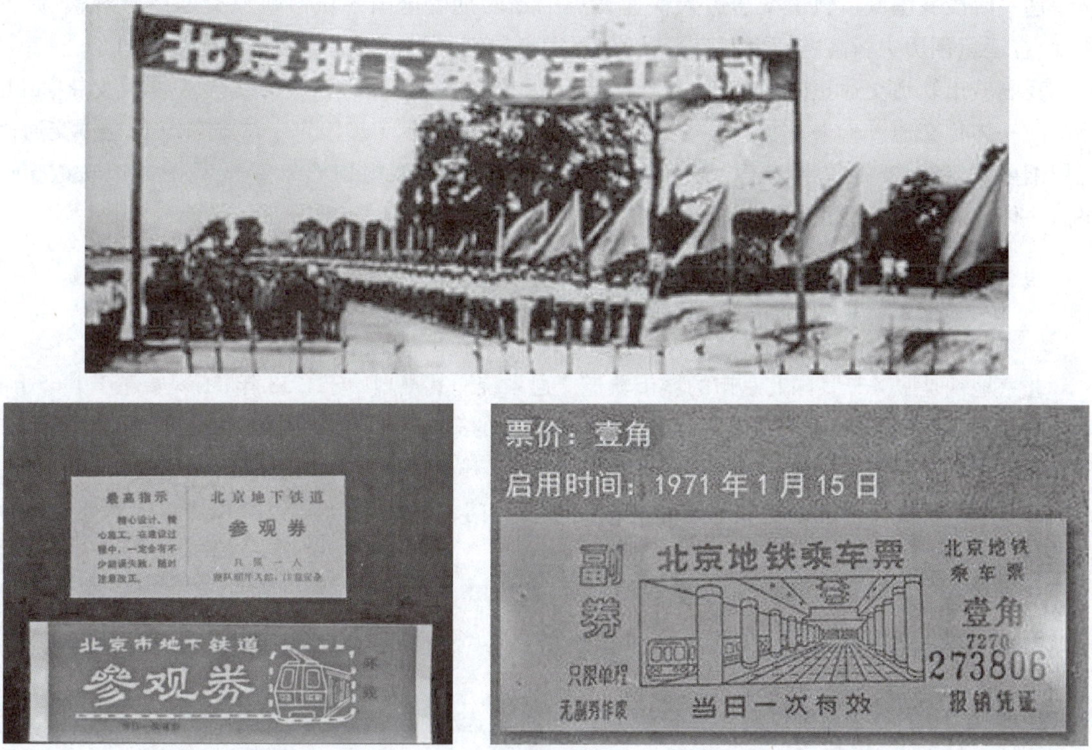

图 1-5　我国第一条地铁线路的开工典礼、参观券及乘车票

2. 缓慢发展阶段(1978—2003 年)

1984 年 12 月天津地铁建成通车。上海、广州等经济一线城市相继开始申请建设轨道交通，1993 年上海地铁试运营，成为国内第三个开通地铁运营的城市。1995 年国务院发布《国务院办公厅关于暂停审批城市地下快速轨道交通项目的通知》，通知提出除北京、广州、上海一线城市外，其他城市轨道交通项目暂停。这一时期城市交通规划依然以路面交通为主。因此，城市轨道交通建设缓慢且兼有短暂停顿，但随着大城市的人口规模呈几何式增长，城市交通拥堵度一直持续攀升，庞大的出行需求和薄弱的道路承载量成为一对不可调和的矛盾，城市空间发展规律已然不容忽视。

3. 有序发展阶段(2003—2007年)

21世纪初,我国经济进入持续快速发展阶段,为了合理规划城市发展的职住空间,解决快速机动化和人口集中化带来的问题,各大城市积极推进以公共交通为主导,构筑多层次空间结构的交通规划。由此开始,我国城市轨道交通迅猛发展,各大城市竞相申请立项,截至2007年2月,我国城市轨道交通运营里程超过520 km,地铁运营里程超380 km,深圳、重庆、武汉等城市轨道交通开通运营。

这一阶段,国务院于2004年确定了“引进先进技术、联合设计生产、打造中国品牌”的基本原则,轨道交通装备制造业走向先引进、再创新之路,装备制造不仅突破了牵引传动列车控制等关键技术,还建成较为成熟的生产技术和生产体系,打造出了中国品牌。这一时期我国城市轨道交通系统有序发展,不断攻克与突破技术难题,轨道交通产业发展迈上新台阶。

4. 快速发展阶段(2008年至今)

这一阶段我国城市轨道交通进入快速发展的新时期。全国各城市轨道交通运营规模、路网长度、客运量创历史新高,全路网建设速度位居世界前列。

我国城市轨道交通正向网络化线路、多元化系统制式发展,部分城市已形成纵横交错、相互链接的一体化交通。未来,根据已颁布的《交通强国建设纲要》(2019年)、《国家综合立体交通网规划纲要》(2021年)、《“十四五”现代综合交通运输体系发展规划》(2022),我国城市轨道交通将向一体化、智能化、绿色化的目标发展,发展前景十分广阔。

四、中国主要城市轨道交通发展现状

1. 北京

北京地铁是服务于我国北京市的城市轨道交通系统。其规划始于1953年,工程始建于1965年,最早的线路竣工于1969年,1971年开始运营,是我国的第一个地铁系统。

北京地铁1号线(一期工程)于1971年1月15日开始试运行。北京地铁2号线(二期工程)始于1969年,其线路沿北京内城城墙自建国门至复兴门,呈倒U字形,设12座车站及太平湖车辆段,线路长度为17.2 km。

北京地铁13号线于2002年9月起分段开通,将霍营、回龙观和北苑等城北住宅区和上地信息产业基地与中心城区联系起来。八通线于2003年开通,对改善通州交通环境起到重要作用。

2007年10月7日,北京地铁5号线正式开通试运营,是第一条北京市南北轨道交通大动脉。5号线全长27.3 km,设太平庄停车场和宋家庄车辆段,也是北京地铁第一条加装站台门的路线。

2008年7月19日,在北京奥运会开幕前夕,北京地铁10号线一期、奥运支线(北京地铁8号线一期)和机场线三条轨道交通新线正式通车。至此,北京轨道交通运营里程达到200 km,运营线路达到8条,北京轨道交通的网络效应已经初步显现。

2009年9月28日,随着地铁4号线的开通,北京地铁开通运营的线路包括1号线、2号线、4号线、5号线、8号线、10号线、13号线、机场快轨、八通线,运营总里程达到228 km。

2010年12月30日,北京地铁开通亦庄线、大兴线、房山线、15号线和昌平线,北京地铁总长度达到336 km。

2016年12月,地铁3号线一期、八通线南延、昌平线南延一期、平谷线和新机场线一期共五条轨道交通线开工建设。除上述五条线路继续施工外，燕房线支线和 CBD 线也于 2017 年年底开工。2017 年 12 月 23 日起，北京市城市轨道交通全路网实现线上购票、车站取票。

截至 2024 年 12 月，北京地铁运营总里程 879 km，车站数量 522 座。

2. 上海

上海地铁是指服务于我国上海市的城市轨道交通，其第一条线路上海轨道交通 1 号线于 1993 年 5 月 28 日正式运营，是继北京地铁、天津地铁建成通车后我国内地第三个投入运营的城市。

截至 2024 年 12 月，上海地铁已通车 21 条线路，运营里程 896 km，车站数量 517 座（含磁浮线）。

3. 广州

广州地铁是我国内地第三大城市——广州市的城市轨道交通系统，也是国际地铁联盟（CoMET）的 14 个成员之一，首条线路于 1997 年 6 月 28 日开通，广州也成为我国内地第四个开通并运营地铁的城市。

截至 2024 年 12 月，广州地铁运营线路共 17 条，（含 APM 线、广佛线），共设车站 332 座，共有换乘站 61 座，运营里程，705 km。

4. 天津

天津是继北京之后我国内地第二个拥有地铁的城市。天津第一条地铁（时称“天津地铁一号线”）于 1970 年 6 月 5 日开始建设，1984 年 12 月 28 日正式通车运营。

截至 2024 年 12 月，天津轨道交通运营的地铁线路总共 11 条线网覆盖市辖区，总运营里程 335 km，车站 204 座。

5. 青岛

青岛地铁是服务于我国山东省青岛市的城市轨道交通，其首条线路青岛地铁 3 号线于 2015 年 12 月 16 日开通试运营。

截至 2024 年 12 月，青岛地铁在建线路共有八条，总长 352 km，运营车站 172 座的轨道交通网络。

知识拓展

交通强国，城轨担当

根据交通运输部发布的 2024 年城市轨道交通运营数据速报显示，截至 2024 年 12 月 31 日，31 个省（自治区、直辖市）和新疆生产建设兵团共有 54 个城市开通运营城市轨道交通线路 325 条，运营里程 10 945. 6 km，车站 6 324 座。2024 年全年新增城市轨道交通运营线路 18 条，新增运营区段 27 段，新增运营里程 748 km。

2024 年全年实际开行列车 4 085 万列次，完成客运量 322. 4 亿人次，进站量 192. 9 亿人次，客运周转量 2 670 亿人次千米。2024 年全年客运量较 2023 年增加 28 亿人次，增长 9. 5%。其中，43 个城市开通运营地铁、轻轨线路 267 条，运营里程 9 477. 6 km，完成客运量 311. 3 亿人次，进站量 185. 1 亿人次；16 个城市开通运营单轨、磁浮、市域快速轨道交通线路 25 条，运营里程 970. 7 km，完成客运量 9. 8 亿人次，进站量 6. 6 亿人次；18 个城市开通运营有轨电车、自动导向轨道线路 33 条，运营里程 497. 3 km，完成客运量 1. 3 亿人次，进站量 1. 2 亿人次。下表所示为 2024 年城市轨道交通运营数据速报。

2024 年城市轨道交通运营数据速报

序号	城市	运营线路条数	运营里程（公里）	运营车站数	客运量（万人次）	进站量（万人次）	客运周转量（万人次公里）	列车运行图兑现率	正点率
1	北京	29	879. 0	414	361 916. 0	200 018. 9	3 478 949. 2	99. 99%	99. 87%
2	上海	22	871. 6	455	377 363. 3	209 863. 7	3 455 906. 6	99. 94%	99. 91%
3	广州	19	693. 9	299	317 352. 4	178 374. 6	2 665 021. 8	99. 97%	99. 99%
4	成都	15	634. 2	351	220 898. 2	126 100. 8	1 924 748. 2	100. 00%	100. 00%
5	深圳	18	595. 1	344	310 218. 7	175 070. 7	2 452 617. 8	100. 00%	99. 99%
6	武汉	15	561. 2	332	146 781. 0	92 787. 7	1 191 693. 8	99. 96%	99. 98%
7	杭州	12	516. 0	256	146 984. 3	88 324. 1	1 235 329. 3	99. 99%	99. 99%
8	重庆	11	494. 6	253	144 514. 5	89 575. 6	1 194 587. 4	100. 00%	99. 98%
9	南京	15	483. 3	229	109 246. 7	64 865. 9	1 237 938. 4	99. 99%	99. 98%
10	西安	11	385. 2	228	138 165. 7	88 984. 7	1 075 953. 3	100. 00%	99. 97%
11	郑州	12	382. 7	209	69 727. 2	42 106. 9	540 047. 7	99. 94%	99. 98%
12	青岛	9	360. 9	181	53 055. 3	36 784. 9	550 340. 9	99. 93%	99. 99%
13	苏州	11	355. 4	280	60 308. 9	36 560. 1	408 206. 6	100. 00%	99. 97%
14	天津	9	309. 9	201	63 998. 8	39 802. 3	467 906. 9	100. 00%	100. 00%
15	沈阳	12	284. 7	191	65 810. 5	42 073. 8	430 708. 2	97. 00%	99. 92%
16	大连	6	237. 1	100	26 691. 9	19 611. 7	267 045. 8	99. 99%	99. 99%
17	合肥	6	231. 8	171	52 443. 1	31 450. 2	251 152. 6	100. 00%	100. 00%
18	长沙	7	219. 0	135	102 688. 9	55 502. 1	603 921. 3	100. 00%	99. 99%
19	宁波	6	194. 2	121	38 807. 6	22 147. 8	231 145. 2	99. 99%	100. 00%
20	昆明	6	165. 9	103	30 742. 4	22 122. 1	286 505. 5	100. 00%	99. 99%
21	佛山	6	150. 2	93	18 041. 6	7 584. 8	173 706. 7	99. 99%	100. 00%
22	贵阳	4	146. 5	93	25 519. 0	18 196. 3	195 302. 6	100. 00%	99. 99%
23	长春	6	140. 8	111	27 106. 5	18 945. 1	184 289. 7	99. 96%	99. 73%
24	福州	5	139. 0	90	30 569. 2	21 943. 5	236 911. 2	100. 00%	100. 00%
25	南昌	4	128. 5	94	43 895. 4	21 687. 7	207 328. 1	100. 00%	99. 99%
26	南宁	5	128. 2	93	36 523. 7	21 610. 0	215 322. 4	100. 00%	99. 99%
27	无锡	4	110. 8	80	22 803. 4	14 986. 0	137 126. 5	100. 00%	100. 00%
28	厦门	3	98. 4	70	26 694. 9	20 524. 8	204 472. 5	100. 00%	99. 99%
29	济南	3	96. 7	46	11 639. 9	8 337. 5	121 599. 2	100. 00%	99. 98%
30	哈尔滨	3	91. 6	73	36 123. 1	23 571. 5	218 790. 8	99. 99%	99. 99%
31	石家庄	3	74. 3	60	19 823. 4	13 707. 0	115 257. 3	100. 00%	99. 99%
32	徐州	3	72. 2	57	10 969. 5	7 923. 4	69 357. 0	100. 00%	100. 00%
33	绍兴	3	61. 2	38	4 418. 0	2 518. 3	44 884. 5	100. 00%	99. 97%
34	南通	2	58. 8	43	4 239. 2	3 597. 8	35 746. 1	100. 00%	100. 00%
35	常州	2	54. 0	43	7 210. 9	5 955. 1	51 078. 0	100. 00%	99. 99%
36	温州	1	52. 5	18	2 031. 2	1 733. 6	38 233. 3	100. 00%	99. 99%

续表

序号	城市	运营线路条数	运营里程（公里）	运营车站数	客运量（万人次）	进站量（万人次）	客运周转量（万人次公里）	列车运行图兑现率	正点率
37	呼和浩特	2	49.0	43	7 701.7	6 250.8	44 038.2	100.00%	100.00%
38	海宁	1	46.4	12	1 362.5	1 043.2	29 471.8	100.00%	100.00%
39	芜湖	2	46.2	35	3 700.6	3 123.4	25 096.9	100.00%	99.98%
40	洛阳	2	43.5	33	7 011.7	5 282.8	42 496.0	100.00%	100.00%
41	昆山	2	43.0	29	5 513.7	3 995.6	47 926.8	99.94%	100.00%
42	东莞	1	37.8	15	4 941.7	4 941.7	61 241.3	100.00%	100.00%
43	兰州	2	33.5	27	14 076.2	12 111.7	98 044.7	100.00%	99.99%
44	黄石	1	26.8	29	475.7	475.7	6 393.0	100.00%	99.98%
45	乌鲁木齐	1	26.8	21	4 334.7	4 334.7	37 238.3	100.00%	99.96%
46	太原	1	23.3	22	4 820.3	4 820.3	35 626.6	100.00%	99.99%
47	淮安	1	20.1	23	845.3	845.3	8 453.0	99.98%	100.00%
48	句容	1	17.3	5	738.5	443.3	10 211.7	100.00%	99.97%
49	嘉兴	1	13.8	16	322.0	322.0	2 221.9	99.94%	99.65%
50	文山	1	13.4	10	51.7	49.6	441.4	99.99%	100.00%
51	红河	1	13.4	15	10.9	10.9	94.7	100.00%	100.00%
52	天水	1	12.9	12	105.7	105.7	835.3	99.98%	99.99%
53	咸阳	1	10.7	7	2 330.2	1 713.2	53 190.5	100.00%	99.94%
54	三亚	1	8.4	15	160.0	160.0	608.0	100.00%	100.00%

技能训练

训练工单：认识城市轨道交通的发展						
姓名：________　班级：________　日期：________						
任务目标		指导老师				
调研本地城市轨道交通历史沿革和发展规划		团队成员				
		分工职责				
任务内容	调研本地轨道交通线路，了解线路的地铁标志、修建时间、运营里程、服务现状等					
引导问题	1. 国外城市轨道交通系统发展历经几个阶段？各个阶段的发展特征是什么？					
	2. 我国城市轨道交通系统发展历经几个阶段？各个阶段的发展特征是什么？					
	3. 本地轨道交通线路未来有哪些建设规划？					
任务实施						
1. 以小组为单位梳理我国某城市某条地铁的建设过程，通过现场调研或网络查询对其线路走向、车站、车票、LOGO、典型车站情况给予较详尽的介绍，并分析线路特点，完成3 000字以上的调研报告； 2. 关注“中国城市轨道交通”“世界城市轨道交通”等网站、各地铁微信公众号，熟悉城市轨道交通的最新资讯						

任务评价

序号	评价内容	分数	评分记录		
			学生自评	组间互评	教师评分
1	世界轨道交通发展历程及主要城市轨道交通现状	40			
2	我国轨道交通发展历程及主要城市轨道交通现状	40			
3	本地轨道交通建设现状及未来规划	20			
总成绩		100			

巩固与练习

一、选择题

1. 世界上第一条地铁于(　　)年开通运营,位于(　　)城市。
   A. 1863 伦敦　B. 1832 伦敦　C. 1870 柏林　D. 1881 柏林
2. 世界上第一个投入商业运营的城市有轨电车交通系统,是(　　)。
   A. 英国　B. 美国　C. 德国　D. 中国
3. 我国第一条地铁建于(　　)。
   A. 广州　B. 北京　C. 上海　D. 天津
4. 目前,我国城市轨道交通全线网总规模最大的城市是(　　)。
   A. 广州　B. 北京　C. 上海　D. 天津

二、简答题

1. 简述世界城市轨道交通的发展历程。
2. 简述我国主要城市轨道交通的网络规划。

项目二
城市轨道交通线路和车站

项目导入

城市轨道交通是集多专业、多工种、多设备于一体的复杂系统，犹如一台“大联动机”，通常由轨道线路、车站、车辆、检维修基地、供电、通信、信号、机电、指挥控制中心等组成。如果把城市轨道交通比作人的身体，那么线路就类比于人的血管，通往人身体的各个部位；车辆就类比于流淌在血管里的血液，完成物质运输（乘客运输）；车站就类比于人体的各个器官，完成物质交换（乘客换乘）；车辆检维修基地就类比于人体的心脏，提供新鲜血液和运输动力（列车停放、清洁、检修、维护等）；通信与信号就类比于人体的神经系统，感知外界状态变化和反映各器官运行状态（指挥行车及各子系统间的通信）；供电就类比于人体的能量供给，维持身体技能（向车站、车辆、线路等各系统供电）；指挥控制中心类比于人的大脑，接收身体信息并发出各项指令（接收各子系统指令并指挥各子系统正常运行）。

本项目主要介绍城市轨道交通线路和车站的基础知识。通过本项目的学习，学生应全面了解线路、轨道、路基和桥隧建筑物、车站的基本知识等，并能达到以下学习目标。

学习目标

知识目标	技能目标	素质目标
（1）了解线路、轨道、路基及桥隧建筑物、车站的概念； （2）掌握线路的分类、平纵断面、线路标志的基本知识； （3）掌握轨道的相关基础知识； （4）了解路基和桥隧建筑物的基本知识； （5）掌握车站的基本知识	（1）能够正确理解线路、轨道、桥隧建筑物的作用； （2）能够正确绘制不同类型的线路并理解其作用； （3）能够绘制不同类型的道岔并理解其作用； （4）能够正确辨认不同类型的车站	（1）建立爱岗敬业的职业责任感； （2）培养遵纪守法、严守规章的职业原则； （3）具备团队合作的意识； （4）培养严谨的工作作风、良好的职业道德及创新意识

学习任务一 认知线路

任务导入

不同类型的轨道交通，其轨道线路类型有所不同，目前大多数国家和地区广泛采用的主要是由两根钢轨支撑列车运行的轮轨交通系统。在我国，目前除重庆等个别城市采用单轨系统外，北京、上海、成都、天津、广州、深圳等城市的轨道交通系统都采用由两根钢轨支撑列车运行的轮轨交通系统。

任务目标

知识目标

(1)了解线路的概念。

(2)掌握线路的分类、平纵断面、线路标志的基本知识。

能力目标

(1)能正确叙述线路的概念及作用。

(2)能够正确绘制不同类型的线路并理解其作用。

素质目标

(1)树立遵纪守法、遵章守纪的职业原则。

(2)培育精益求精、安全第一的工匠精神。

(3)建立爱岗敬业、团结协作的职业责任感。

任务描述

通过本任务的学习，学生能够认识线路的概念、分类、平纵横断面及线路标志等基本知识，对城市轨道交通线路有整体认知，达到城市轨道交通运营维护人员的基本能力要求。

核心知识

一、线路的概念

线路是为了进行轨道交通运输所修建的固定路线，是列车运行的基础，是由路基、桥隧建筑物和轨道组成的一个整体工程，是城市轨道交通所有行车线路的总称。

路基是轨道的基础，它直接承受上部轨道重量和轨道传来的列车的压力。桥隧建筑物是线路为实现城市立体交通而修建的。轨道是用来引导车辆运行方向并直接承受车轮的巨大压力，使之传递、扩散到路基及桥隧建筑物上的整体工程结构，它由道床、轨枕、钢轨、联结零件、防爬设备和道岔等组成。

二、线路的类型

1. 按照空间设置分类

按照空间设置分类，线路可以分为地下线、地面线和高架线三种方式。

1)地下线

地下线设置于隧道中，与地面交通完全分离，且不占城市地面和地上空间，基本上不受气候影响，但是需要较大投资、较高的施工技术、较先进的管理、较完善的环控和防灾措施，如图 2-1 所示。

图 2-1　地下线路

2）地面线

地面线设置于地面，所以施工造价较低，施工较方便，运营成本较低，线路调整与维护较容易，但是运营速度难以提高，占地较多，会在一定程度上影响城市道路交通，容易受气候影响，城市环境难以改善，有一定的负效应，如图 2-2 所示。

图 2-2　地面线路

3）高架线

高架线设置于高架桥上，与地面交通无干扰，造价介于地下和地面之间，施工、维护、管理、环控、防灾等方面都较地下线方便，但也会占用城市用地，并有光照、景观、噪声等负效应，也受气候影响，如图 2-3 所示。

2. 按照在运营中的作用分类

按照在运营中的作用不同，城市轨道交通线路分为正线、车场线和配线。

1）正线

正线是指连接车站并贯穿或以直股道伸入车站的线路，贯穿所有车站、区间供列车日常运行。正线一般采用上下行分行，即双线单向使用，实施右侧行车惯例。正线分为区间正线和站内正线。站内正线兼作到发线。到发线即供列车在车站到达、通过、发出时使用的线路。

图 2-3　高架线路

2）车场线

车场线主要是指车辆段和停车库的线路，如牵出线、存车线、检修线、出入库线、试车线、洗车线等。图 2-4 所示为某车辆段布置图。

图 2-4　车辆段布置图

3）配线

配线主要包括联络线、折返线、渡线、停车线等，如图 2-5 所示。

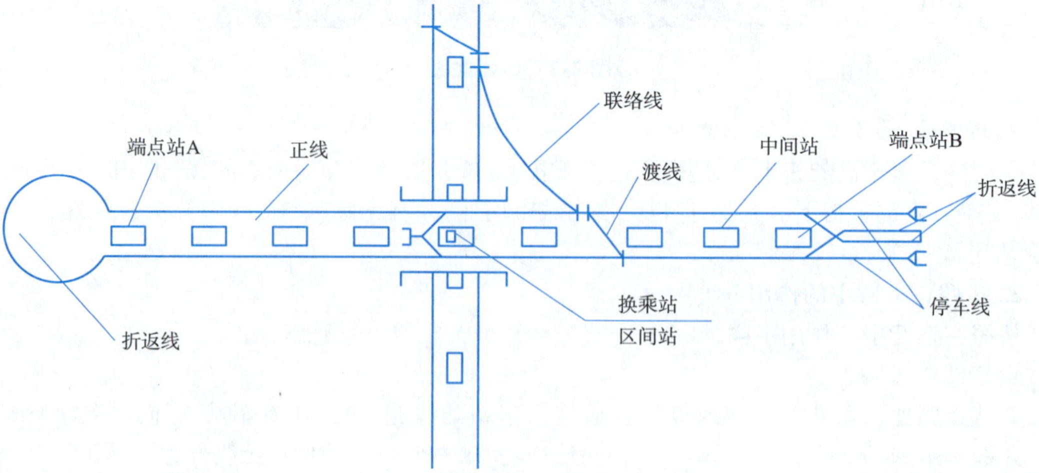

图 2-5　配线示意图

(1)联络线是指连接两条独立运营的线路或连接正线与车辆段的线路,如连接北京地铁 1 号线与 2 号线的长—礼联络线等。联络线因连接的两条轨道交通线路往往不在同一平面上,因而联络线的坡道坡度较大、曲线半径较小,列车在联络线上运行的速度有严格限制。

(2)折返线是设置在线路两端终点站或准备开行折返列车的区间站,专供列车折返调头的线路。可以分为尽头式折返、渡线折返及环形折返。

(3)渡线是连接上下行线路的线路,其作用在于使平行线路上的车辆能够从一条线路转至另一条线路。渡线单独设置时,用于临时折返列车,增加列车调度的灵活性;与其他配线合用时,可增加其他配线的功能,可分为单渡线和交叉渡线,如图 2-6 所示。

(a) 单渡线

(b) 交叉渡线

图 2-6　渡线

(4)停车线主要用于故障列车待避、临时折返、临时停放或夜间停放列车的线路,以减少故障列车对正常列车的干扰和出现线路局部故障时以便组织临时交路。

目前城市轨道交通既有线路中,车站内的正线兼作正线和到发线使用,终点站的折返线同时也是检修线和停车线。

三、线路的平、纵、横断面

城市轨道交通线路在空间的位置是用它的线路中心线表示的。线路中心线在水平面上的投影,叫作线路的平面,反映了线路的曲直变化和走向。线路中心线在垂直面上的投影,叫作线路的纵断面,反映了线路的起伏变化和高程。线路在其长度方向垂面内的投影,反映了限界及列车运行安全的截面要求。

从运营的观点来看,最理想的线路是既直又平的线路。但是由于地面存在地势高低起伏差异,以及其他各种建筑物,以及沿线的地形、地质、水文等自然条件千变万化,如果把线路修得过于平直,就会造成工程数量、工程造价过大,且工期漫长。

从工程观点来看,线路最好能够随地形条件而有适当的起伏和弯曲。这样,既可以减少工程数量、降低造价,又便于避开地形、地质和地物上的障碍。可这又会给运营造成很大的困难,甚至还会影响行车的平稳与安全。

从安全观点来看,通过横断面的设计,确保列车有一个安全运行空间,避免运行中的列车与线路两侧的建筑物和设备发生接触或碰撞。

1. 线路平面

城市轨道交通的线路平面由直线和曲线组成。曲线可分为圆曲线和缓和曲线两种。列车在曲线线路运行时会产生附加阻力,所以列车通过曲线时会有速度限制。线路平面设计的主要技术要素有圆曲线半径、圆曲线长度、缓和曲线线型和长度、夹直线长度等。

由于直线与圆曲线间存在曲率半径的突变，圆曲线半径越大，这种突变程度就越小。当圆曲线半径超过 2 000 m 时，这种突变对轨道交通行车影响很小，而当正线上曲线半径不大于 3 000 m 时，则要在圆曲线与直线间加设缓和曲线，实现曲率半径的逐渐过渡，减少列车在突变点处的轮轨冲击。缓和曲线设置如图 2-7 所示。

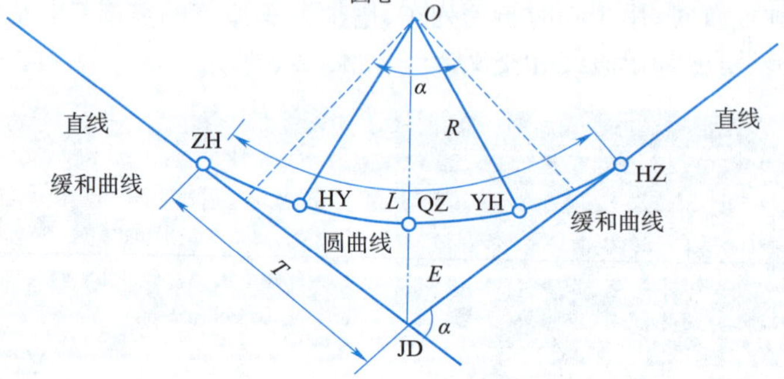

图 2-7　缓和曲线

夹直线是指相邻曲线（有缓和曲线时指缓和曲线；无缓和曲线时指圆曲线）两端点间的直线，如图 2-8 所示。

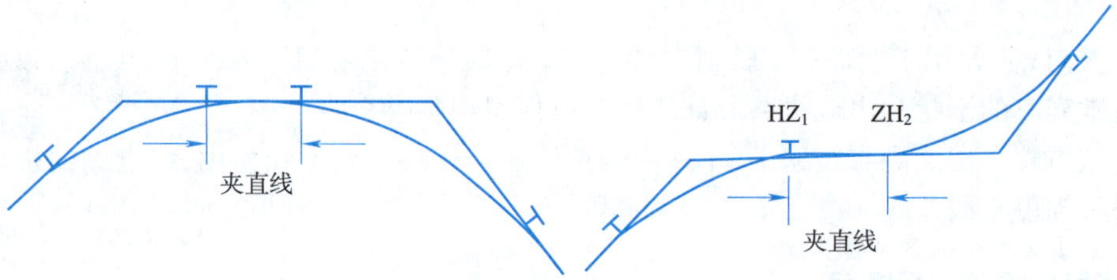

图 2-8　夹直线

2. 线路纵断面

城市轨道交通的线路纵断面是由平道、坡道和连接相邻坡道的竖曲线组成的。

坡道的特征用坡度和坡段长度来表示。坡度是一段坡道变坡点高程与坡段长度的比值，用 i‰表示。图 2-9 所示为坡段长度与坡度的关系示意图。

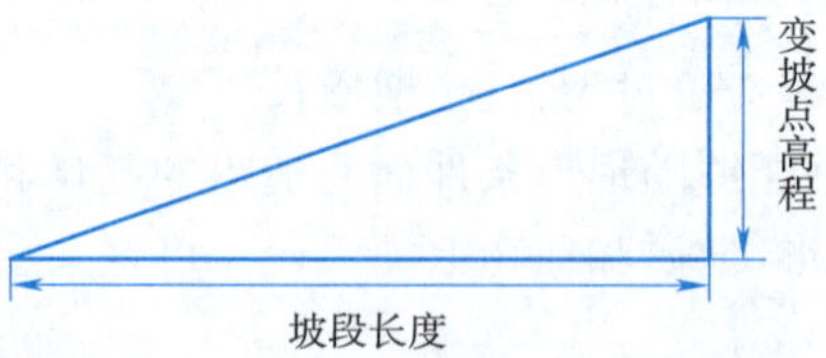

图 2-9　坡段长度与坡度的关系示意图

在《地铁设计规范》（GB 50157—2013）规定：正线的最大坡度不宜大于 30‰，困难地段可采用 35‰，联络线、出入段的最大坡度不宜大于 40‰。

平道与坡道、坡道与坡道的交点称为变坡点。列车经过变坡点时，坡度突然变化，车钩内产生附加应力;坡度变化越大,附加应力越大,容易造成断钩事故。变坡点对车钩的影响示意图如图 2-10 所示。

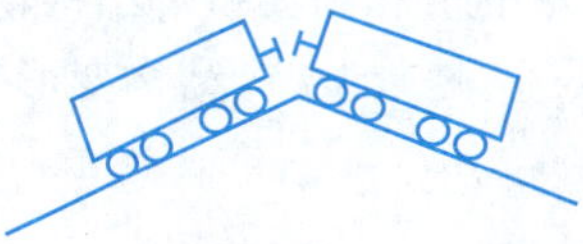

图 2-10　变坡点对车钩的影响示意图

为了保证行车安全、舒适,以及视距的需要,需要在变坡处设置竖曲线。竖曲线的主要作用是缓和纵向变坡处行车动量变化而产生的冲击作用,确保道路纵向行车视距。竖曲线将平曲线恰当地组合起来,有利于路面排水,能改善行车的视线诱导和舒适感。图 2-11 所示为竖曲线示意图。

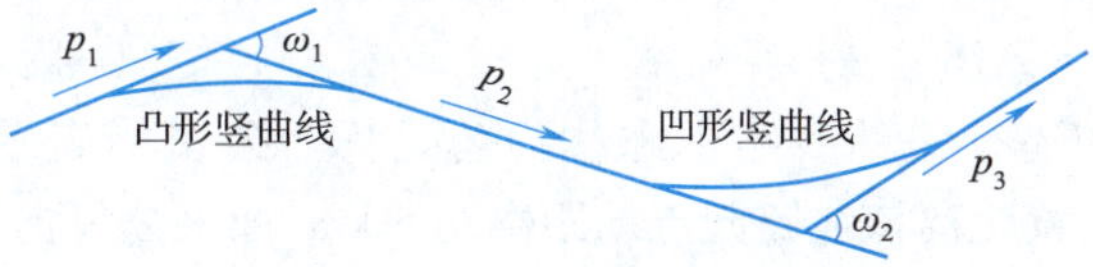

图 2-11　竖曲线示意图

3. 线路横断面

线路横断面主要反映线路的路基、桥梁、隧道截面形状及列车安全运行的空间截面要求,以及双线及多线地段的线路间距。为了确保列车在线路上运行安全,防止列车撞击邻近线路的建筑物和设备,而对列车车辆和接近线路的建筑物、设备所规定的不允许超越的轮廓尺寸线,称为限界。图 2-12 所示为限界示意图。

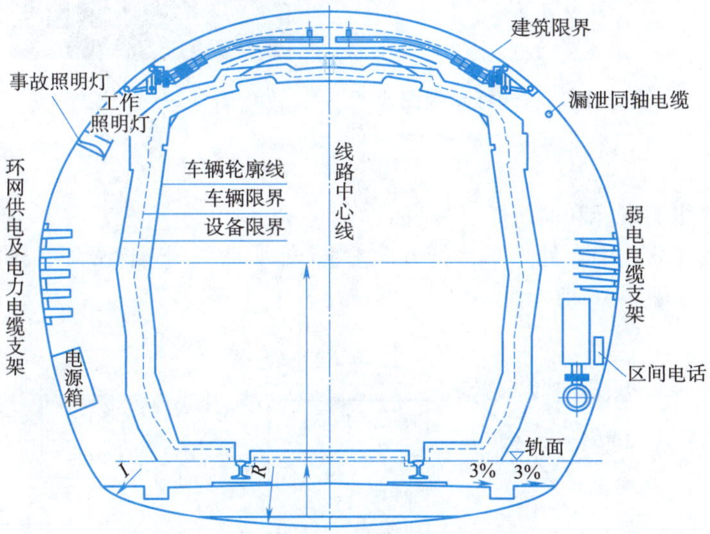

图 2-12　限界示意图

限界由内到外依次为车辆限界、设备限界、建筑限界。

车辆限界是为了确保行车安全,要求车辆本身不得超过规定的轮廓尺寸线。

设备限界是为保证轨道交通列车等移动设备在运营过程中的安全所需要的限界。设备限界要在车辆限界的基础上，考虑轨道出现状态不良而引起的车辆偏移和倾斜。此外，还要考虑适当的安全预留量。

视频

线路标志

建筑限界也称建筑接近限界，是指在行车隧道和高架桥等结构物的最小横断面所形成的有效内轮廓线基础上，再考虑其施工误差、测量误差、结构变形等因素，为满足固定设备和管线安装的需要而必须的限界。

四、线路标志

为了线路的维修和养护及司机和车长等工作上的需要，在线路沿线设有各种线路标志和有关信号标志。线路标志包括百米标、曲线标、竖曲线标、坡度标。

1. 百米标

百米标设在列车运行方向的线路右侧，表示正线每百米距离该线路起点的长度。

百米标表示方法为“百米数 + 米”，图 2-13 所示的百米标表示 27 百米 + 60 米，该点距线路起点的距离为 27 × 100 + 60 = 2 760（m）。

与百米标相同道理的还有一种线路标志称为公里标。公里标表示方法为“公里 + 米”，如图 2-14 所示，则表示此位置距离该线路起点的距离是 5 km，如果公里标上面显示“K05 + 376”，表示此位置距离该线路起点的距离是 5 km + 376 m，即 5. 376 km。

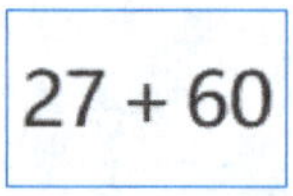

图 2-13　百米标示例图

图 2-14　公里标

2. 曲线标

曲线标包括曲线要素标和曲线始、终点标。

曲线要素标设在曲线中点处列车运行方向右侧，标明曲线号、半径大小、曲线及缓和曲线长度、超高和加宽等，如图 2-15 所示。

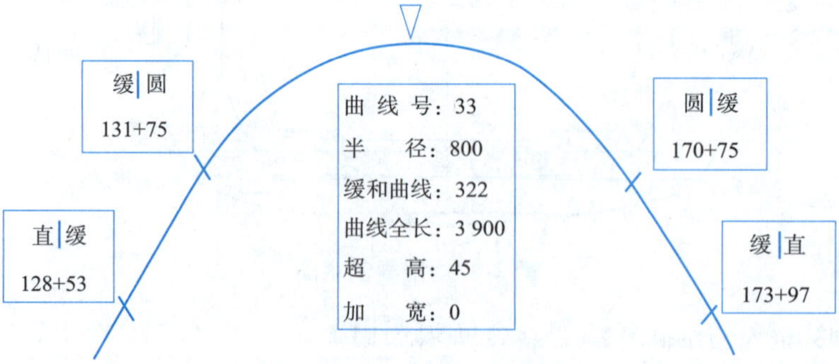

图 2-15　曲线标示意图

曲线号表示线路中的曲线编号；半径表示该曲线的圆曲线半径长度，以米为单位；缓和曲线表示该线路中缓和曲线的长度，以米为单位；曲线全长表示该线路中曲线的长度，以米为单位；列车在圆曲线上行驶时，受横向力或离心力作用会产生滑移，为抵消车辆在圆曲线路段上行驶时所产生的离心力，保证列车能安全、稳定、满足设计速度和经济、舒适地通过圆曲线，在该路段横断面上设置成外侧高于内侧的单向横坡，内外两侧的高差即为超高，以毫米为单位。

曲线始、终点标设在直缓、缓圆、圆缓、缓直各点处，列车运行方向右侧，标明所向为直线、圆曲线和缓和曲线。

3. 竖曲线标

竖曲线标包括竖曲线起点标和竖曲线终点标，分别设在竖曲线起、终点处的列车运行方向右侧，用以表明竖曲线的起点和终点里程，如图 2-16 和图 2-17 所示。

图 2-16　竖曲线起点标志

4. 坡度标

坡度标设在线路坡度和变坡点处列车运行方向右侧，标明其所向方向的上、下坡坡度值及长度，如图 2-18 所示，图中所示的坡度标表示坡度为 3‰的下坡道，坡长为 665 m，变坡点距线路起点 14 675 m。

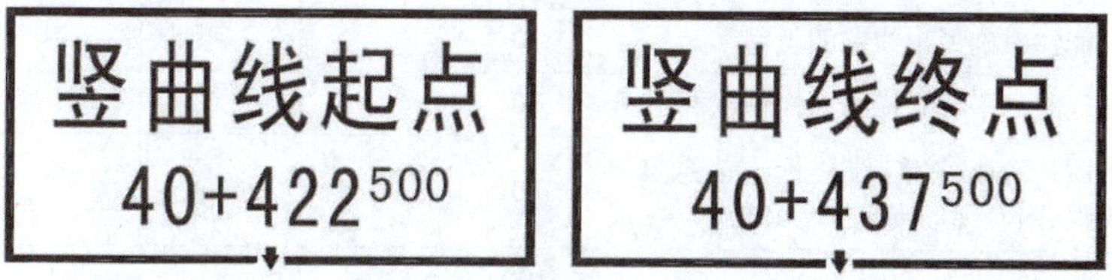

图 2-17　竖曲线标示例图

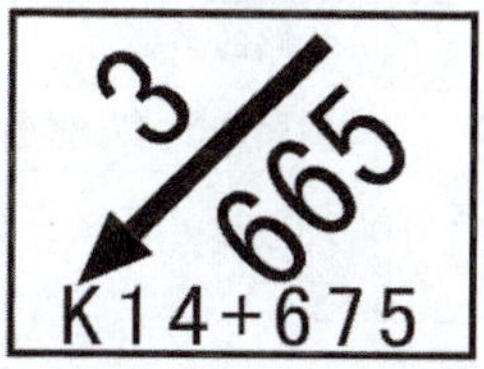

图 2-18　坡度标示例图

知识拓展

线路检修工——冲锋在前的“钢轨卫士”

地铁钢轨每天经过上百列列车碾压，其轨道几何尺寸会发生“润物细无声”的变化。线路检修工通过使用轨道检查仪检测和手工复核检查的方法，严格按照线路几何尺寸检测周期对轨道进行“体检”，不放过每一寸钢轨和每一个超限参数的可疑之处。

凌晨，0 点 10 分，在进入隧道前，福州地铁综合工班工班长将所有人携带的物品进行清点，并一一记录在本子上。这是每次作业前后必经的程序，目的是防止随身物品遗留在线路上，给行车带来安全隐患。来回 7 km 的路程，白天地铁列车 7 min 之内就能走完，晚上轨道检修工徒步检查、检测、钢轨探伤等要走上 3 个多小时。幽邃的隧道内闷热潮湿，检修工人们也湿透了衣服。时间不知不觉到了凌晨 4 点，检测工作结束，工人们还要负责分析校核数据，评定轨道质量，书写检测报告。他们必须在办公室等待首班车运行完毕，确保安全才能回去休息。这样的“暴走”，班长和他的伙伴们几乎每天都在坚持。遇到大型作业时，下班时间会更晚。

他们甘于辛苦，乐观坚持。对他们来说，工作中最难忘的不是惊天动地的大事，而是每天确保行车安全的踏实和深厚温暖的同伴情谊。

技能训练

<table>
<tr><th colspan="8">训练工单：调研城市轨道交通线路标志</th></tr>
<tr><td colspan="8">姓名：________ 班级：________ 日期：________</td></tr>
<tr><td colspan="2">任务目标</td><td>指导老师</td><td colspan="5"></td></tr>
<tr><td colspan="2" rowspan="2">1. 了解城市轨道交通线路标志的应用；
2. 熟悉城市轨道交通线路标志及含义</td><td>团队成员</td><td></td><td></td><td></td><td></td><td></td></tr>
<tr><td>分工职责</td><td></td><td></td><td></td><td></td><td></td></tr>
<tr><td>任务内容</td><td colspan="7">利用网络检索或实地调查等方式，对本城市内的城市轨道交通线路上的标志进行调查，每人至少选择三种线路标志介绍拍摄地点、标志含义，制作 PPT 进行课堂展示</td></tr>
<tr><td>引导问题</td><td colspan="7">设置城市轨道交通线路标志的目的是什么？
____
____
________</td></tr>
<tr><td>任务实施</td><td colspan="7">分小组进行实地调研或网络搜索，查找尽可能多的线路标志，制作 PPT，展示收集线路标志的地点和含义</td></tr>
</table>

任务评价

序号	评价内容	评价标准	分数	评分记录		
				学生自评	组间互评	教师评分
1	线路的类型	能够准确说出线路的类型	30			
2	线路的平、纵、横断面	线路的平、纵、横断面知识掌握牢固	30			
3	线路标志	图片清晰完整、线路标志信息准确无误、附有现场真实图片和数据	40			
总成绩			100			

巩固与练习

一、选择题

1. 轨道交通线路之间为完成列车跨线运营而设置的线路是(　　)。

   A. 正线　　B. 折返线　　C. 联络线　　D. 渡线

2. 下列不属于线路平面要素的是(　　)。

   A. 夹直线　　B. 圆曲线　　C. 缓和曲线　　D. 竖曲线

3. 关于折返线和渡线说法错误的是(　　)。

   A. 折返的折返能力一般大于渡线

   B. 运行间隔短的中间车站适宜采用折返线折返

   C. 渡线折返占用区间正线较多

D. 折返线只用于终点站

4. 关于联络线说法错误的是(　　)。

A. 联络线可用于列车过轨运行　　B. 联络线方便运输物资

C. 联络线方便列车检修和救援　　D. 联络线可用于列车折返

二、填空题

1. 城市轨道交通线路按照其在运营中得作用不同,可以分为________、________、________三种。

2. 辅助线可分为________、________、________、________、________、________等。

3. 在线路平面设计中,直线和圆曲线不能直接相连,在它们之间需要插入一段________,以保证行车平顺。

4. 限界按其限制的对象不同可分为________、________、________。

5. 百米标 27+60 表示该点距离线路起点为________m。

6. 坡度标 

表示坡度为________,坡长为________,边坡点设在________。

7. 城市轨道交通线路是由________、________、________三部分组成。

三、简答题

1. 曲线对列车运行有哪些不良影响?

2. 曲线路段为什么设置轨道外轨超高?

学习任务二　认知轨道

任务导入

城市轨道交通的轨道是一个整体工程结构,也称为线路的上部结构。轨道可以引导列车安全、快速、平稳地沿着路线延伸的方向运行,同时把列车的重力及列车在运行过程中所产生的冲击力均匀地传递给路基或桥隧建筑物。

任务目标

知识目标

(1)了解轨道的概念。

(2)掌握轨道的组成及结构。

(3)掌握道岔的基本知识。

能力目标

(1)能正确叙述轨道的概念、组成及作用等基本知识。

(2)能够正确绘制不同类型的道岔。

素质目标

(1)树立遵纪守法、遵章守纪的职业原则。

(2)培育精益求精、安全第一的工匠精神。

(3)建立爱岗敬业、团结协作的职业责任感。

任务描述

通过本任务的学习，学生能够认识轨道组成，学习钢轨、轨枕、道床、联接零件、防爬设备、道岔等基本知识，对城市轨道交通轨道有一个整体认知，达到城市轨道交通运营维护人员的基本能力要求。

核心知识

轨道通常由两条平行的钢轨、轨枕、道床、联结零件、防爬设备和道岔等主要部件组成。图 2-19 所示为轨道结构图。

一、钢轨

1. 钢轨及其类型

钢轨固定放在轨枕上，宽底且断面形状为“工”字形（见图 2-20）。钢轨是支撑列车并引导车轮运行的轨道部件。轨距是钢轨头部顶面下 16 mm 范围内两股钢轨作用边之间的最小距离。我国轨道交通的标准轨距为 1 435 mm。

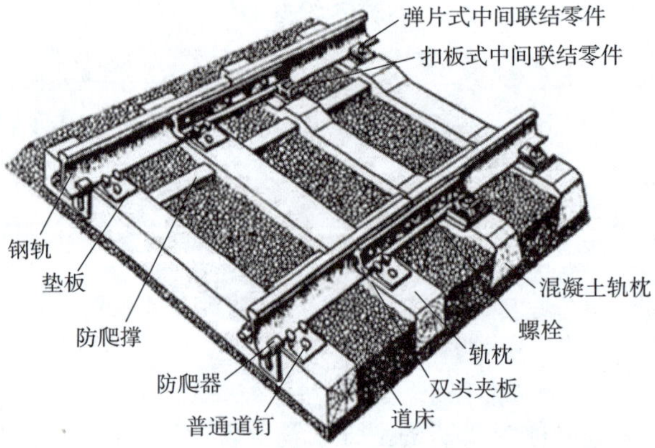

图 2-19 轨道结构图

图 2-20 “工”字形钢轨断面图

在我国城市轨道交通线路上主要使用的钢轨类型为：正线 60 kg/m，车场线 43 kg/m 或 50 kg/m（钢轨的强度以 kg/m 表示，数值越大表明其所能承受的压力越大）。我国钢轨的标准长度有 25 m 和 12.5 m 两种。钢轨与钢轨之间存在接头需要连接，传统的连接方法是把一节钢轨固定在轨枕之上，各节钢轨之间的接头（钢轨接头，亦称接缝）使用接头夹板和螺栓接合，这样的连接方法容易造成列车运行到接头部分时产生颠簸，影响乘客乘坐舒适感。目前常用的方法是持续焊接钢轨，使原本一节一节的钢轨经焊接后成为无缝钢轨或长钢轨。

2. 护轨

列车在特殊的线路位置上运行时，需要对钢轨进行特别的设计，以确保列车安全、平稳通过。所以需要在特殊位置线路的钢轨上加设护轨，下面主要介绍三种护轨：防脱护轨、桥上护轨、道岔护轨。

1）防脱护轨

在弯曲线路的内弯轨条处，通常会装设一段钢轨，这段附加的钢轨即为防脱护轨。它会比正常的轨道高些，以加强保护，如图 2-21 所示。

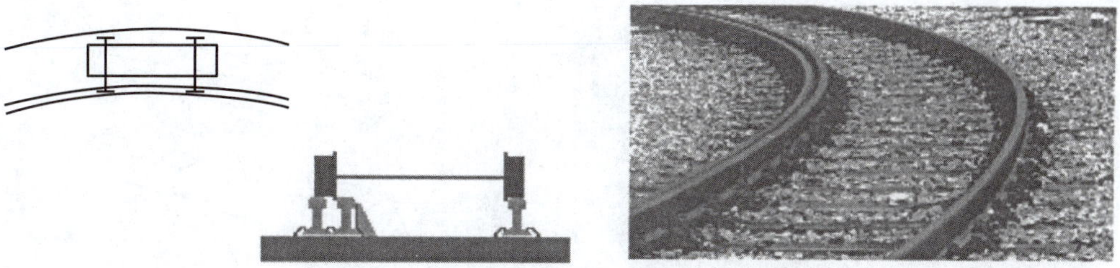

图 2-21　防脱护轨

2）桥上护轨

在高架桥或地势较高的线路上，通常在钢轨两侧分别装设两段钢轨，这两段钢轨即为桥上护轨，其作用是防止列车在桥上或高地出轨时继续向外冲，如图 2-22 所示。

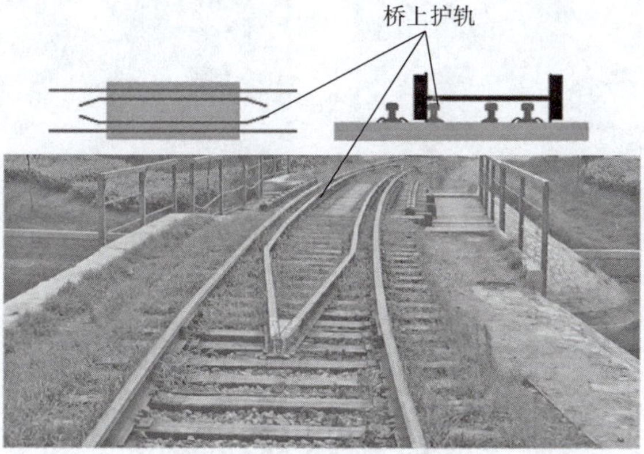

图 2-22　桥上护轨

3）道岔护轨

道岔护轨是在道岔区段防止车轮在道岔的岔心处进错路线而安装的护轨，如图 2-23 所示。

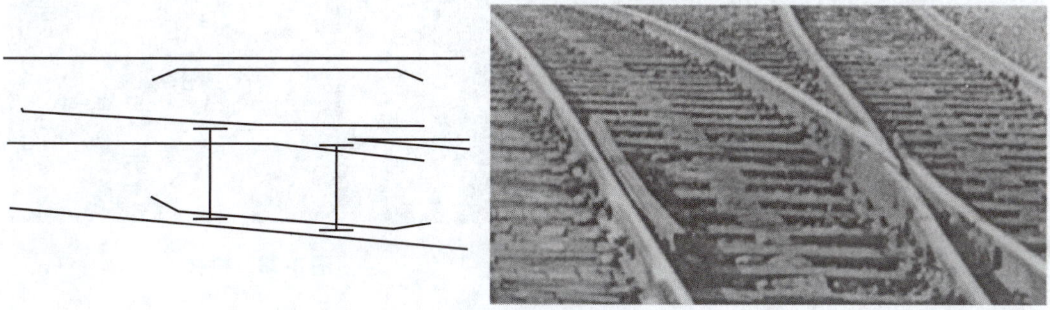

图 2-23　道岔护轨

二、轨枕

轨枕是轨道的基础部件，它是承垫于钢轨之下，将钢轨所承受的重量压力平均传递到道床上，同时又能有效地保持钢轨轨距和方向几何形位的轨道部件，如图 2-24 所示。

根据材质可以将轨枕分为木枕（见图 2-25）和钢筋混凝土轨枕（见图 2-26）。

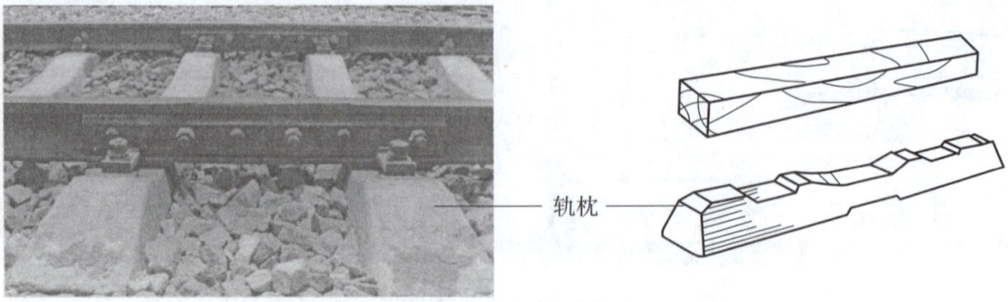

图 2-24　轨枕

图 2-25　木枕

图 2-26　钢筋混凝土轨枕

轨枕按铺设位置分为普通轨枕、道岔区岔枕和桥枕三种。我国线路上普遍使用的轨枕长度为 2. 5 m。道岔区岔枕(见图 2-27)和桥枕(见图 2-28)长度为 2. 6 ~4. 85 m,有多种规格。

图 2-27　岔枕

图 2-28　桥枕

三、道床

道床是铺设在路基之上的石砟(道砟)垫层。道床可以支撑轨枕、固定轨枕,并把从轨枕传来的压力均匀地传递给路基,同时可以缓和列车运行中的冲击力,从而具有一定的减震作用。图 2-29 所示为道床断面图。

道床通常有碎石道床和整体道床两种类型。

碎石道床又称为有砟道床,通常由具有一定粒径、级配和强度的硬质碎石堆集而成,是一种比较常见的道床形式，如图 2-30 所示。碎石道床的石块与石块之间存在着空隙和摩擦力，使得轨道具有一定的弹性，这种弹性不仅能吸收车辆的冲击和振动，使列车运行比较平稳，而且大大改善了车辆和钢轨、轨枕等部件的工作条件，延长了使用寿命，也有利于排水。

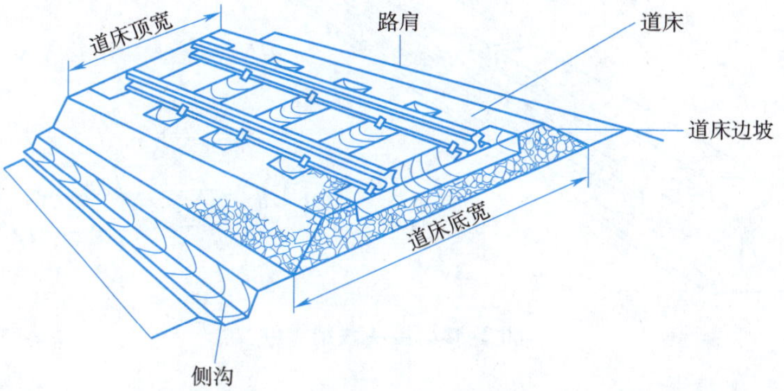

图 2-29　道床断面图

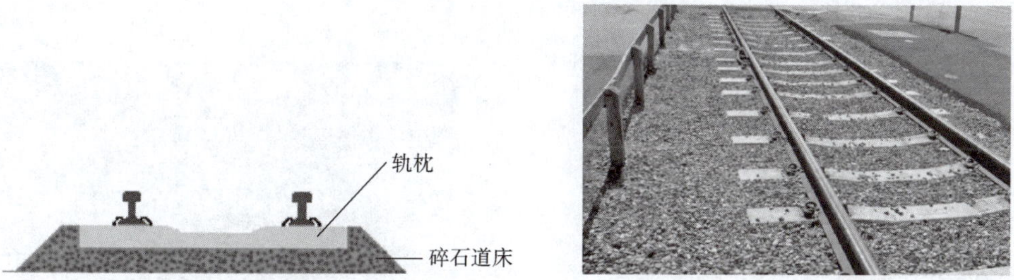

图 2-30　碎石道床

整体道床又称混凝土整体道床，也称无砟道床，是现在城市轨道交通中常用的道床形式，如图 2-31 所示。整体道床整洁美观，坚固耐用，维修量少，但由于是整体浇筑，因而弹性较差。

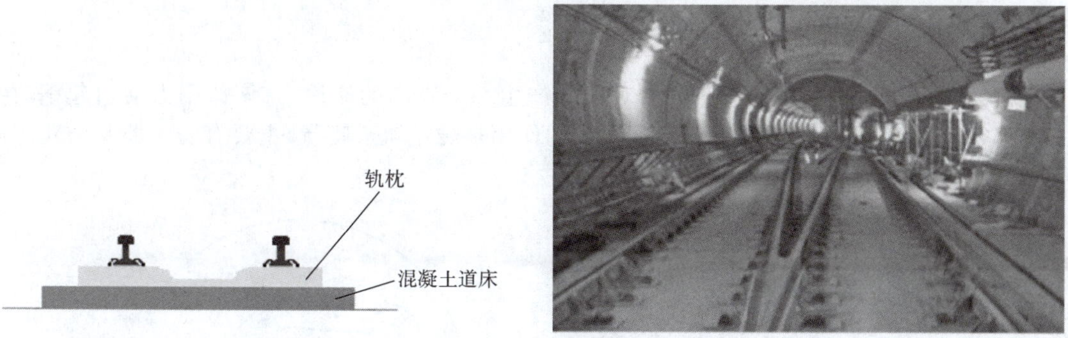

图 2-31　整体道床

四、联结零件

联结零件是用于固定钢轨、联结钢轨的部件，可分为接头联结零件和扣件两种。

接头联结零件是用来实现钢轨与钢轨联结的部件，如图 2-32 所示。

扣件又称为中间联结零件（见图 2-33），将钢轨牢牢地固定在轨枕之上，防止钢轨相对轨枕有纵向或横向的移动。钢筋混凝土轨枕的扣件可以分为扣板式、弹片式和弹条式三种。

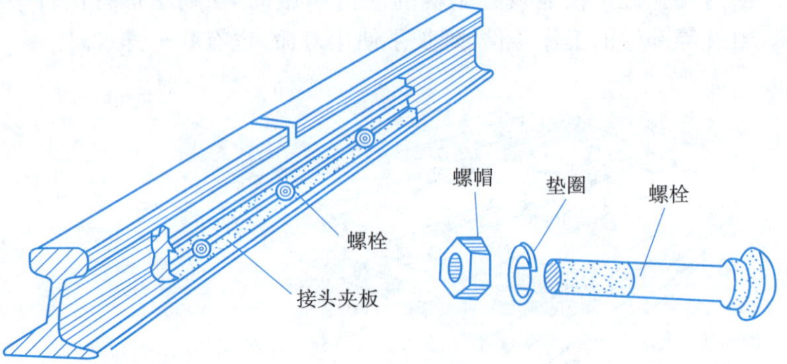

图 2-32　接头联结零件

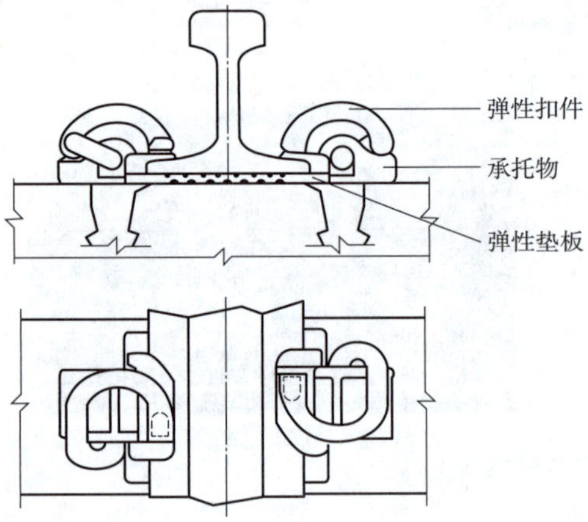

图 2-33　扣件

五、防爬设备

列车在线路上运行和制动时车轮会对钢轨产生一个纵向的作用力，该作用力会引起钢轨甚至轨枕的纵向移动，称为轨道爬行。防爬设备的作用是防止轨道爬行，主要有防爬器与防爬撑两种形式，如图 2-34 所示。

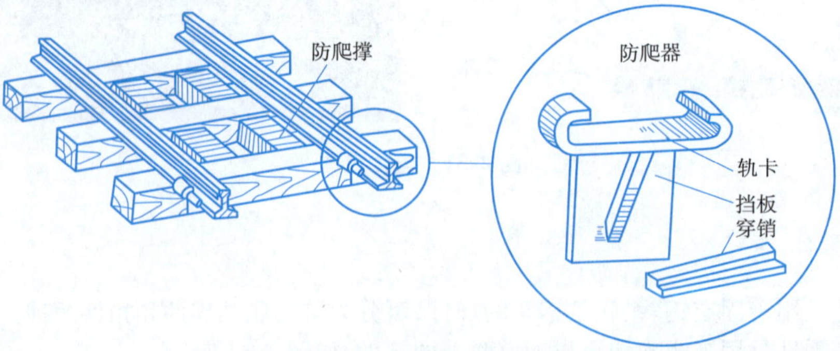

图 2-34　防爬器与防爬撑

视频

地铁道岔

六、道岔

道岔是轨道中很重要的一个结构，其在列车运行中发挥着至关重要的作用。下面对道岔进行详细的介绍。

1. 道岔的概念

把一条轨道分支为两条或两条以上的设备，称为道岔。道岔结构复杂、零件多，养护较难，是线路上的薄弱环节。同时，道岔质量好坏也直接影响行车安全。图 2-35 所示为道岔实物图。

图 2-35　道岔实物图

2. 单开道岔的结构

单开道岔由转辙部分、辙叉部分、连接部分三部分组成。其中转辙部分由尖轨、基本轨、联结零件(包括连接杆、滑床板、垫板、轨撑、顶铁、尖轨跟端结构等)及转辙机械组成。连接部分由导轨、基本轨组成，它将转辙部分和辙叉部分连成一组完整的道岔。辙叉部分由辙叉心、翼轨、护轨等组成。道岔有两根可以移动的尖轨，尖轨的外侧是两根固定的基本轨。图 2-36 所示为单开道岔的结构示意图。

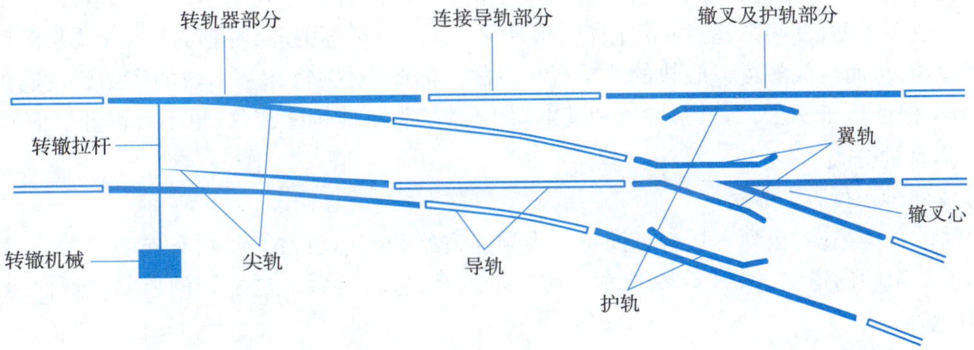

图 2-36　单开道岔结构示意图

1)转辙部分

转辙部分包括两根尖轨、两根基本轨和转辙机械。尖轨是转辙部分的主要部件，通过连接杆与转辙机械相连，所以操纵转辙机械可以改变尖轨的位置，确定道岔的开通方向。

2)连接部分

连接部分包括两根直轨和两根导曲线轨。在导曲线上一般不设缓和曲线和超高,所以列车在侧向过岔时,速度要受到限制。

3)辙叉部分

辙叉部分包括辙叉心、翼轨及护轨。它的作用是保证车轮安全通过两股轨线的相互交叉处。

从两翼轨最窄处到辙叉心实际尖端之间,存在着一段轨线中断的空隙,称为辙叉的有害空间。当列车通过辙叉有害空间时,轮缘有走错辙叉槽而引起脱轨的可能,因此必须设置护轨,对车轮的运行方向实行强制性的引导。

道岔上的有害空间是限制列车过岔速度的一个重要因素。为了消灭有害空间,适应列车高速运行的要求,国内外都发展了各种活动心轨道岔。一般来说,辙叉心轨和尖轨是同时被扳动的,当尖轨开通某一方向时,活动心轨的辙叉心轨就与开通方向一致的翼轨密贴,与另一翼轨分开,从而消灭了有害空间。

3. 道岔的位置状态

道岔有两根可以移动的尖轨,一根尖轨与基本轨密贴,另一根尖轨与基本轨分离,必须同时改变两根尖轨的位置,使原来密贴的尖轨分离,而原来分离的尖轨密贴,可见道岔有两个可以改变的位置。通常把道岔经常所处的位置叫作定位状态,简称为定位,如图 2-37 所示。临时根据需要改变的另一个位置叫作反位状态,简称为反位,如图 2-38 所示。为改变道岔的两个位置,在道岔尖轨处安装道岔转辙设备,这就是转辙机。

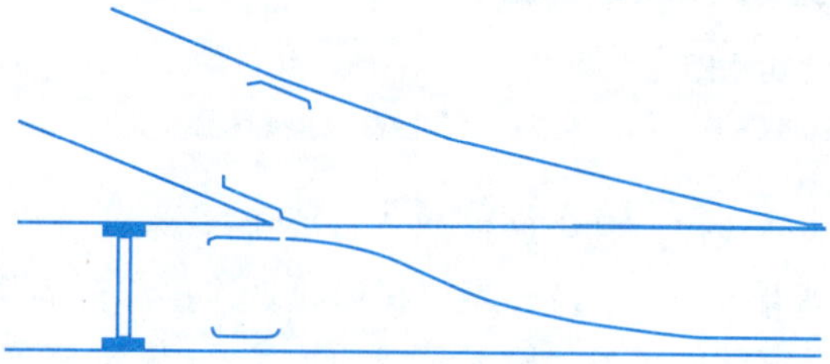

图 2-37　单开道岔定位

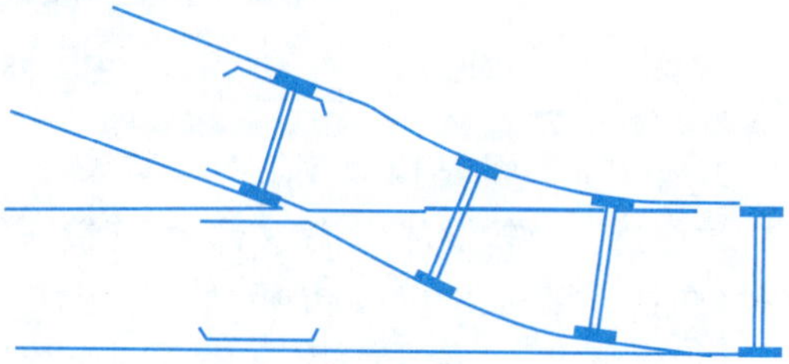

图 2-38　单开道岔反位

尖轨与基本轨密贴的程度如何,对行车安全的影响很大,例如列车迎着尖轨运行时,如果尖轨与基本轨不密贴,其间隙超过一定限度(大于 4 mm),则车辆的轮缘有可能撞着或从间隙中挤进尖轨尖端,从而造成颠覆或脱轨的严重行车事故。因此,对尖轨和基本轨的密贴程度有严格的标准,为了保证行车安全,当道岔尖轨和基本轨不密贴时,不能锁闭道岔,也不允许开放信号。

4. 道岔的分类

1)按列车运行方向分类

道岔的种类很多,按列车运行方向可分为顺向道岔和逆向道岔。使列车先经过岔心,后经过尖轨的道岔叫顺向道岔,如图 2-39 所示。使列车先经过尖轨,后经过岔心的道岔叫逆向道岔,如图 2-40 所示。

2)按道岔的几何形状分类

按道岔的几何形状可分为单开道岔、双开道岔、三开道岔、菱形交叉道岔、复式交分道岔、交叉渡线等。

(1)单开道岔。单开道岔把一条轨道分为两条轨道,其结构如图 2-41 所示,又可以分为单开对称道岔、单开不对称道岔及单开同侧道岔。

图 2-39　顺向道岔

图 2-40　逆向道岔

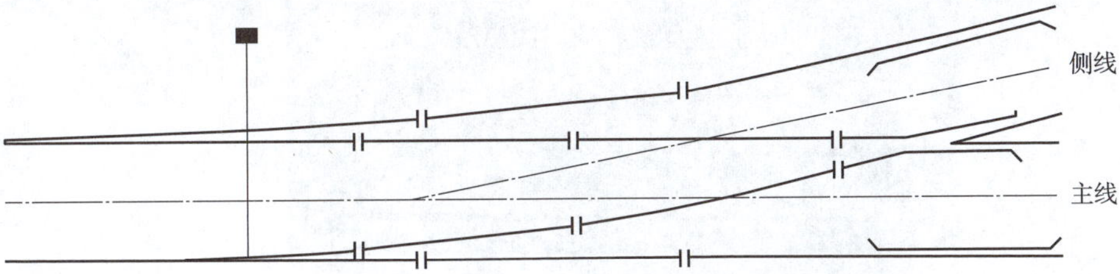

图 2-41　单开道岔

（2）双开道岔。双开道岔的特点是与道岔相连接的两条线路各自向两侧的对称道岔，如图 2-42 所示。

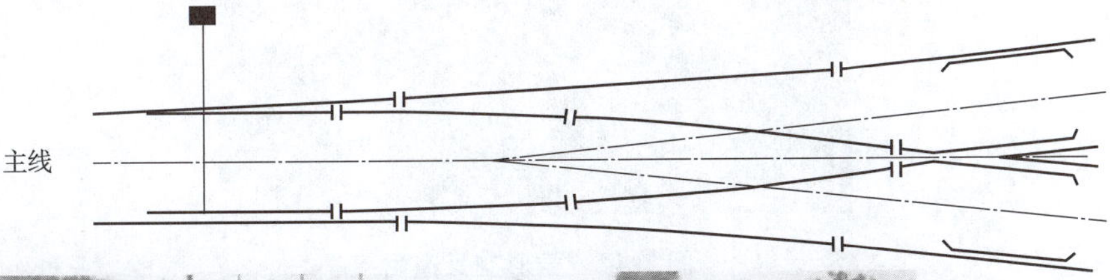

图 2-42　双开道岔

(3)三开道岔。三开道岔的特点是可以同时转换三条线路,主线为直线,左右两侧线对称分布,具有两套尖轨,分别用两组转折机械操纵,如图 2-43 所示。

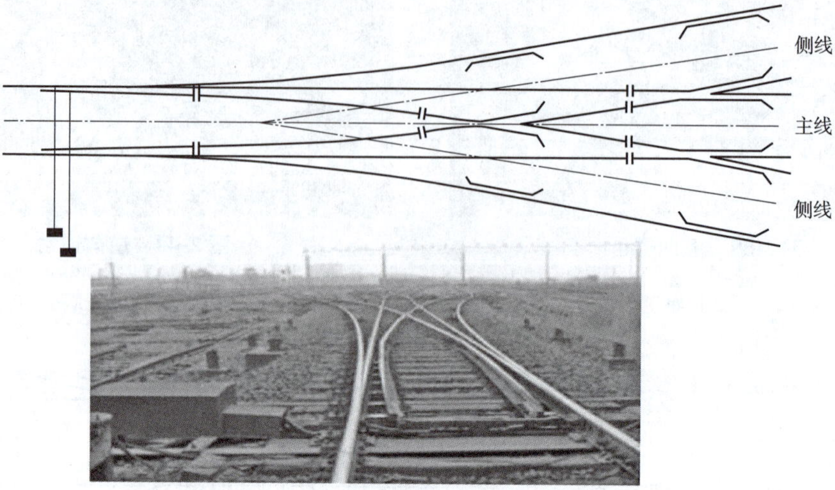

图 2-43　三开道岔

(4)菱形交叉道岔。菱形交叉道岔由两组锐角辙叉和两组钝角辙叉组成,如图 2-44 所示。菱形交叉道岔没有转辙机部分,机车车辆通过交叉设备时,只能沿着原来的方向继续运行而不能转线。

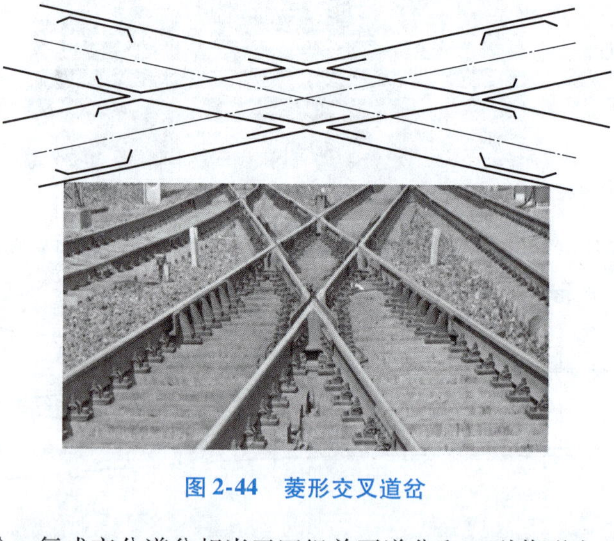

图 2-44　菱形交叉道岔

(5)复式交分道岔。复式交分道岔相当于四组单开道岔和一副菱形交叉设备的组合体,但它占用的地面却小得多,如图 2-45 所示。

(6)交叉渡线。交叉渡线是将四副单开道岔和一副菱形交叉设备组合在一起的道岔,如图 2-46 所示。交叉渡线不仅可以开较多的方向,而且可以节省用地,是车站内使用较多的一种连接设备。

3)按照道岔转换时的控制方式分类

按照道岔转换时的控制方式分类,可以分为单动道岔和双动道岔。扳动一根道岔握柄(手动道岔的操纵元件)或按压一个道岔按钮(电动道岔的操纵元件),仅能使一组道岔转换,则称该道岔为单动道岔。如果能使两组道岔同时或顺序转换，则称为双动道岔。双动道岔有时也称为联动道岔。

图 2-45　复式交分道岔

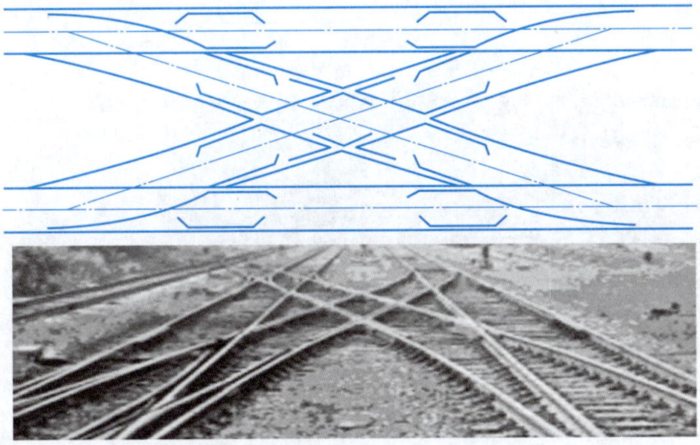

图 2-46　交叉渡线

4)按照道岔号数分类

道岔辙叉角的余切值叫作道岔号数或辙叉号码。地铁线路常用的标准道岔有 7 号、9 号、12 号。正线及折返线上统一采用 9 号道岔，车场内基本为 7 号道岔。为了行车安全平稳，列车过岔速度应有一定的限制，见表 2-1。

表 2-1　道岔侧向允许通过速度

辙叉号	7	9	12
速度/(km/h)	25	30	50

5. 道岔位置不正确对行车安全的影响

道岔操作不当或道岔内部设备出现故障，可造成列车挤岔或掉道的事故。

挤岔即列车顺向经过道岔且道岔位置不正确，列车车轮挤过道岔，使尖轨与基本轨分开。

掉道即列车逆向经过道岔且道岔处于四开状态，车轮一个在直轨上，另一个在曲轨上，由于轨距加大，而造成车轮脱离钢轨事故。

技能训练

<table>
<tr><th colspan="7">训练工单：认知轨道及道岔</th></tr>
<tr><td colspan="7">姓名：________ 班级：________ 日期：________</td></tr>
<tr><td colspan="2">任务目标</td><td>指导老师</td><td colspan="4"></td></tr>
<tr><td colspan="2" rowspan="2">1. 认知轨道各部分的结构；
2. 认知道岔各部分的结构；
3. 进行手摇道岔的转换操作</td><td>团队成员</td><td></td><td></td><td></td><td></td></tr>
<tr><td>分工职责</td><td></td><td></td><td></td><td></td></tr>
<tr><td>任务内容</td><td colspan="6">利用实训室轨道设备分组进行轨道及道岔各设备的认知，并进行手摇道岔的操作</td></tr>
<tr><td>引导问题</td><td colspan="6">指出下图中各部分的名称，并说明轨道的组成：
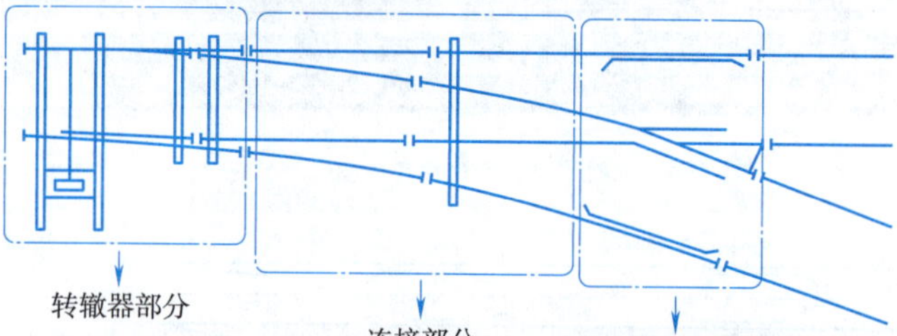

</td></tr>
<tr><td>任务实施</td><td colspan="6">实训室内，分小组进行轨道及道岔设备的讨论，认知轨道组成和道岔结构，配合完成手摇道岔转换操作</td></tr>
</table>

任务评价

序号	评价内容	评价标准	分数	评分记录		
				学生自评	组间互评	教师评分
1	轨道结构认知	准确指认设备名称	25			
2	道岔结构认知	准确指认设备名称	25			
3	手摇道岔操作	顺利完成道岔转换操作	25			
4	组内配合	小组内配合协调	25			
总成绩			100			

巩固与练习

一、选择题

1. 9 号曲线尖轨道岔的允许侧向通过速度与 7 号曲线尖轨道岔的允许侧向通过速度相比(　　)。

A. 少 5 km/h　　B. 多 5 km/h　　C. 少 10 km/h　　D. 多 10 km/h

2. 城市轨道交通系统轮轨正线一般采用(　　)钢轨,正线采用焊接型长钢轨。

A. 60 kg/m　　B. 50 kg/m　　C. 55 kg/m　　D. 45 kg/m

3. 城市轨道交通线路的正线及折返线统一采用(　　)道岔。

A. 9 号　　B. 8 号　　C. 7 号　　D. 6 号

二、填空题

1. 城市轨道交通轨道的轨距是________。
2. 列车通过顺向道岔时,先经过________,再经过________。
3. 单开道岔由________、________、________三部分组成。
4. 道岔的定位是指开通________或________的方向。

三、简答题

1. 轨道的构成部分有哪些?
2. 道岔可以分为哪几类?

学习任务三　认知路基和桥隧建筑物

任务导入

城市轨道交通线路是由路基、桥隧建筑物和轨道三部分组成。路基、桥梁与隧道是轨道的基础,又称为线路的下部结构。在线路的修建过程中,总是在路基、桥梁和隧道修筑之后才铺设轨道。一般来说,为了减少占地以及不与其他交通发生干扰,在市区多采用桥梁及隧道的下部建筑形式来修建,而在郊区,为了减少工程量、降低工程造价,则多采用路基的形式来修建。

任务目标

知识目标

(1)了解轨道交通路基的形式及特点。

(2)了解轨道交通桥梁的特点、组成及墩台的形式。

(3)了解轨道交通隧道的特点、结构及施工方法。

能力目标

(1)能正确理解轨道交通路基的设计。

(2)能正确理解轨道交通桥梁的结构形式。

(3)能正确理解轨道交通隧道的结构及施工方法。

素质目标

(1)树立遵纪守法、遵章守纪的职业原则。

(2)培育精益求精、安全第一的工匠精神。

(3)建立爱岗敬业、团结协作的职业责任感。

任务描述

通过本任务学习,学生能够认识城市轨道交通的路基、桥梁和隧道,学习路基、桥梁和隧道的特点、结构及施工方法等基本知识，对城市轨道交通的轨道有一个整体认知，达到城市轨道交通运营维护人员的基本能力要求。

核心知识

一、路基

路基是城市轨道交通工程的重要组成部分，直接承受轨道和车辆荷载。路基工程作为土工结构物，必须具有足够的强度、稳定性和耐久性。

在线路中心线的设计标高与自然地面标高相差不多的地段，往往通过填土或者挖土的方式来修筑路基。由于填挖方式不一样，路基的基本断面有路堤[见图 2-47(a)]和路堑[见图 2-47(b)]两种形式。当铺设轨道的路基面高于天然地面时，路基以填筑方式构建，这种路基称为路堤。当铺设轨道的路基面低于天然地面时，路基以开挖方式构成，这种路基称为路堑。此外，还有其他形式的路基。

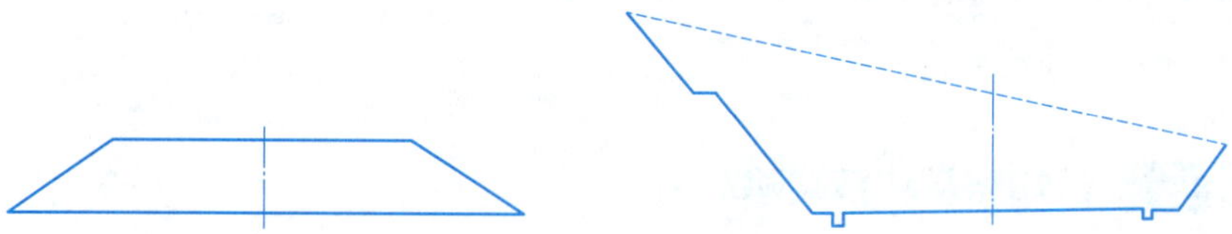

(a) 路堤　　(b) 路堑

图 2-47　路基的基本形式

在列车运行的作用和自然条件的长期影响下，不可避免地会引起路基土壤的力学性质发生变化，从而容易形成路基病害。路基的常见病害主要有翻浆冒泥、路基冻胀、滑坡和边坡塌方等。

为了避免路基病害的形成，保证路基状态的良好，路基排水以保持路基干燥是首先要解决的问题，尤其是路堑地段，不但要排地表水，还要排地下水；如果因路堤的修建影响了自然地表水的排泄，就需要在路堤之下修建涵洞，引导地表水通过线路，避免地表水在线路一侧汇集成水潭而对路基进行浸泡。另外，加固边坡，避免雨水冲刷造成坡面变形，从而保持路基的坚固和稳定也是非常重要的。边坡加固的方法主要有种草、喷浆、抹面、砌石和修筑挡土墙等。

二、桥梁

1. 轨道交通高架桥的特点

桥梁的原始作用是跨越障碍物，使道路得以往前延伸。如今，桥梁除了仍然具备跨越障碍物的功能外，还具有在城市实现立体交通的功能。城市轨道交通的高架桥在改善城市交通的同时也在美化着城市。

2. 桥梁的组成

桥梁由桥面、桥跨结构、支座系统、墩台及基础五部分组成。

桥面是桥梁上铺设的轨道部分。桥跨结构又称为梁，是桥梁承受荷载、跨越障碍的部分。支座系统的作用是支承上部结构并传递荷载于桥梁墩台上，它应保证上部结构在荷载、温度变化或其他因素作用下所预计的位移功能。墩台是支承桥跨结构的部分，有桥墩和桥台两种形式，设于桥梁中部的支座称为桥墩，设于桥梁两端的支座称为桥台。桥墩与桥台的底部为墩台的基础，基础是保证桥梁安全并将荷载传至地基的结构部分。

3. 墩台的形式

城市轨道交通高架桥的墩台，除具有足够的强度和稳定性以承受荷载外，还需要考虑美观，并与城市环境协调，一般有倒梯形、T 形、双柱形、Y 形等形式，如图 2-48 所示。

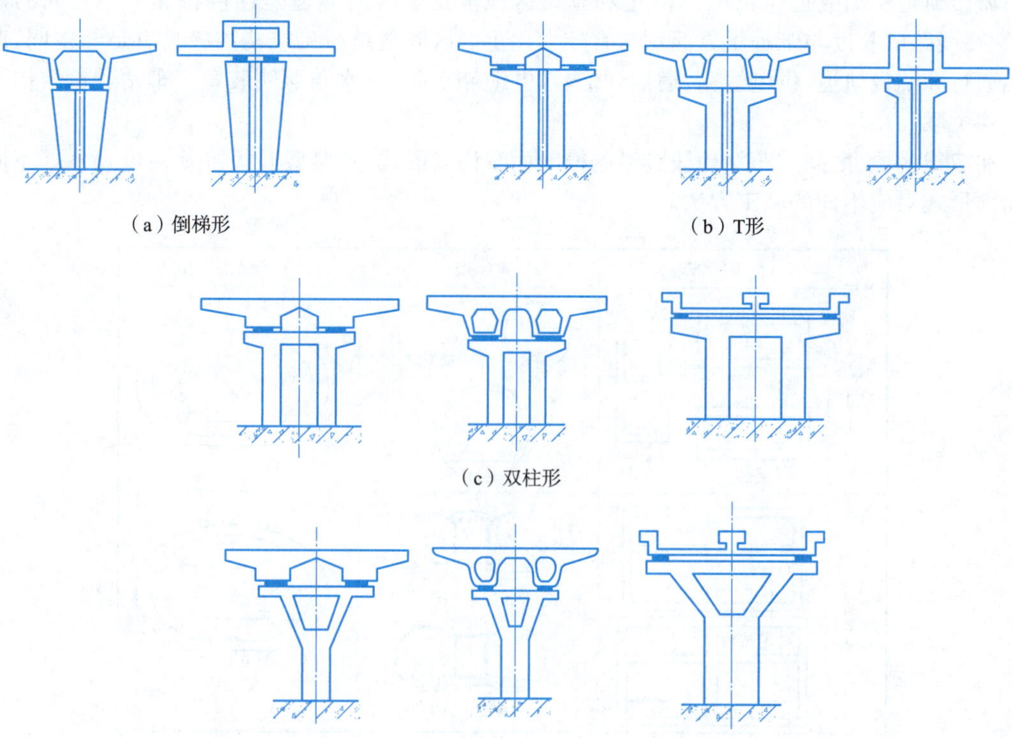

图 2-48　墩台形式

（1）倒梯形墩台如图 2-48（a）所示，其构造简单，施工方便，受力合理，具有较大的强度、刚度和稳定性。对于单箱单室箱梁和脊梁来说，选用倒梯形桥墩在外观和受力上均比较合理。

（2）T 形墩台如图 2-48（b）所示，其自重小，节省材料，能减少占地面积，墩身可做成圆柱形、矩形、六角形等，具有较大的强度和刚度，其与上部结构轮廓线过渡平顺，受力合理。

（3）双柱形墩台如图 2-48（c）所示，其体积小，透空空间大，稳定性好，结构轻巧，所适用的上部结构较灵活。

（4）Y 形墩台如图 2-48（d）所示，其与 T 形墩台一样，体积小，占地小，外观简洁，桥下透空大。但其结构相对来说比较复杂，施工也比较麻烦。

与公路桥相比，轨道高架桥跨度比较窄，荷载比较大，多用实体敦。

三、隧道

1. 城市轨道交通隧道的特点

隧道是线路在翻越山岭时，为了避免开挖深路堑或修建很长的迂回线而常常用于穿越山岭的建筑物。隧道的功能除了穿越山岭，还能穿越江河、湖泊，甚至穿越海峡。而在城市轨道交通中，隧道的作用则是将城市轨道交通线路修建在地下，帮助城市轨道交通实现与其他交通方式的立体交叉。

在市区修建城市轨道交通常常要开挖地下隧道。虽然修建地下轨道工程巨大、造价昂贵，但是地下轨道对于改善城市交通、树立良好的城市形象所创造的社会价值则更大。

2. 隧道的结构

城市轨道交通隧道包括区间隧道和车站区段隧道。区间隧道是连接相邻车站之间的建筑物，它在线路的长度与工程量方面均占有较大比重。区间隧道衬砌结构内应具有足够空间，以供车辆通行和铺设轨道、供电线路、通信和信号、电缆和消防、排水与照明装置。车站隧道结构与站台形式关联。

在双线区段，区间和车站地段隧道的横断面有许多形式，其典型形状如图 2-49 所示。不同的横断面形式对应不同的施工方法。

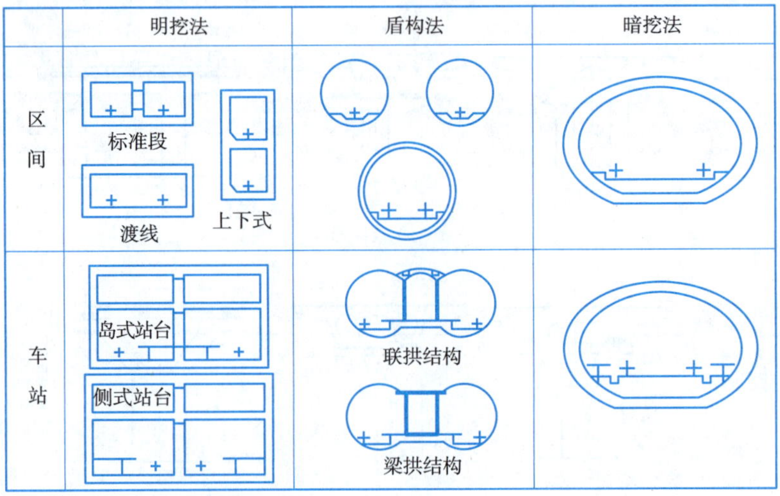

图 2-49　地下隧道典型横断面及挖掘方法

3. 隧道的施工方法

隧道的施工方法主要有明挖法、盖挖法、盾构法、矿山法和新奥法。盾构法和矿山法属于暗挖法。

1) 明挖法

明挖法是指挖开地面，由上向下开挖土石方至设计标高后，自基底由下向上顺序施工，完成隧道主体结构，最后回填基坑或恢复地面的施工方法，如图 2-50 所示。

图 2-50　明挖法施工

2)盖挖法

盖挖法是指在地面开挖一定深度的基坑后,封闭基坑顶部,然后再在基坑内继续施工,如图 2-51 所示。根据主体结构施工顺序,可分为盖挖顺作法、盖挖逆作法、盖挖半逆作法。

视频
盾构作业法

3)盾构法

盾构法是利用盾构机进行隧道掘进的一种施工方法。盾构机一般由盾构壳体、推进系统、拼装系统、出土系统四大部分组成,盾构机如图 2-52 所示。隧道断面形状取决于设计要求,一般可分为圆形、半圆形、矩形、马蹄形四种。

图 2-51　盖挖法施工

图 2-52　盾构机

盾构法施工概貌如图 2-53 所示,由以下几个步骤组成:

(1)在置放盾构机的地方打一个垂直井,再用混凝土墙进行加固。

(2)将盾构机安装到井底,并装配相应的千斤顶。

(3)用千斤顶之力驱动井底部的盾构机向水平方向前进,形成隧道。

(4)将开挖好的隧道边墙用事先制作好的混泥土衬砌加固,地压较高时可以用浇铸的钢制衬砌代替混泥土衬砌加固。

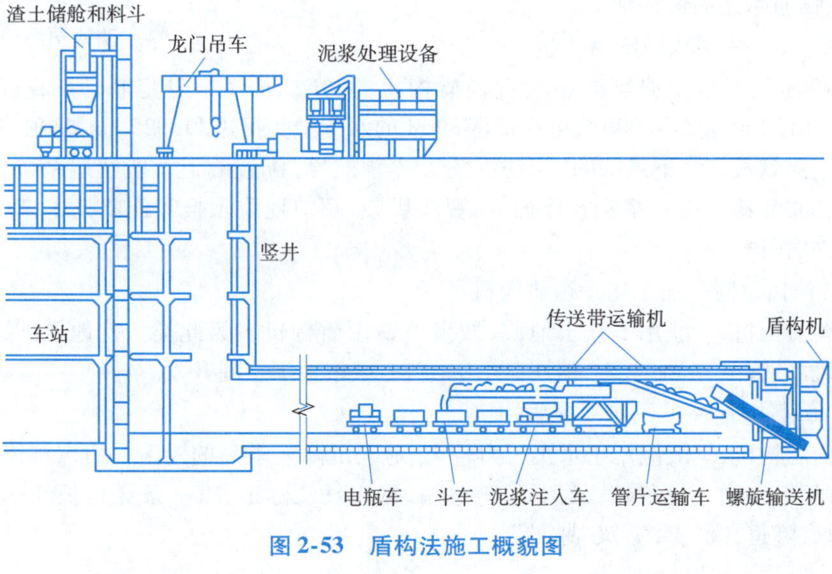

图 2-53　盾构法施工概貌图

盾构法施工的优点是施工速度快、振动小、噪声低等,且对隧道上方地面的副作用很少;在松软含水地层中及城市地下管线密布、施工条件困难地段,采用盾构法施工,其优点尤为明显。缺点是对断面尺寸多变的区段适应能力差。新型盾构机购置费昂贵,对施工区段短的工程不太经济。

4)矿山法

矿山法是暗挖法的另一种形式,采用矿洞开挖的方式施工,隧道一般采用拱形结构,其基本断面形式为单拱、双拱和多跨连拱。隧道衬砌的作用是加固围岩并与围岩一起组成一个有足够安全度的隧道结构体系,共同承受可能出现的各种荷载,防止地表下沉。

矿山法的理论基础是传统力学,其基本假定与实际隧道的工作状态相差甚远,而且在施工过程中需要大量的钢和木材作为临时支撑,工人的劳动强度大,施工环境差,因而近年来已逐渐被新奥法所取代。

5)新奥法

新奥法是充分利用围岩的自承能力和开挖面的空间约束作用,采用锚杆和喷射混凝土为主要支护手段,对围岩进行加固,约束围岩的松弛和变形,并通过对围岩和支护的量测、监控,指导地下工程的设计施工。新奥法是针对埋置深度较浅、松散不稳定的上层和软弱破碎岩层施工而提出来的,如深圳地铁区间隧道大部分采用了新奥法施工。

新奥法的施工工艺可以概括为“管超前、严注浆、短开挖、强支护、快封闭、勤量测”18个字,其工艺流程如图2-54所示。

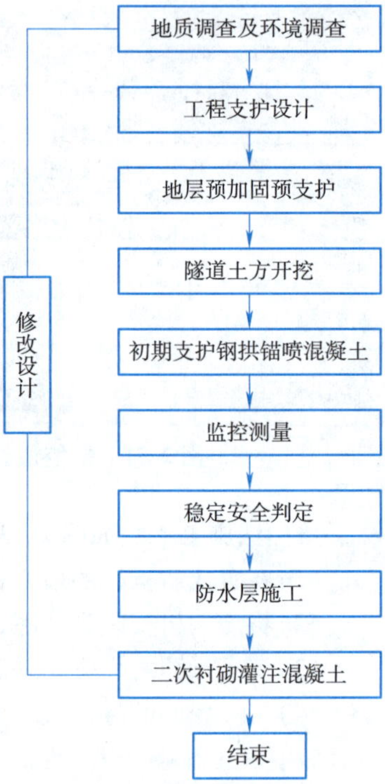

图2-54 新奥法工艺流程

知识拓展

大国重器筑通途——盾构机

盾构机,被誉为“工程机械之王”。我国90%以上的地铁隧道,以及穿越大江大河的隧道,都采用盾构法施工,盾构机是挖掘地下空间、畅通路途的最佳帮手。

1. 智能建造——“领航号”盾构机

“领航号”是我国自主研制的超大直径盾构机,为穿越长江量身定制。其直径15.4 m,约5层楼高,长约128 m,重约4 000 t,可在最深89 m的水下独头掘进11.325 km,是独头掘进距离最长、直径最大、穿越长江水下最深的“钢铁巨龙”。“领航号”配置隧道智能建造系统,拥有智能分析、自主判断的“超级大脑”,搭载智能掘进、智能拼装、超前地质预报等创新技术,以“有人值守、无人操作”方式掘进。

2. 遁地行、拓空间——土压平衡盾构机

土压平衡盾构机,一般用于软土地质,城市地铁用盾构机多为此类。挖地铁、管廊、通道、车库;穿城区、机场、管线、车站……“钢铁穿山甲”助力城市地下空间开发。

3. 穿江海、畅通途——泥水平衡盾构机

泥水平衡盾构机,一般应用于水土压力较大、地表沉降要求高的隧道。山东济南黄河济泺路隧道,万里黄河第一隧,上面跑汽车、下面跑地铁;重庆长江隧道,第一条穿越长江的高铁盾构隧道;湛江湾海底隧道,既“穿海”又“越城”……

我国盾构机曾长期依靠进口。20世纪初，我国开始盾构机自主研发，走出一条从无到有、从有到优的发展之路。我国盾构机凭借创新技术、过硬质量及高品质服务开拓国际市场，如今在全球市场占比达70%。

当前，国产盾构机刀盘直径已实现0.5～15 m全覆盖，尺寸不一、形状各异，可水平、斜向、竖向、转弯掘进，小到城市综合管廊，大到穿江越海隧道，都能满足施工需求。

技能训练

训练工单：调研桥梁及桥墩						
姓名：________　班级：________　日期：________						
任务目标		指导老师				
1. 认知桥梁的结构形式； 2. 认知桥墩的结构形式		团队成员				
		分工职责				
任务内容	利用课余时间，针对市域内的桥梁进行调查研究，拍摄桥梁照片，研究桥梁及桥墩的结构形式，制作PPT，进行课堂展示与讲解					
引导问题	桥梁及桥墩的结构形式有哪些？ ________________ ________________ ________________					
任务实施	分小组进行市域内桥梁的调查研究，拍摄桥梁照片，制作PPT，分组展示					

任务评价

序号	评价内容	评价标准	分数	评分记录		
				学生自评	组间互评	教师评分
1	桥梁结构形式	能准确说出桥梁结构形式	25			
2	桥墩结构形式	能准确说出桥墩结构形式	25			
3	桥梁及桥墩类型判断	图片真实清晰、桥梁及桥墩结构类型判断正确	30			
4	汇报展示	小组内分工明确，汇报流利	20			
总成绩			100			

巩固与练习

一、选择题

1. 下列不属于明挖法特点的是(　　)。

A. 造价较低　　B. 造价较高　　C. 土方工程量大　　D. 影响地面交通

2. 城市轨道交通隧道的开凿方法通常采用(　　)。

A. 明挖法　　B. 矿山法　　C. 盾构法　　D. 盖挖法

3. 关于线路敷设方式，下列说法正确的是(　　)。

A. 地下线路施工难度最小　　B. 高架线路造价最高

C. 地下线路通常修建在市内中心区域　　　D. 高架线路对城市阻隔作用大

二、填空题

1. 隧道的施工方法主要有________、________、________。
2. 桥梁是由________、________、________、________、________五部分组成。

三、简答题

1. 如何避免路基病害的形成？
2. 盾构法有什么优缺点？

学习任务四　认知车站

任务导入

在繁忙的地铁站，人群熙攘，步履匆匆。然而在这喧嚣之中，身着整洁制服、面带微笑的站务员们用热情和爱心为乘客带来了温暖与帮助。他们坚守职责，以高度的责任感确保车站运营的安全与顺畅。

任务目标

知识目标

(1)理解城市轨道交通车站的分类和组成。

(2)理解城市轨道交通车站的文化。

能力目标

(1)具有辨别不同种类城市轨道交通车站的能力。

(2)具有指出轨道交通车站不同空间功能的能力。

素质目标

(1)培养严肃认真、团结合作的意识。

(2)培养学生服务意识和思辨能力。

任务描述

通过本任务学习，学生能够识别不同类型的车站，能够辨认车站不同空间所发挥的功能，理解不同形式车站文化，达到城市轨道交通运维人员对城市轨道交通车站的认识要求。

核心知识

城市轨道交通车站是客流的节点，是乘客出行的基地，乘客上下车以及相关的作业都是在车站进行的，也是列车到发、通过、折返、临时停车的地点。车站是城市轨道交通线路的电气设备、信号设备、控制设备等集中的场所，也是运营、管理人员工作的场所。

一、车站的分类

1. 按车站空间位置分类

按车站空间位置分，可以分为地下车站、地面车站和高架车站，如图2-55所示。

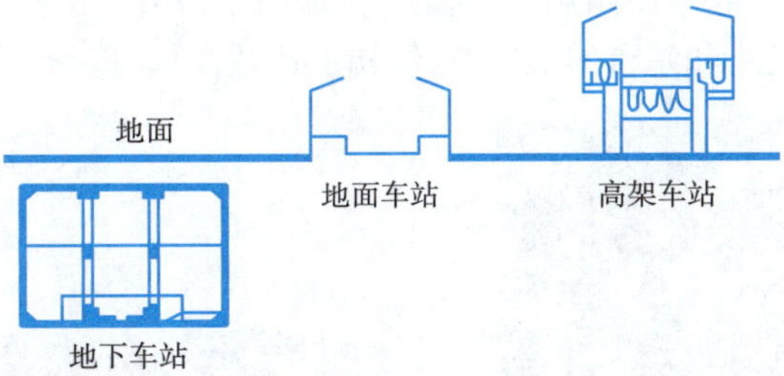

图 2-55　车站按空间位置分类示意图

(1)地下车站指位于地面以下的车站,如图 2-56 所示。受地面建筑群的影响,轨道交通线路设置于地下,其车站也随之设置于地下,主要为节省地面空间。一般由地面出入口、地下站厅及地下站台组成。地下车站中站厅站台不同层的车站较为常见。

图 2-56　地下车站

根据其埋深,又可分为浅埋车站和深埋车站两种。浅埋车站,采用明挖法或盖挖法施工,线路轨道面至地表距离在 20 m 以内;深埋车站,采用暗挖法施工,线路轨道面至地表距离在 20 m 以上。在造价方面比较,埋深越大的车站造价越高。

(2)地面车站指和地面连接的车站,如图 2-57 所示。由于占用地面空间,最容易造成轨道交通线路所经过的地面区域分割,所以,一般在城乡接合部采用此类型的车站,其最大的优点是造价低。

图 2-57　地面车站

(3)高架车站指位于地面以上的车站,如图 2-58 所示。高架车站是城市轨道交通线路架空,置于高架桥梁的桥面车站。除了线路和站台架空在地面上以外，站厅、办公用房、生产用房等通常设在地面上，一般位于线路和站台的下层，在结构上比较简单，造价大大低于地下车站。

图 2-58　高架车站

2. 按车站运营性质分类

车站按运营性质不同，可以分为中间站、区域站、换乘站、终点站等，如图 2-59 所示。

(1)中间站。仅供乘客上、下车之用，功能单一，是城市轨道交通路网中数量最多的基本站型。

(2)区域站(折返站)。设在两种不同行车密度交界处的车站，站内设有折返线和设备，区域站兼有中间站的功能。

(3)换乘站。位于两条及两条以上线路交叉点上的车站，除供乘客乘降之用外，还供乘客由一条线路的列车换乘到另一条线路的列车上。在设计换乘站时，应尽可能将换乘客流和到发客流分开。

(4)终点站。线路两端的车站，除供乘客上、下车外，还能供列车折返、停留和临时检修用，终点站一般设有停车线。

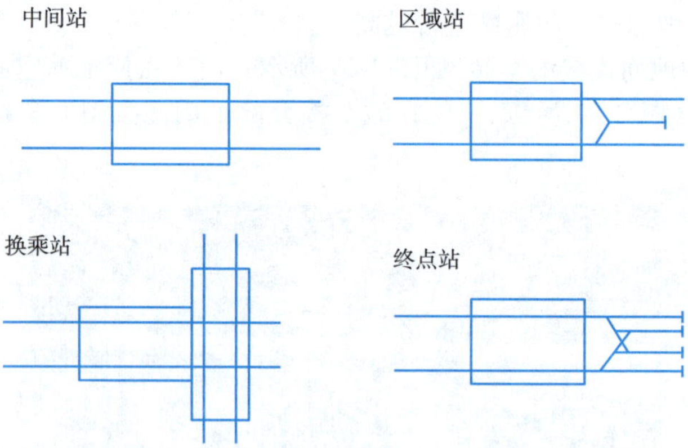

图 2-59　车站运营性质分类示意图

3. 按站台形式分类

车站按站台形式不同可分为岛式站台车站、侧式站台车站和岛侧混合式站台车站，如图 2-60 所示。

(1)岛式站台车站的站台位于上、下行行车线路之间，这种站台布置形式称为岛式站台。岛式站台车站是常见的一种车站形式，具有站台面积利用率高、能调剂客流、乘客中途改变乘车方向方便、车站管理集中、站台空间宽阔等优点，因此常用于客流量较大的车站，如图 2-61 所示。

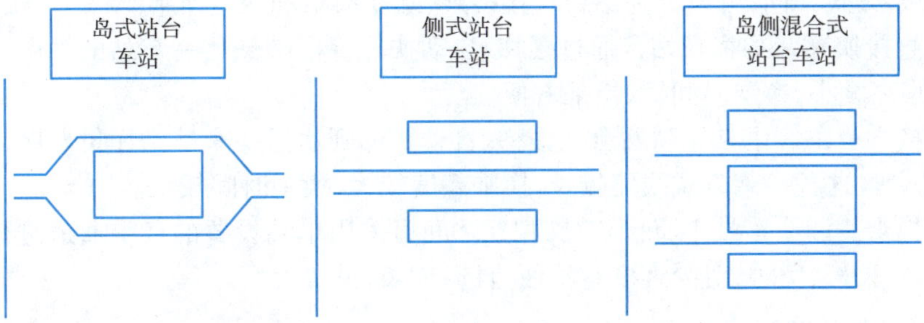

图 2-60　车站站台形式分类示意图

(2)侧式站台车站的站台位于上、下行行车线路的两侧，这种站台布置形式称为侧式站台。侧式站台车站站台上、下行乘客可避免相互干扰。正线和站线间不设喇叭口，造价低，改建容易，但是站台面积利用率低，不可调剂客流，中途改变方向须经过地道或天桥，车站管理分散，站台空间不及岛式宽阔。因此，侧式站台多用于两个方向客流量较均衡(或流量不大)的车站及高架车站，如图 2-62 所示。

图 2-61　岛式站台车站

图 2-62　侧式站台车站

(3)岛侧混合式站台车站将岛式站台及侧式站台设在同一个车站内。岛侧混合式站台车站主要用于两侧站台换乘或列车折返。岛侧混合式站台可布置成一岛一侧式和一岛两侧式，如图 2-63 所示。

图 2-63　岛侧混合式站台车站

4. 按乘客换乘方式分类

车站按换乘方式不同，可以分为站台直接换乘、站厅换乘和通道换乘。

（1）站台直接换乘。乘客在站台通过楼梯、自动扶梯等换乘到另一车站的站台。这种换乘方式线路短，换乘高度小，换乘时间短，换乘方便。

（2）站厅换乘。乘客由某车站站台经楼梯、自动扶梯到达另一车站站厅付费区，再经楼梯、自动扶梯到达站台。这种换乘方式线路较长，换乘高度较大，换乘时间较长。

（3）通道换乘。两个车站不直接相交，相互之间可采用单独设置的换乘通道进行换乘。这种换乘方式线路较长，又费时，对乘客多有不便，且通道长，投资大。

5. 按车站规模分类

车站规模主要指车站外形尺寸大小、层数及站房面积多少。车站规模主要根据本站远期预测高峰小时客流量、所处的位置的重要性、站内设备和管理用房面积、列车编组长度及该地区远期发展规划等因素综合考虑确定。其中客流量大小是一个重要因素。

地铁车站规模一般可分为A级、B级和C级。A级适用于客流量大、地处大型客流集散点以及地理位置十分重要的车站；B级适用于客流量较大、地处市中心或较大居住区的车站；C级适用于客流量较小、地处郊区的车站。

车站的规模还应对车站所在位置的重要性以及城市发展规划等因素综合考虑，以寻求最佳方案。

6. 按是否具有站控功能分类

城市轨道交通车站按是否具有站控功能可分为集中站和非集中站。

集中站通常为有道岔的车站，具有站控功能。集中站车站值班员根据调度命令，可监控集中站管辖线路上的列车运行，执行扣车等列车运行调整措施。非集中站通常为无道岔又无列车监控功能的车站。

7. 按车站结构横断面形式分类

按车站结构横断面形式可分为矩形断面、拱形断面、圆形断面、马蹄形断面、其他类型断面等。

视频

车站组成

二、车站的组成

对城市轨道交通系统来说，车站一般都由车站主体、出入口及通道、通风道及风亭（地下）和其他附属建筑物组成，如图2-64所示。

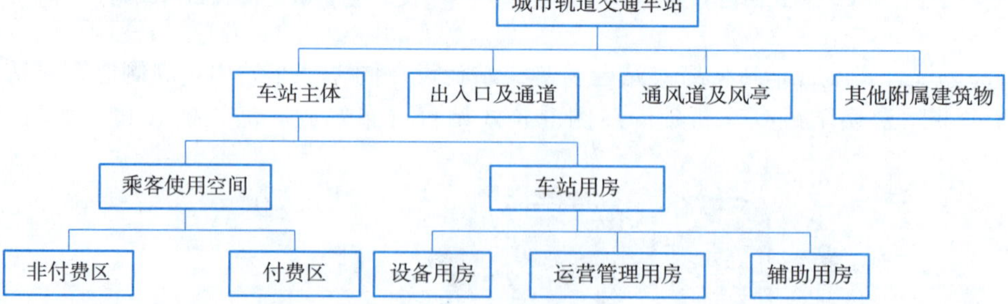

图2-64　车站组成

1. 车站主体

车站主体是列车的停车点，它除了供乘客上下车、集散、候车外，也是办理运营业务和设置运营设备的地方。车站主体根据功能的不同，可分为以下两部分：

1）乘客使用空间

乘客使用空间又可分为非付费区和付费区。

非付费区是乘客购票并正式进入车站前的活动区域，主要为站厅，如图2-65所示。一般应有较宽敞的空间，根据需要还可设售检票设备、楼梯、银行、公共电话等设施。付费区包括站台、自动扶梯、楼梯、其他乘客服务设施等。

2）车站用房

车站用房包括设备用房、运营管理用房和辅助用房三部分。

设备用房是为保证列车正常运行、保证车站内环境条件良好和在灾害情况下保障乘客安全所需的用房，主要包括通风与空调用房、变电所、综合控制室、防灾中心、通信机械室、信号机械室、自动售检票室、冷冻站、配电室、公区用房。

运营管理用房是车站运营管理人员使用的办公用房，主要包括站长室、车站控制室（见图2-66）、票务室（见图2-67）、广播室、会议室和警务办公室等。

辅助用房是为保证车站内部工作人员正常工作生活所设置的用房，主要包括卫生间、更衣室、休息室、茶水间等。

车站用房应根据运营管理需要设置，不同车站只配置必要房间，尽可能减少用房面积，以降低车站投资。

图2-65　站厅

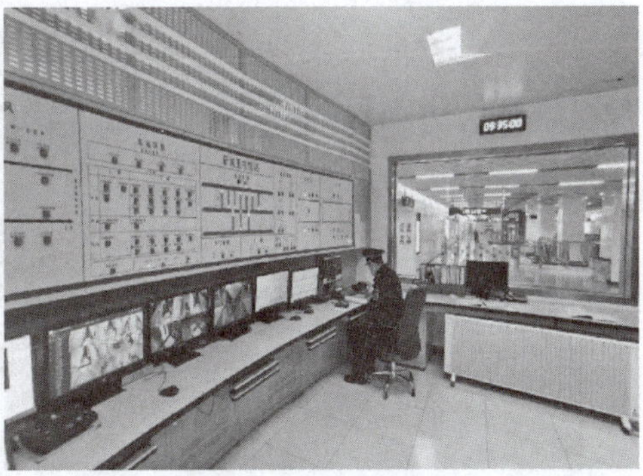

图2-66　车站控制室

图2-67　票务室

2. 出入口及通道

出入口及通道是供乘客进、出车站的建筑设施。

出入口用于吸引和疏解客流，其规模与出入口的总设计乘客流量有关。出入口一般布置在街道交叉口，以便能大范围地吸引和疏解客流，如图2-68所示。

图2-68 出入口

车站通道是连接车站出入口和站厅或站内各层之间的纽带，主要由楼梯、自动扶梯、步行道及无障碍通道构成，如图2-69所示。

图2-69 步行通道

3. 通风道及风亭

地下车站需要考虑通风道及风亭，其作用是保证车站有一个舒适的地下环境。车站是乘客非常集中的地方，尤其是地下车站，由于人流密集、环境相对封闭，造成车站的空气很容易污浊。为保证乘客及车站工作人员身体健康，地下车站都设置了环控系统，可以为车站不间断地进行空气置换，以满足车站空气清新的要求，因此要设置相应的通风道和风亭以进行通风换气，如图2-70所示。

三、车站的建筑文化

地铁出现之初，车站的建筑形态不是地铁涉及的基本内容。在不断的发展过程中，地铁逐渐摆脱单一的交通运输功能，艺术价值逐步显现。

以北京地铁车站为例，北京地铁车站建筑及装饰朴素大方、坚固耐用，从形式到色彩变化各有特点，并注意和所在区域的地面建筑相协调。车站建筑与装修，主要采用重点装饰等艺术处理手法，将我国传统的建筑思想与现代建筑工艺融为一体，形成北京地铁独特的建筑风格。近年来车站建筑秉承“记忆历史文脉，彰显城市文化，突出地域标志”的理念，将北京古老的城市文化融入车站的建筑风格中。

图 2-70　通风道和风亭

北京地铁 5 号线雍和宫站，可以看到立柱全部采用正红色，护栏全部采用汉白玉雕花制成。雕花护栏在错层之间一字排开，图案包括龙、牡丹等中国传统图案，透着一种神秘和庄重之美，与雍和宫的风格保持一致，如图 2-71 所示。

北京地铁 10 号线北土城站，被誉为“最美青花瓷地铁站”，采用了体现中国文化的青花瓷图案作为装饰图案。站台门上印满了中国古典元素的图案，白色吊顶则是仿中国古代藻井的形状。这里一曲一折，别样风韵；青白两色，暗藏乾坤。图案寥寥几笔，却能勾勒天地，只一寸天地，却能胸怀天下，如图 2-72 所示。

图 2-71　5 号线雍和宫站

图 2-72　10 号线北土城站

北京地铁 6 号线南锣鼓巷站，位于北京市保存最完整的四合院区，站内设计风格突出体现老北京民居特色与风俗文化。站内装饰仿照四合院的灰砖、檩条、砖雕等元素。内部装修是以灰色为主基调的北京传统民居胡同造型。站厅、站台墙壁装饰有以“城市记忆”“时光绘印”“南锣印象”“北京记忆”为题材的公共艺术设计作品，如图 2-73 所示。

北京地铁 4 号线圆明园站，装修风格体现紧邻的圆明园遗址公园地区特色，站厅北侧墙壁上装饰圆明园内大水法遗迹的石材浮雕，浮雕上标注有圆明园历史上建园、烧园、毁园三个纪年，以及圆明园四十景。如图 2-74 所示。

城市轨道交通作为时代进步的产物，是在城市发展到一定阶段后产生的。在某种意义上，作为城市发展的标志和城市文明的象征，城市轨道交通逐步成为城市形象的名片。城市轨道交通车站建筑多设于城市交通便利之处，人流量大，位置明显，其建筑造型直接影响城市外部空间。

因此，车站建筑是城市轨道交通与城市外部空间直接或间接产生互动的“媒介点”，是推进周边地区体系发展的催化剂。

图 2-73　6 号线南锣鼓巷站

图 2-74　4 号线圆明园站

知识拓展

地铁运营车站

图 2-75 所示为地铁某车站立体结构图。按运营功能划分，该站属于中间站；按客流量大小划分，该站属于小型车站；按车站设置的位置划分，该站属于地下站，车站通过出入口吸引客流；按车站站台形式划分，该站属于岛式站台车站。车站设置四个出入口、一个安全出口、三部无障碍电梯。

车站全天实行自助服务，乘客可通过 B 口两台 TVM（ticket vending machine，自动售票机）、一台 ITVM，A 口两台 TVM、一台 ITVM（Internet ticket vending machine，互联网售票机）自行购票、充值。B 口售票室中 BOM（booking office machine，半自动售票机）仅用于补票、发售福利票、一卡通卡发售、IC 卡充值、异形卡充值等特殊业务。A 口售票室中 BOM 用于补票、IC 卡充值、异形卡充值等特殊业务。

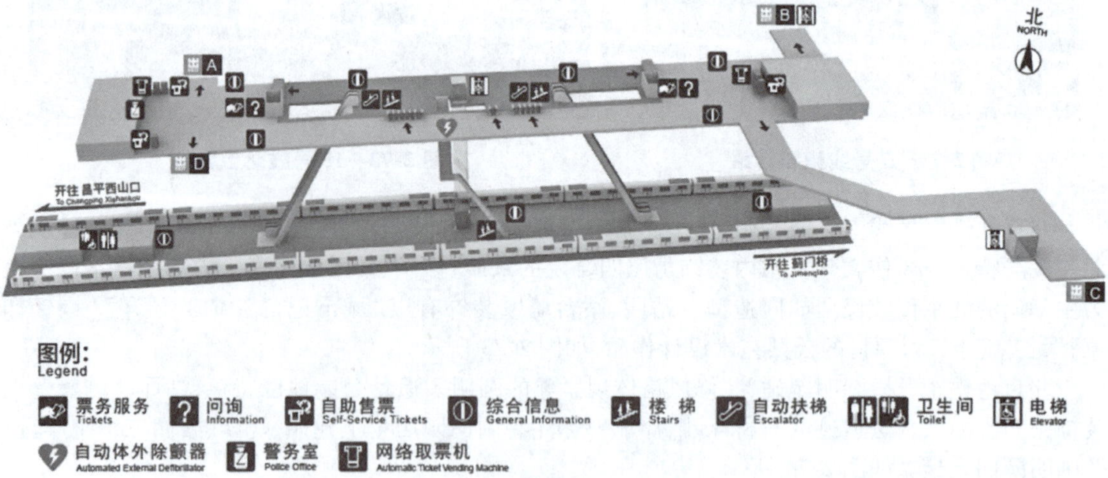

图 2-75　某车站立体结构图

技能训练

<table>
<tr><th colspan="7">训练工单:认识车站</th></tr>
<tr><td colspan="7">姓名:________　班级:________　日期:________</td></tr>
<tr><td colspan="2">任务目标</td><td>指导老师</td><td colspan="5"></td></tr>
<tr><td colspan="2" rowspan="2">1. 识别不同类型的车站;
2. 掌握车站的布局</td><td>团队成员</td><td></td><td></td><td></td><td></td><td></td></tr>
<tr><td>分工职责</td><td></td><td></td><td></td><td></td><td></td></tr>
<tr><td>任务内容</td><td colspan="7">作为地铁一名员工,需要了解所在城市地铁车站的设计运营情况,包括车站类型及组成等。小组分工合作,完成以下内容:</td></tr>
<tr><td>引导问题</td><td colspan="7">1. 结合你平时乘坐地铁出行的经验,给你印象最深的地铁站是哪一站?为什么?
____
____
____
2. 你看过什么类型的车站,有何特色?
____
________</td></tr>
<tr><th colspan="8">任务实施</th></tr>
<tr><td colspan="8">1. 画出岛式站台和侧式站台的示意图,并说明岛式站台车站和侧式站台车站的优缺点:

2. 实地考察所在城市的地铁车站,分析其换乘形式:

3. 实地考察,选取所在城市地铁某个车站,绘制车站站厅、站台层平面布局。说明闸机、出入口、售票处的分布地点等</td></tr>
</table>

任务评价

序号	评价内容	评价标准	分数	评分记录		
				学生自评	组间互评	教师评分
1	车站的基本分类	准确描述出车站类型	40			
2	车站组成及功能	准确辨认车站的空间布局及运营功能	40			
3	车站的文化	能理解地铁建筑文化	20			
总成绩			100			

巩固与练习

一、填空题

1. 车站按空间位置不同可以分为地下车站、________和________。
2. 车站按站台形式不同可分为________、________和________。
3. 车站按作业性质不同，可以分为________、________、________、和________。
4. 车站一般都由________、________、________和其他附属建筑物组成。

二、简答题

1. 城市轨道交通车站有哪些功能？
2. 车站按照空间位置、站台形式和车站作业性质如何分类？
3. 车站由哪些部分组成？

项目三
城市轨道交通车站机电设备

项目导入

城市轨道交通车站机电设备是轨道交通运营的一个重要组成部分，车站机电设备主要包括站台门系统、电扶梯系统、自动售检票系统、通风空调系统、给排水系统和消防系统等，为车站的正常运营提供售检票、给排水、照明、供电等基本功能，实现车站的正常运转。乘客与轨道交通接触最密切的设备主要集中在车站机电设备，机电设备对于轨道交通运营效率有最直接的影响。

车站机电设备对于维持城市轨道交通系统正常的运行环境、提高乘客出行舒适度、保证乘客安全等方面具有至关重要的作用，它是面向乘客的服务机器，在正常运行时为乘客提供快捷舒适的乘车环境；在特殊情况下，如遇火灾等突发情况，还要通过车站内的消防系统切断相关设备，保障乘客的安全。

本项目主要介绍城市轨道交通车站机电设备的构成、功能、原理等基本知识，通过本项目的学习，学生应能掌握车站机电设备的基本作用与特点等，并能达到以下学习目标。

学习目标

知识目标	技能目标	素质目标
(1)了解城市轨道交通主要的车站机电设备； (2)理解城市轨道交通车站机电设备的作用与特点； (3)掌握城市轨道交通主要车站机电设备的构成、控制、原理； (4)掌握城市轨道交通主要车站机电设备的使用方法	(1)能够叙述城市轨道交通车站机电设备的名称； (2)能够准确叙述城市轨道交通车站机电设备的作用； (3)能够准确描述城市轨道交通车站机电设备的功能； (4)能够准确地进行城市轨道交通车站机电设备的控制操作	(1)建立规范操作的标准意识； (2)培养爱岗敬业、服务奉献的职业操守； (3)具备安全至上的工作意识； (4)培养敢于吃苦、敢于创新的劳动精神

学习任务一 认知站台门系统

任务导入

站台门(platform edge door,PED)系统是现代化城市轨道交通工程的必备设施,是集建筑、机械、电子、信号、控制、装饰等学科于一体的综合性门系统,安装在城市轨道交通线路车站站台边缘。"站台门"的职责是将乘客候车的站台区域和列车行驶的轨道区域进行隔离,避免人或物落入轨行区,保障每一名乘客的乘车安全。

任务目标

知识目标

(1)了解站台门系统的分类与特点。

(2)了解站台门系统的控制模式。

(3)掌握站台门系统的结构和功能。

(4)了解站台门系统故障的处理。

能力目标

(1)能识别站台门的结构。

(2)能对站台门故障进行简单处理。

(3)能按要求操作站台门。

素质目标

(1)培养规范操作的标准意识。

(2)树立安全操作的意识。

(3)培养紧急事务处理能力。

任务描述

通过本任务学习,学生能够掌握站台门系统的结构组成与控制方式,了解站台门系统设立的作用,能够进行日常运营管理中站台门的操作,对站台门故障进行简单处理,能够处理站台门相关紧急事件。

核心知识

一、站台门的功能

站台门将站台候车区与列车运行区隔离开来,与列车的车门相对应,是一种可多级控制启闭的机电设备。站台门的设置提高了城市轨道交通运营的安全程度,改善了候车区域环境。如图3-1所示为站台门。

站台门主要具备以下的功能:

1. 安全性

站台门可防止乘客跌落或跳下轨道,发生伤害事故。设置站台门后,仅当列车到站,且列车车门与站台门对正后与列车门同步开启,保障乘客安全、舒适地乘坐列车。还可减缓火灾的影响,阻隔站台门两侧火情与浓烟,增加乘客的疏散时间。

图 3-1　站台门

2. 改善候车环境

站台门可降低列车运行产生的噪声、粉尘及列车进站或通过站台时产生的风压，对活塞风起到有效的隔绝作用，在候车区与轨道间形成一个物理屏障，为乘客提供了一个更加舒适安全的候车环境。

3. 节能性

站台门可避免站台候车区的空调冷气进入列车运行的隧道，节省地下车站空调的负荷，降低其能耗，达到空调节能的作用。

4. 降成本增营收

站台门的应用可减少甚至不需要站台接车人员，减少地铁的日常管理费用，站台门还可用于平面广告媒介，增加运营部门的广告收益。

二、站台门的类型

根据站台门的结构形式，站台门一般有全封闭和开放式，开放式还有全高和半高之分。

1. 全封闭式站台门

全封闭式站台门，门体顶箱上部与站厅顶面之间由支撑结构和盖板密封，多用于设有空调系统的站台。全封闭式站台门既可以保证乘客的安全，还可以隔断区间隧道内与站台空调环境之间的冷热气流的交换，气密性更好，可达到更好的节能效果，如图 3-2 所示。

图 3-2　全封闭式站台门

2. 开放式站台门

1)全高式站台门

全高式站台门是一道自上而下的玻璃隔离墙和活动门,主要设置于地下车站站台,门体结构高度超过人体高度,顶部距离站厅顶面之间有一段不封闭空间,主要用来隔离站台与列车运行区域,门体结构高度一般为 2 800 ~ 3 200 mm,如图 3-3 所示。

图 3-3　全高式站台门

2)半高式站台门

半高式站台门是一道上不封顶的玻璃隔离墙和活动门,主要设置于地面或高架车站,门体高度不超过人体高度,一般为 1 200 ~ 1 500 mm。与全高式站台门相比,安装位置相同,但结构简单、高度低,造价也相对较低,主要起到安全隔离作用,如图 3-4 所示。

图 3-4　半高式站台门

三、站台门的设计原则

城市轨道交通车站需要面对大客流,特别在早晚高峰出行期间,站台门运行强度很高。因此,站台门的设计必须要满足高强度的运行条件,具体条件如下:

(1)满足所在地区的温度、湿度及地震烈度的工作环境。

(2)满足列车行车要求,符合各种运营模式;方便乘客上下车;故障或灾害运营时能安全疏散乘客。

(3)门体具有足够的机械强度和刚度,能承受乘客对门体的挤压和冲击,以及列车活塞风等作用。

(4)滑动门的开、关频率满足列车最小行车间隔的要求,有每年连续365天运行的能力。

(5)具有良好的接地和绝缘。

(6)无故障使用次数不低于100万次,系统使用寿命不低于30年。

(7)具有可靠性、可维护性、可用性和可扩展性,并遵循模块化和冗余设计的原则。

(8)原则上设置在车站有效站台长度范围内,以有效站台中心线为中心向站台两端对称布置。

四、站台门的组成

站台门系统由机械部分和电气部分组成,机械部分包括门体结构和门机系统,电气部分包括电源系统和控制系统,如图3-5所示。

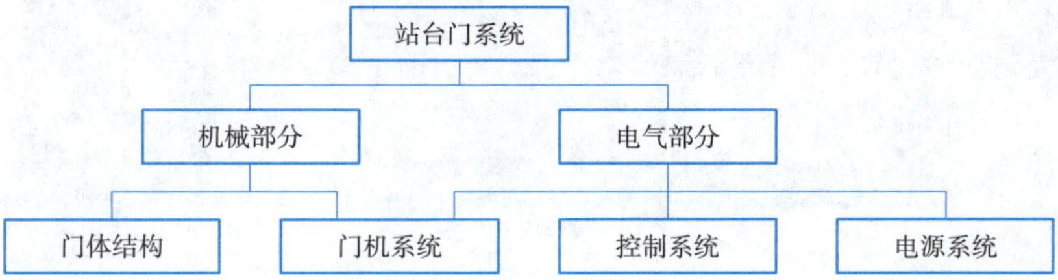

图3-5　站台门系统组成

1. 门体结构

本项目以全高式站台门为例讲解站台门门体结构,站台门门体主要包括承重结构、门槛、顶箱、踢脚板、门本体等部分。

1)承重结构

承重结构主要包括底部支撑结构、门梁、立柱、顶部自动伸缩装置,顶部和底部采用绝缘安装。全高站台门的支撑结构仅与站台板固定,底部采用绝缘安装。承重结构承受全高站台门的垂直载荷、隧道内通风系统产生的风压、列车运行活塞风形成的正负方向水平载荷、乘客挤压力和地震、振动等载荷。

2)门槛

门槛有固定门门槛和滑动门门槛等不同类型。固定门门槛承受固定门的垂直载荷,滑动门门槛承受乘客载荷。门槛材料有不锈钢、铝合金等,表面用凹凸结构作防滑处理,保护乘客经过时不发生滑倒,门槛位于滑动门下端,内有滑动导槽与滑动门配合。门槛同时与站台板进行绝缘固定,以防止乘客触电,如图3-6所示。

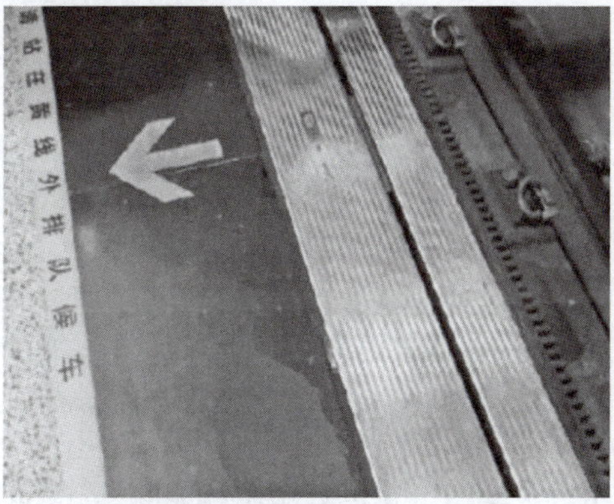

图3-6　门槛

3)顶箱

顶箱内部安装有门移动的驱动与传动机构、锁紧及解锁装置、门控单元、配电端子箱、导轨、滑轮拖板组及顶梁等部件。顶箱外部可装设导向标识和站台边缘光带反射板,顶箱本身可起到对内部重要结构的密封保护作用,并踢脚板采用防电磁干扰措施,还要便于安装调试和维护检修。

4）踢脚板

踢脚板采用不锈钢材料，防止乘客踢脏或踢碎门体玻璃。

5）门本体

门本体结构是站台门最重要的机械结构，根据功能和结构分为滑动门、固定门、应急门、端门。滑动门、固定门、应急门如图 3-7 所示，端门如图 3-8 所示。

图 3-7　门本体主要结构

图 3-8　端门

（1）滑动门。滑动门（automatic sliding door，ASD）与列车门一一对应，关闭时将站台公共区与隧道区间隔开，打开时，为乘客提供上、下列车的通道以及列车在隧道区域发生火灾或故障时乘客的疏散通道。滑动门由铝合金门框、钢化玻璃、直线导轨、手动解锁装置组成；乘客可以在轨道侧、工作人员可以在站台侧手动打开滑动门；轨道侧把手距站台面为 900 mm 左右。半高站台门的滑动门一般为双电机驱动，全高站台门的滑动门一般为单电机驱动。

门开启时门状态指示灯点亮，关闭或开启过程中门状态指示灯闪烁，门关闭时门状态指示灯灭。滑动门一般设有障碍物探测功能，当滑动门关门受阻时，门操作机构能够通过探测器检测到有障碍物存在并立即释放关门力，停顿 2 s 后门全开，然后再次关门，若重复关门三次仍不能关闭，滑动门则全开并报警，等待工作人员处理。滑动门轨道侧下部设置斜面防站人斜块，减少乘客在站台门和车门之间缝隙停留的危险。

（2）固定门（fixed door，FIX）。车站与区间隧道隔离和密封的屏障之一。固定门由门玻璃、铝制门框等构成。所有固定门处在同一个平面内,从站台侧看不到支撑固定门的铝制门框。固定门板采用单层 10 mm 厚的钢化玻璃,门玻璃通过结构胶与固定门框黏接,固定门框插入立柱上的方孔内。在门框和支承柱之间装有橡胶垫,这种弹性密封安装可降低振动。

(3)应急门(emergency escape door,EED)。列车进站无法对准滑动门时,可作为乘客疏散通道。全高站台门对应每节车一般设两扇应急门,安装在两滑动门之间。半高站台门对应每节车一般设一扇应急门。当事故发生时,至少有一道应急门对准列车车门作为乘客疏散的通道。应急门由应急门门板、门框、闭门器、推杆锁等构成,在紧急情况下,允许采用手动打开,站台工作人员可以在站台侧用通用钥匙将门打开,乘客在轨道侧推压开门推杆可将门打开。

(4)端门(maintenance signal distributor,MSD)。端门位于站台两个端首,垂直于站台边线,设在列车司机门和客室门之间。端门是列车在区间隧道火灾或故障时乘客疏散通道,也是车站人员进出隧道进行维修的通道。端门由门玻璃、门框、闭门器、手动解锁装置和门锁等构成,开启方式与应急门相同。

2. 门机系统

门机是滑动门的驱动机构,主要由门控单元(drive control unit,DCU)、电机与减速箱组件、传动装置、锁紧装置等组成,如图 3-9 所示。

(1)门控单元是滑动门电机的电子控制装置,每个滑动门均配置一个门控单元,安装在门体上部的顶箱内。它具备自诊断功能,能与维护计算机连接,可进行测试、组态编程维护,从而实现了信息化、智能化及集成网络控制。

(2)电机与减速箱组件采用直流无刷伺服电机,带有霍尔传感器或光电编码器,或由门控单元使用矢量技术,实现闭环控制及位置控制。减速箱用于减速及提高输出驱动力矩。

(3)传动装置包括驱动皮带和门悬挂设备,主要起到驱动滑动门开关的作用。

(4)锁紧装置包括闭锁检测开关、手动解锁检测开关、解锁电磁铁、凸轮、门锁支架等。

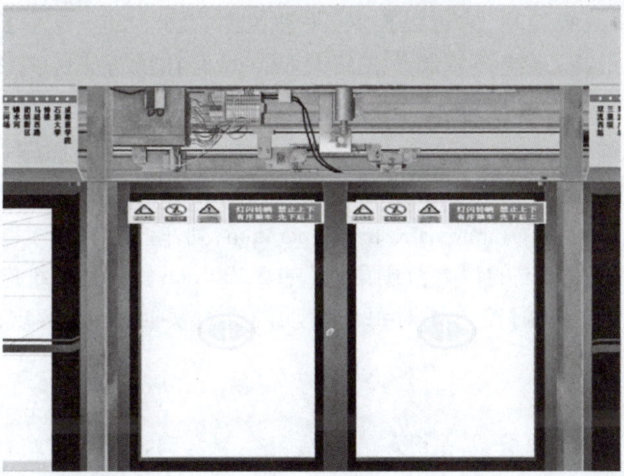

图 3-9　站台门门机

3. 电源系统

站台门电源系统由驱动电源和控制电源组成,其用电均为一级负荷。驱动电源主要由三相隔离变压器、不间断电源(uninterruptible power supply,UPS),馈线回路等组成,完成馈电及外部电源故障后供电,控制电源主要由不间断电源、单相隔离变压器、监控模块(带液晶显示屏)、绝缘监测模块、馈电单元及软件等组成,当外电中断供电时,能为控制设备提供电力。

4. 控制系统

站台门控制系统具有控制和监测功能,主要控制站台门的开关动作,保证滑动门的开关与列车车门开关动作一致。控制系统主要由中央接口盘(platform screen door control,PSC)、就地控制盘(platform screen door local control panel,PSL)、门控单元(DCU)、就地控制盒(local control box,LCB)、远程状态监视终端(platform surveillance annunciator,PSA)以及站台门上的声光报警装置等组成。

每侧站台门由一套完整的子系统控制,子系统包括站台门单元控制器(platform edge door controller,PEDC)、门控单元(DCU)、就地控制盘(PSL)、远程监视器(PSA)以及与其他系统的接口。站台门控制系统原理框图如图3-10所示。

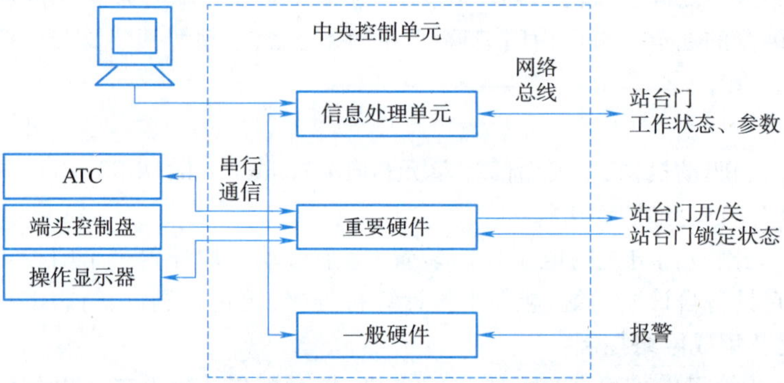

图3-10 站台门控制系统原理框图

五、站台门的控制模式

站台门系统具有系统级控制、站台级控制、手动控制、就地控制、应急控制五种控制模式,其中,以手动控制优先级最高,系统级控制优先级最低。只有在执行完优先级高的操作后,才可以进行低级别的操作。

1. 系统级控制

系统级控制是在正常运行模式下由信号系统直接对站台门进行控制的方式,根据驾驶模式的不同,可由驾驶员操作或ATO(automatic train operation,列车自动运行)系统操作。在系统级控制方式下,列车到站并停在允许的误差范围内时(如±300 mm),信号系统向站台门每侧单元控制器发送命令,单元控制器通过门控单元对每扇滑动门进行实时控制,实现站台门的系统级控制操作。

2. 站台级控制

站台级控制是由列车驾驶员或站务人员在站台控制盒(PSL)上对站台门进行控制的方式。当系统级控制不能正常实现时,如列车停车位置不正确、信号系统故障、信号系统与站台门系统通信中断等,列车驾驶员或站务人员可在站台控制盒上通过“专用钥匙”及“开/关门按钮”对站台门进行操作,实现站台门的站台级控制操作。

3. 手动控制

手动控制是站台工作人员或乘客对站台门进行的操作,当控制系统电源故障或个别站台门操作机构发生故障时,站台工作人员可在站台侧用专用钥匙打开站台门,或乘客在轨道侧通过解锁装置打开站台门。当其他模式均不可控制站台门时,可使用该模式,其优先级最高。

4. 就地控制

在运营过程中，若某个站台门出现故障需要检修，站台工作人员可通过操作就地控制盒（LCB）上的“隔离”开关使单个站台门与整个系统隔离开来，方便维修。另外，通过就地控制盒上的“开门”“关门”按钮可使滑动门动作，而不影响其他门机系统正常运行。

5. 应急控制

应急控制盘（IBP）以每侧站台门为独立控制对象，在隧道/车站发生火灾时，为了配合车站环控系统执行火灾模式，站台门系统必须接受控制，由车站工作人员通过在车站值班室的应急控制盘上的按钮对站台门系统进行紧急操作。应急控制属于紧急开门命令，优先级高于就地控制和系统级控制。

知识拓展

守护安全，大门有道

站台门是一个非常有原则的门，具有缜密的安全连锁措施，不满足条件坚决不开门，列车未停稳、制动不施加不开门，列车没停准、车门不对齐也不开门。同时只有所有站台门关闭完好，列车才能正常动车。灯闪蜂鸣，切勿上下，为提示乘客，每一扇门均设有指示灯和蜂鸣器，在开关门或故障时，指示灯闪烁、蜂鸣器鸣响，此时不能上下车。图 3-11 所示为地铁站台门。

站台门具备障碍物探测功能，当遇到异物时门会尝试三次关闭，三次关门都检测到障碍物，会执行开门指令，将门完全打开。同时，每一扇门均安装有防夹挡板及防站人倾斜盖板，增加防夹采集面积，避免夹人夹物。（尽管具备障碍物探测功能，但大家听到“嘀嘀嘀”关门提示声，还应遵守乘车秩序，切勿抢上抢下。）图 3-12 所示为站台门障碍物探测与检测装置。

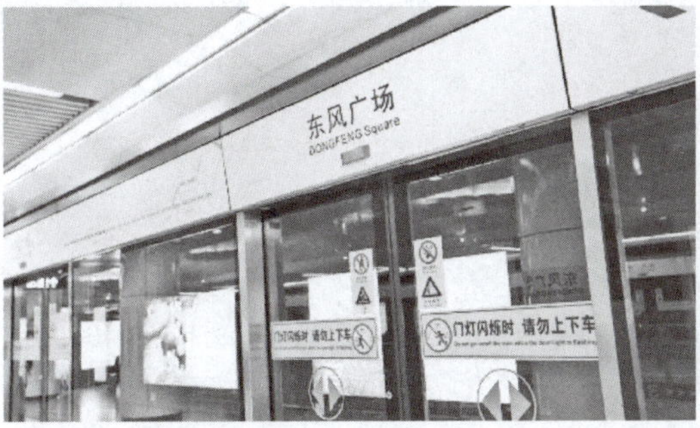

图 3-11　地铁站台门

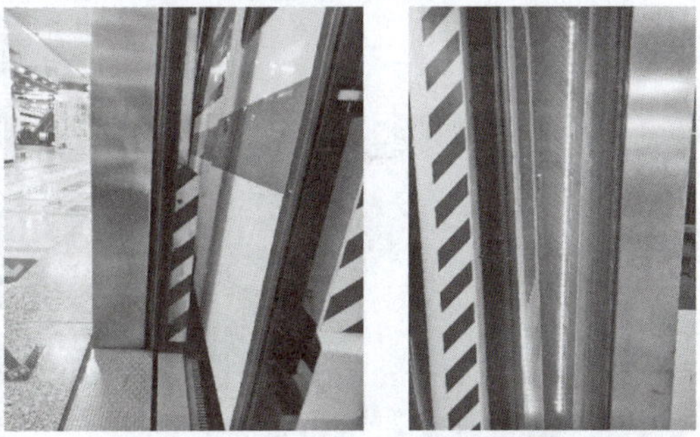

图 3-12　站台门障碍物探测与检测装置

站台门还配置有红外探测或激光检测装置，可实时监测站台门是否夹到异物，同时在站台门与列车中间安装有瞭望灯带，司机通过列车与站台门之间缝隙观察光带发出的醒目黄色光，根据光带发光面积判断是否在列车与站台门之间有被夹的人或物。如果看不到完整的灯带，就证明站台门和车之间有异物，需要排除安全隐患之后才能动车。

车站站台、车控室及地铁调度大厅均实时监控站台门运营状态，一旦设备发生故障，系统能够及时报警，现场人员将第一时间进行应急处置，当遇火灾等突发情况时，车站控制室还可远程操控开门，及时疏散乘客。

拥有那么多安全功能，站台门每日检查也是必不可少的。每天凌晨，工作人员需要对所有车站站台门进行全面检查，确保各项功能正常。每个月检修人员需要进行一次全面体检，专业维护人员对各项技术指标进行检测，并对各个零部件进行清洁检查、维护保养，保证每一扇站台门都能时刻以最完美的状态来守护每一位乘客的乘车安全。图 3-13 所示为站台门检查与检修。

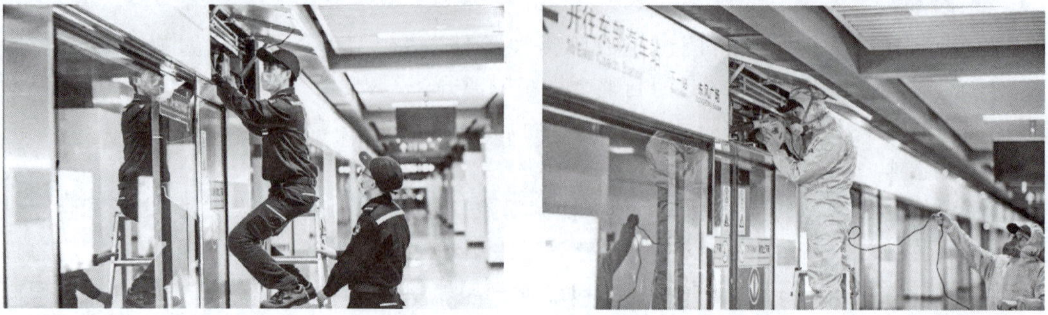

图 3-13　站台门检查与检修

技能训练

<table>
<tr><th colspan="7">训练工单:认识站台门</th></tr>
<tr><td colspan="7">姓名:________　班级:________　日期:________</td></tr>
<tr><td colspan="2">任务目标</td><td>指导老师</td><td colspan="4"></td></tr>
<tr><td colspan="2" rowspan="2">1. 认知站台门的各部分组成及功能;
2. 对站台门进行操作</td><td>团队成员</td><td></td><td></td><td></td><td></td></tr>
<tr><td>分工职责</td><td></td><td></td><td></td><td></td></tr>
<tr><td>任务内容</td><td colspan="6">利用轨道交通实训室站台门设备,分组进行站台门设备的认知,并进行站台门的基础操作</td></tr>
<tr><td>引导问题</td><td colspan="6">指出下图中各部分的名称:
</td></tr>
<tr><td>任务实施</td><td colspan="6">轨道交通实训室内,分小组进行站台门设备的讨论,认知站台门系统的组成及控制方式,小组配合完成站台门设备站台级控制、手动控制、就地控制、应急控制基本操作</td></tr>
</table>

任务评价

序号	评价内容	评价标准	分数	评分记录		
				学生自评	组间互评	教师评分
1	站台门认知	准确指认设备名称	25			
2	站台门操作	正确进行设备操作	50			
3	组内配合	小组内配合协调	25			
总成绩			100			

巩固与练习

一、选择题

1. 在各类型的站台门中，上不封顶的玻璃隔墙和滑动门组成的是(　　)，主要起隔离作用。

A. 全高封闭式站台门　　B. 半高敞开式站台门

C. 上部悬吊式站台门　　D. 底部支撑式站台门

2. (　　)安装于门机内，控制门单元运动，并反馈控制状态给 PEDC。

A. 就地供电单元　　B. 站台门状态指示盘

C. 就地控制盘　　D. 门控单元

3. 站务员可通过(　　)来操作完成站台一侧整列站台门的开启和关闭。

A. 应急控制盒　　B. 站台控制盒　　C. 中央接口盘　　D. 就地控制盒

4. 当轨道交通车站内遇到火灾等紧急情况时，可操作(　　)上的开门按钮，打开滑动门。

A. 应急控制盒　　B. 站台控制盒　　C. 中央接口盘　　D. 就地控制盒

二、填空题

1. 站台门的控制模式有________、________、________、________、________五种。

2. 站台门系统由________和________两部分构成。

3. 如遇紧急情况，乘客可在轨道侧推压________将应急门打开。

4. 站台门的门本体主要有________、________、________、________。

三、简答题

简述站台门的五种控制方式。

视频

认知电扶梯系统

学习任务二　认知电扶梯系统

任务导入

城市轨道交通车站电扶梯系统由自动扶梯、垂直电梯、楼梯升降机和自动步道组成，是城市轨道交通系统的重要组成部分，担负着运送大量客流的任务。电扶梯在迅速、安全、舒适地运送乘客的同时，具备标准化的设计和安装。

任务目标

知识目标

(1)了解城市轨道交通电扶梯的构成与功能。

(2)了解城市轨道交通电扶梯系统设计原则。

(3)掌握电扶梯工作原理。

能力目标

(1)能够对电扶梯系统进行简单操作。

(2)能对电扶梯系统故障进行简单处理。

素质目标

(1)培养安全操作的意识。

(2)树立安全乘坐电扶梯的意识。

(3)培养紧急事务处理能力。

任务描述

通过本任务学习,学生能够对电扶梯的基本结构和原理有一个明确的认知,能够完全掌握电扶梯的工作原理,能够对车站电扶梯进行基本操作和简单故障处理。

核心知识

一、电扶梯分类和功能

地铁车站内设置的电扶梯有垂直电梯、倾斜一定角度运行的自动扶梯,水平或倾斜一定角度运行的自动步行道、楼梯升降机。

1. 垂直电梯

垂直电梯设置在车站出入口、站台层和站厅层,一般是提供给有需要的乘客使用,如残障人士、携带大件行李的乘客及其他有特殊需要的乘客。垂直电梯是以电动机为动力源的垂直升降机,设有一个轿厢,运行在至少两列垂直的或倾斜角小于15°的刚性导轨之间,是用于高层或多层建筑物内的固定式升降运输设备。它的轿厢沿着垂直方向运行于各楼层之间,轿厢的尺寸和结构形式方便了乘客出入或装卸货物,是车站内输送乘客的重要交通工具。

垂直电梯属于特种设备,直接对象是乘客,设备的安全可靠性尤为重要。因此,垂直电梯的设备选型要以安全可靠性及成熟性为依据。图3-14所示为垂直电梯。

图3-14 垂直电梯

2. 自动扶梯

自动扶梯主要是在车站内解决乘客的快速疏散,以台阶式踏步板装设在履带上连续运行。自动扶梯也属于特种设备,直接对象是乘客,设备的安全可靠非常重要,如图3-15所示。

车站的站厅层一般距离地面5~7 m(浅埋式车站),有的车站甚至7~10 m(深埋式车站),乘客进出车站全部依赖于楼梯,自动扶梯提供了舒适、省力的输送乘客的方式,满足了乘客对乘降舒适性的要求。自动扶梯带有循环运动梯路,由一台链式输送机和两台胶带式输送机组合而成,用于在建筑物的不同楼层间向上或向下倾斜疏散乘客。自动扶梯具有连续输送功能,能够在较短时间内输送大量乘客，其主要优缺点如下：

图 3-15　自动扶梯

(1)输送能力大，生产效率高，能连续运送乘客，特别适用于有大量人流汇集与疏散的场所。

(2)能实现上、下行逆转，可以满足不同场所的需要，甚至可以实现从车站站台层到地面出入口的连续输送。

(3)当遇停电或电梯零件出现故障需要停止运行时，可当作普通楼梯使用。

(4)自动扶梯有水平区段，当产生附加的能量损失，同时提升高度较大时，乘客在自动扶梯上停留时间较长。

(5)造价较高。

3. 自动步行道

自动步行道一般应用于换乘车站，工作原理与自动扶梯相似。换乘距离较大时，为改善换乘条件，提高换乘效率，可设置自动步行道，如图 3-16 所示。如北京地铁西直门换乘站，换乘距离较长，设置自动步行道大大提高了换乘效率。

4. 楼梯升降机

楼梯升降机属于电梯的一个分支，安装在步行楼梯一侧，提供行动不便乘客上下楼梯使用，补充车站内现有垂直电梯的功能。楼梯升降机能沿着楼梯连贯作上升、下降和 90°转角运行，运行倾斜角度不大于 35°。楼梯升降机能适应城市轨道交通每年工作 365 天、每天工作 20 小时的工作强度要求，如图 3-17 所示。

图 3-16　自动步行道

图 3-17　楼梯升降机

楼梯升降机有座椅式和轮椅平台式两种，分别为行动不便者和轮椅使用者提供上下楼梯服务。

二、电扶梯系统设计原则

城市轨道交通系统配置电扶梯系统应遵循以下原则：

(1)站台至站厅间根据车站客流量设计上下行各类自动电扶梯。出入口、过街隧道和换乘站内根据人流量设置各类自动电扶梯。

(2)根据人流疏散和服务质量，保障电扶梯设置参数。

(3)车站内设置垂直电梯、楼梯升降机，要满足行动不便者等特殊人群的需要，为他们提供出入城市轨道交通的无障碍通道。

三、电扶梯系统紧急制动

自动扶梯在运营期间如遇意外事故，如改变运行方向或加速运行、乘客摔倒或掉落物品等情况，工作人员应及时停止其运行，以防发生重大事故。自动扶梯设有紧急制动器，在发生紧急事故时可操作自动扶梯上、下端的“紧急停止”按钮。

知识拓展

乘坐扶梯要“左行右立”吗？

“左行右立”是指乘坐电扶梯时，乘客站在电扶梯右侧，让出左侧扶梯，这样有急事的人就可以从左侧先走。从长远来看，“左行右立”会对电扶梯有一定影响，由于一侧承重，链条磨损会加剧，同时扶梯的梯级高度远高于步梯，在扶梯上行走摔倒的可能性较大，所以不提倡“左行右立”。为保障乘客乘梯安全，乘客在乘坐自动扶梯时应保持静止状态。

近年来，北京、上海、广州、南京、香港等多地都取消了“左行右立”倡议。上海地铁还曾在2019年时发布了“最新版自动扶梯乘梯须知”，其中最大的变化就是取消了此前“左行右立”的倡导，取而代之的是新增了“禁止在乘扶梯时行走和奔跑”。根据南京地铁运营公司统计的运营数据，长期“左行右立”对电梯的损害很大，95%的电梯损坏是由于电梯受力不均衡导致的。

“左行右立”这种方式是不合理的，因为会产生一个平衡的偏差，会导致“左行”那边电梯负载相对较轻一点，右边载荷会重一点，就会产生一个倾斜。

专家表示，在乘坐自动扶梯时只需站稳扶好即可，着急赶时间的乘客，如果要安全快捷通过，最好的方式还是走楼梯。

技能训练

<table>
<tr><th colspan="8">训练工单：认识电扶梯</th></tr>
<tr><td colspan="8">姓名：________ 班级：________ 日期：________</td></tr>
<tr><td colspan="2">任务目标</td><td>指导老师</td><td colspan="5"></td></tr>
<tr><td colspan="2" rowspan="2">1. 认知地铁电扶梯的类型；
2. 会对电扶梯进行应急操作</td><td>团队成员</td><td></td><td></td><td></td><td></td><td></td></tr>
<tr><td>分工职责</td><td></td><td></td><td></td><td></td><td></td></tr>
<tr><td>任务内容</td><td colspan="7">利用轨道交通实训室电扶梯设备，分组进行电扶梯设备的认知，并进行电扶梯的应急操作</td></tr>
<tr><td rowspan="3">引导问题</td><td colspan="7">地铁中有哪些电扶梯类型，各自有何特点？</td></tr>
<tr><td colspan="7"></td></tr>
<tr><td colspan="7"></td></tr>
<tr><td>任务实施</td><td colspan="7">分小组在实训室进行，利用电扶梯实训设备，设定场景，进行电扶梯设备的紧急操作</td></tr>
</table>

任务评价

序号	评价内容	评价标准	分数	评分记录		
				学生自评	组间互评	教师评分
1	电扶梯认知	准确指认设备名称	25			
2	电扶梯操作	正确进行设备操作	50			
3	组内配合	小组内配合协调	25			
总成绩			100			

巩固与练习

一、填空题

地铁中常见的升降设备有________、________、自动步行道和________。

二、简答题

简述城市轨道交通车站内设置的自动电扶梯的类型和作用。

学习任务三 认知自动售检票系统

任务导入

视频 认知自动售检票系统

自动售检票系统(automatic fare collection system,AFC)是现代城市轨道交通运行中普遍采用的联网收费系统,乘客现在可通过各车站的售检票设备实现购票、检票、计费、收费、统计、清分、管理等全过程自动处理。自动售检票系统包括自动控制、计算机网络通信、现金自动识别、微电子计算、机电一体化、嵌入式系统和大型数据库管理等众多高新技术运用。

任务目标

知识目标

(1)了解城市轨道交通票务发展现状。

(2)理解自动售检票系统的构成和功能。

能力目标

(1)能够识别自动售检票系统的组成。

(2)能认知自动售检票系统的车站设备。

(3)会对自动售检票设备进行简单的操作。

素质目标

(1)培养安全操作的意识。

(2)树立科技创新的思维。

任务描述

通过本任务学习,对自动售检票系统的功能、构成、设备、设计原则有一个清晰的认知,并对城市轨道交通自动售检票系统相关设备进行简单操作。

核心知识

一、自动售检票系统的功能

自动售检票系统以其高度的智能化设计担当着城市轨道交通系统中售票、检票、计价、统计、审计等多样功能,以数据收集和控制系统实现了票务管理的高度自动化。可以精确记录乘客乘车的起、终点,准确掌握客流时空分布规律,实时统计各线路及各车站的客流量,为城市轨道交通运营组织提供基础数据,应对客流变化,及时调整运力,缓解拥挤。

自动售检票系统是城市轨道交通运营面向乘客的窗口,也是运营收入的现金流,其性能好坏直接影响城市轨道交通系统的形象。自动售检票系统主要功能包括售检票作业、票务管理、运营管理、设备管理、财务管理、清算对账管理、统计查询管理、网络管理、数据管理、安全管理、用户权限管理及运营模式的监控管理等。

二、自动售检票系统的构成

城市轨道交通自动售检票系统一般采用五层架构,如图 3-18 所示,根据功能从上到下依次为:清分清算系统层(ACC)、线路中央系统层(LC)、车站系统层(SC)、车站终端设备层、车票层。各层通过以太网连接,收集和处理数据。

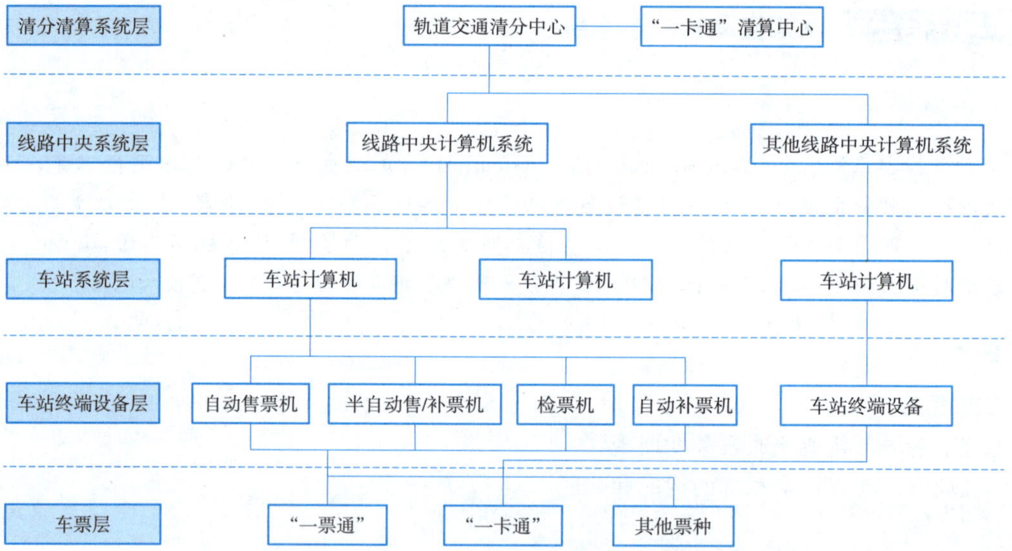

图 3-18　自动售检票系统五层架构

1. 清分清算系统层

清分清算系统层基本功能包括收集、统计、分析、查询运营数据;统一对车票进行初始化,进行车票调配及车票跟踪等;与 LC 清分对账、与一卡通系统清算对账;完成 ACC 内部及接入系统间的网络管理;提供与 LC 系统、一卡通系统及其他系统相连的接口;提供测试平台系统;系统维护;设置并下载票价表、费率表、车票种类、运营模式、联乘优惠率等参数;提供系统标准时钟;接收、生成、上传、下载黑名单;数据备份及恢复,系统灾难异地备份;建立安全密钥体系,生成系统密钥,进行密钥管理;制作、发行系统内使用的 SAM 卡,完成交易数据 TAC 码认证;入网设备注册、认证及授权;ACC 系统内用户权限管理等。

2. 线路中央系统层

接收 ACC 系统参数及指令，实现所监控线路 AFC 系统的运营管理并根据协议上传相关数据；实现所辖线路票务管理及设备管理；当通信故障等必须由线路独立运行时，LC 独立管理所辖线路 AFC 系统运行。LC 系统还能监视系统运行状态，收集、统计、分析、查询运营数据；接收 ACC 的车票调配指令，完成在本线路流通的车票调配；与 ACC 清算对账；设置站区功能。接收 ACC 下载的车票种类、票价表、费率表、运营模式等参数，并通过 SC 下载到终端设备；对线路间共用车站 AFC 设备的 SC 进行（协议）管理；接收时钟信号完成时钟同步；接收、上传、下载黑名单等。LC 系统内安全访问控制，系统内权限管理；数据审核、数据备份及恢复；设备入网注册；系统间安全访问控制。

3. 车站系统层

接收 LC 管理指令，管理本站系统运行。SC 系统基本功能包括：监视和控制车站终端设备运行状态，根据需要启用紧急模式；接收 LC 车票调配指令，管理车站内车票流通；收集、传输、统计运营数据。接收并自动下载票价表、车票种类、运营模式等参数，接收时钟信号完成时钟同步；数据备份及恢复，用户管理。SC 系统组成如图 3-19 所示。

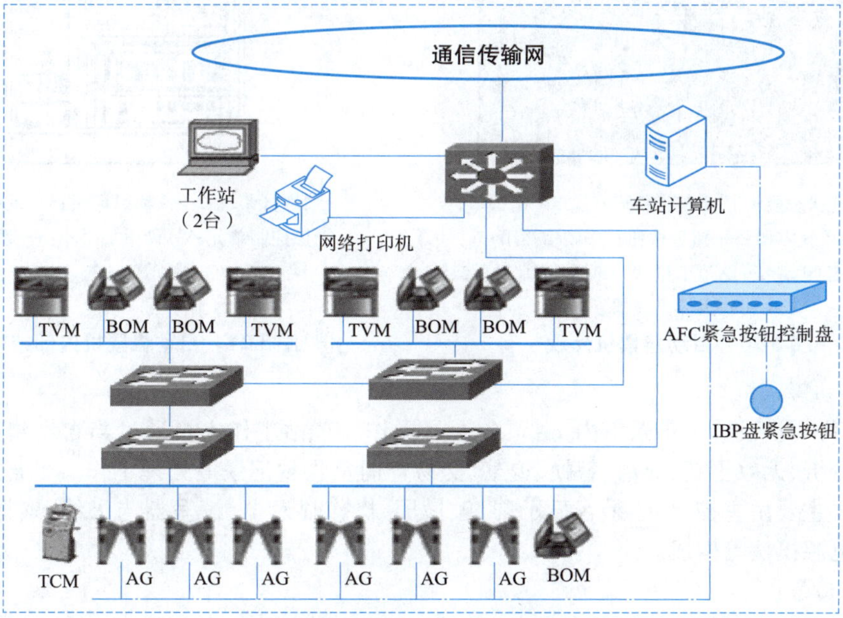

图 3-19　SC 系统组成

4. 车站终端设备层

自动售检票系统的功能主要是通过终端设备来执行的，终端设备是直接为乘客提供售检票服务的设备，如自动售票机（TVM）、半自动售票机（BOM）、自动检票机（AG）、便捷式检票机（PCA）等，用于为乘客提供各种售检票服务。车站终端设备安装在轨道交通各车站的站厅层内，通过车站网络连接到 SC 系统。车站终端设备一般同时支持联网和脱机两种工作模式。AFC 终端主要实现票卡的发售及查检功能，接收 SC 下发的 AFC 参数并执行，生成交易数据并上传至 SC，将其他需要上传的数据上传至 SC，将设备自身状态上传至 SC，当发生与 SC 通信故障等问题时，进行孤岛运行。

车站终端的设备主要有包括以下几种：

1）自动售票机

自动售票机设置于非付费区，具备模拟显示线路的触摸屏和乘客显示屏供乘客操作、显示票价和投币等信息。自动售票机具有储值票充值、硬币及纸币购买单程票和找零等功能。自动售票机外观如图 3-20 所示。

自动售票机内部结构如图 3-21 所示。

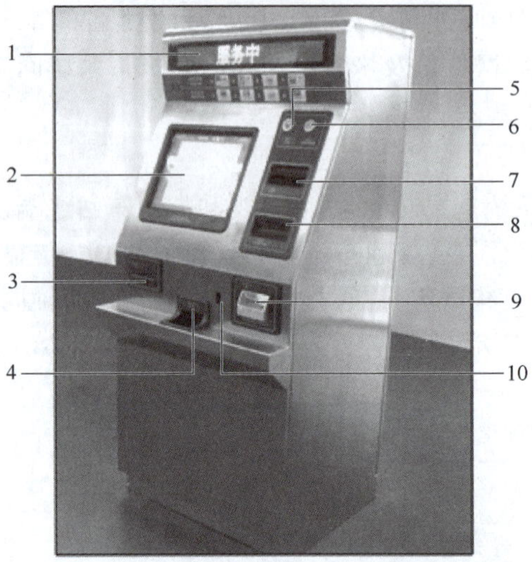

1—运营状态显示屏；2—乘客显示器；3—出票口；4—硬币找零槽；5—招远按钮；6—硬币投币口；7—票据打印口；8—储值卡槽；9—纸币投币/退币口；10—人体感应器。

图 3-20　自动售票机外观

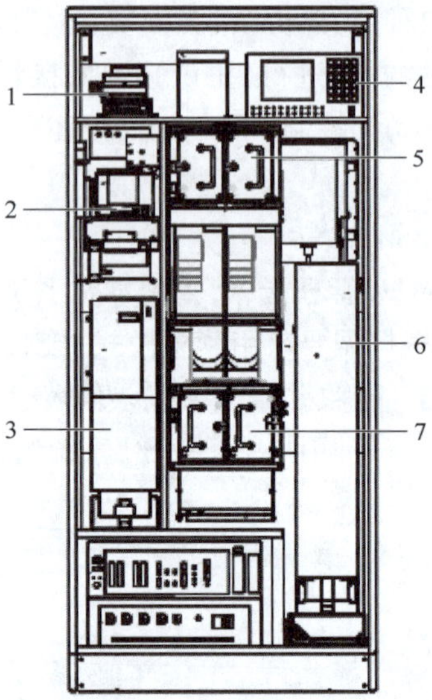

1—维修打印机；2—乘客打印机；3—纸币钱箱；4—维护控制单元；5—硬币加币箱；6—发行单元；7—硬币回收箱。

图 3-21　自动售票机内部结构

2）半自动售票机

半自动售票机设置于售票室内，由票务人员操作。车站工作人员通过半自动售票机对车票进行发售、分析、无效更新、充值、替换、退款、交易查询及收款记录等处理工作。半自动售票机如图 3-22所示，主要由主控单元、乘客显示屏、触摸屏、操作显示器、读写器与天线、票据打印机、键盘、鼠标及电源模块等构成。

3）自动检票机

自动检票机，如图 3-23 所示，包括进站检票机、出站检票机和双向检票机，用于隔离车站付费区与非付费区，控制乘客进入及离开付费区，满足地铁线路换乘的需求。

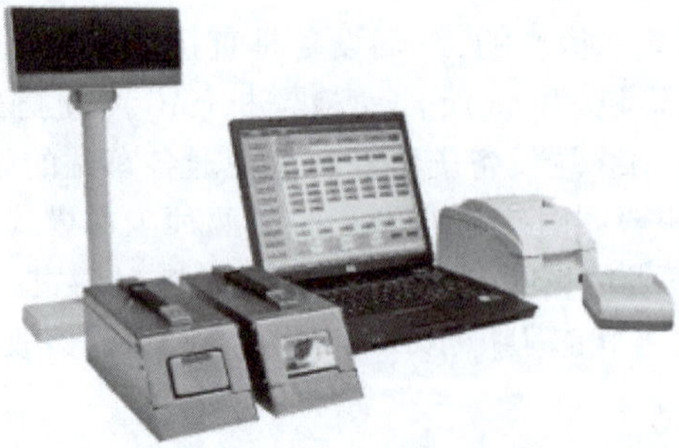

图 3-22　半自动售票机

图 3-23　自动检票机

4)便携式检票机

便携式检票机是一种离线式检票设备,由车站站务员或稽查人员手持对乘客使用的车票进行扣款、验证和记录;为乘客提供进站检票、出站检票和在不同区域(付费区/非付费区)之间移动提供验票服务。便携式检票机如图 3-24 所示,可以读写轨道交通的专用票和一卡通票的数据,在客流高峰时或自动检票系统出现故障时可缓解自动检票机的工作压力。

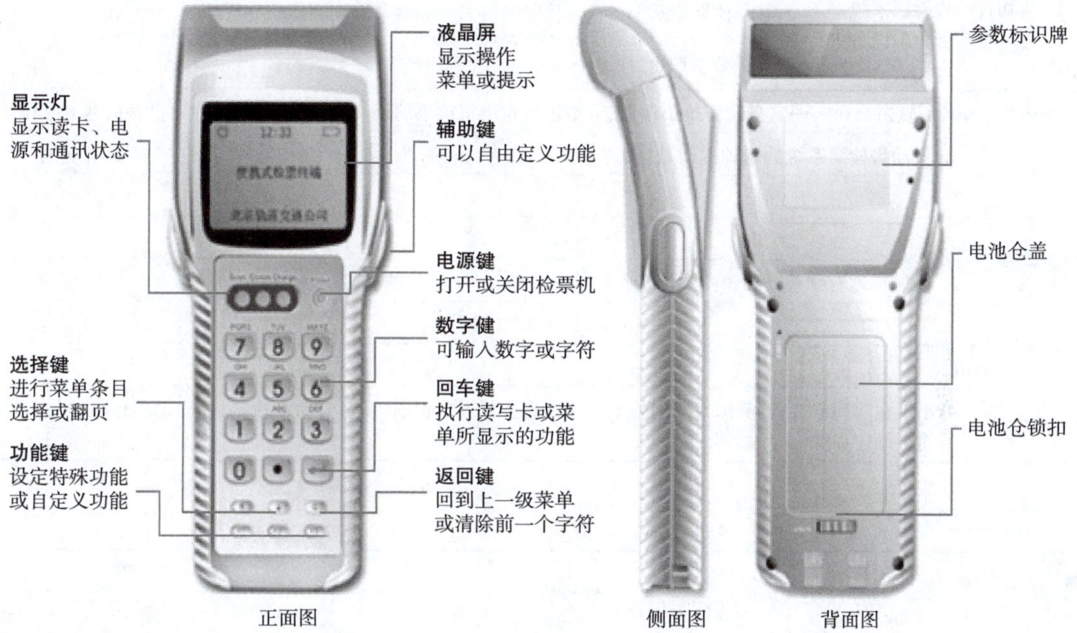

图 3-24　便携式检票机

5)车票层

车票是乘客乘坐轨道交通费用支付和 AFC 系统基础数据采集的媒介,是票值、进出站等信息的物理载体。现代城市轨道交通的车票已不仅仅是传统的“一票通”和“一卡通”,手机支付已支持轨道交通支付,更快捷迅速。

三、自动售检票系统设计原则

(1)高峰时期进出站客流决定了车站 AFC 设备配置的主要因素,根据客流早晚高峰分向特点、车站形式,应配置超高峰小时客流规模的预留。

(2)车站 AFC 设备能力,根据车站内 AFC 设备在单位时间内的出票张数或通过人数等进行设计和使用。

(3)站台与站厅设计布局,客流量较大的车站,在付费区两侧布置验票机,增加检票机的数量,还要方便坐轮椅、带大件行李和带小孩的乘客购票和进站。

(4)方便车站工作人员进行车票检查和出现突发客流情况下进行人工检票。

(5)要满足车站紧急疏散的要求。

技能训练

<table>
<tr><th colspan="7">训练工单:认识自动售检票系统</th></tr>
<tr><td colspan="7">姓名:________ 班级:________ 日期:________</td></tr>
<tr><td colspan="2">任务目标</td><td>指导老师</td><td colspan="5"></td></tr>
<tr><td colspan="2" rowspan="2">1. 认知自动售检票系统;
2. 会对自动售检票设备进行简单操作</td><td>团队成员</td><td></td><td></td><td></td><td></td><td></td></tr>
<tr><td>分工职责</td><td></td><td></td><td></td><td></td><td></td></tr>
<tr><td>任务内容</td><td colspan="7">利用轨道交通实训室自动售检票设备,分组进行自动售检票的认知,并进行自动售检票设备的基本操作</td></tr>
<tr><td rowspan="6">引导问题</td><td colspan="7">1. 自动售检票系统的基础构架是什么?</td></tr>
<tr><td colspan="7"></td></tr>
<tr><td colspan="7"></td></tr>
<tr><td colspan="7">2. 一般车站有哪些自动售检票设备?</td></tr>
<tr><td colspan="7"></td></tr>
<tr><td colspan="7"></td></tr>
<tr><td>任务实施</td><td colspan="7">分小组在实训室进行,利用自动售检票实训设备进行自动售票机、半自动售检票机、自动检票机、手持检票机的简单操作训练</td></tr>
</table>

任务评价

序号	评价内容	评价标准	分数	评分记录		
				学生自评	组间互评	教师评分
1	自动售检票设备认知	准确指认设备名称	25			
2	自动售检票设备操作	正确进行设备操作	50			
3	组内配合	小组内配合协调	25			
总成绩			100			

巩固与练习

一、填空题

1. 售检票车站终端设备是直接为乘客提供售检票服务的设备,一般包括自动售票机(TVM)、半自动售票机(BOM)、________、便捷式检票机(PCA)等。

2. 自动检票机分为进站检票机、出站检票机和________。

二、简答题

简述城市轨道交通自动售检票系统的功能。

学习任务四 认知通风空调系统

任务导入

地铁通风空调系统主要分为通风系统和空调系统两种,主要目标是保证地铁内部空气环境质量、温湿度、气流组织、气流速度压力变化以及噪声等因素均能满足人员生理及心理要求，同时满足设备正常运行需求。

通风空调系统是地铁车站设备系统中管路最多、占用面积最大的系统之一，因此有"巨肺"之称。地铁车站通风空调系统功能庞大，不仅为乘客提供往返于地面至列车的过渡性舒适的环境，又保证了设备正常运行所需环境。此外，当火灾发生时，还可以进行合理的气流组织，及时排烟，诱导乘客疏散。

视频

认知通风空调系统

任务目标

知识目标

(1)了解通风空调系统的组成与控制。

(2)掌握通风空调系统的功能。

能力目标

能够识别通风空调系统的组成。

素质目标

树立以乘客为主的服务意识。

任务描述

通过本任务学习，对城市轨道交通通风空调系统的功能、设计原则、组成和控制都有一个清晰的认知。

核心知识

一、通风空调系统的功能

通风空调系统是城市轨道交通的内部空气环境控制系统，也称为环控系统，其主要功能如下：

(1)在正常运行时，排除余热、余湿，为乘客提供舒适的乘车环境，并为工作人员提供一个舒适的工作环境，为设备系统提供良好的运行环境。

(2)列车因阻塞停留在区间隧道时保证列车空调器正常运行，向隧道提供一定的新风并排走列车空调散发的热量。

(3)发生火灾、易燃或有毒气体泄露等紧急情况时，具备防灾排烟通风的功能。

二、通风空调系统的设计原则

通风空调系统的设计原则如下：

(1)通风空调系统宜优先采用通风系统方式。

(2)通风空调系统应按预测的远期客流量和最大通过能力设计，但设备按近期和远期配置，分期实施。

(3)通风空调系统应采取有效措施，保证通风空调系统某一局部失效时，系统的整体功能维持在适宜的水平。

(4)通风空调系统的设备、管道及配件布置应为安装、操作、测量、调试和维修预留空间位置。

(5)通风空调系统的管材及保温材料、消声材料应采用不易燃材料，当局部部位采用不易燃材料有困难时，可以采用阻燃材料。管材及保温材料应具有防潮、防腐、防蛀、耐老化和无毒的性能。

三、通风空调系统的组成

城市轨道交通通风空调系统按照控制区域进行划分，由隧道通风系统（含防排烟系统）和车站通风空调系统（含防排烟系统）两大部分组成。隧道通风系统又分为区间隧道通风系统和车站隧道通风系统。车站通风空调系统又分为车站公共区通风空调系统（含防排烟系统，简称大系统）、设备管理用房通风空调系统（含防排烟系统，简称小系统）和空调冷冻水系统，如图 3-25 所示。

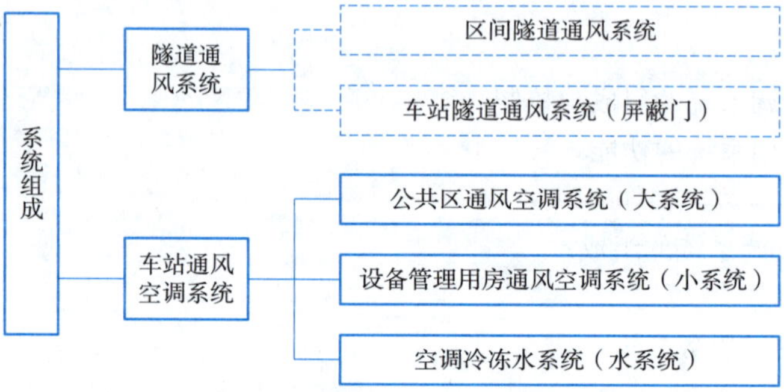

图 3-25　城市轨道交通通风空调系统组成

区间隧道通风系统主要由可逆反式隧道通风机、推力风机装置、射流风机装置、风阀、消声器、风室和风道组成。

车站隧道通风系统主要由耐 280°高温、连续有效工作 0.5 h 的排风兼排烟风机、站台及轨顶风量调节阀、防火阀及排风道组成。排风机房布置在车站两端的设备房区，且并联设置两台排风机，负责半个车站隧道的通风。

车站公共区（站厅、站台）通风空调系统设备组成的通风系统习惯之为“大系统”，同时兼作车站公共区排烟系统。

大系统主要设备一般集中对称地分布于车站站厅层两端的环控通风机房，机房内一般分别设置一台或两台组合式空调机组，每台机组对应一台回/排风机。车站每端还设置一台空调小新风机，为车站公共区提供新风。

车站设备管理用房通风空调系统（兼排烟系统）又称为“小系统”。其设备一般位于车站站厅两端的环控机房和“小系统”通风机房内。

空调冷冻水系统是指车站制冷空调循环水系统，由冷水机组、冷冻泵、冷却泵、冷却塔、集水器、分水器、膨胀水箱、二通调节阀、输水管等设备器件组成。

四、通风空调系统的控制

通风空调系统的控制方式有以下几种：

1. 中央级控制

中央级控制负责监控城市轨道交通各站的各系统设备运行。中央级控制主要是用来监控和调度全线通风空调系统设备的运行。

2. 车站级控制

城市轨道交通自动化程度较高，通风空调系统的正常运行是由设备监控系统来控制，实现自动运行。通风空调系统的车站级控制就是自动控制的一个平台，通过车站级控制，城市轨道交通通风空调系统可以按照预定的模式来运行。

3. 就地控制

就地控制是在通风空调设备现场对其进行控制。这种控制主要是通过人工操作设在通风空调设备现场的电控箱上的按钮来实现。这种控制方式主要是为了通风空调系统的安装调试与维护维修。

三级控制的关系以就地控制为优先级，车站级控制为次优级，中央级控制为最后级。即当设备处于就地级控制时，后两级控制不能控制设备的运行状态（开、关、复位）；设备处于车站级控制时，中央级控制不能控制设备的运行。

知识拓展

地铁通风空调的技术创新

轨道交通是城市公共交通的骨干，也是能耗大户。数据显示，城市轨道交通用电占全国总耗电量的5‰以上，其中通风空调系统占地铁系统总能耗的30%～50%，它还是占地第一大户，占据地下车站总建筑面积的30%。为实现城市轨道交通领域的"双碳"目标，压减通风空调占地空间，降低其能耗势在必行。

李国庆探索研制出一套没有冷却塔的全新地铁空调系统，他和团队发明了"可变形"换热器高效降阻与"遁形式"冷却技术，该技术基于地铁特有风井构造和区间隧道通风特性，创造性地将地面冷却塔和冷凝器合二为一，并"遁形"藏于地下。他还提出了利用地铁通风与水相变结合的高效蒸发冷凝新技术，提高了冷却换热效率，彻底"消灭"了地面冷却塔，节省了宝贵的土地资源，解决了影响景观及噪声扰民等问题。该项发明新技术已推广至北京、上海、浙江杭州、河北石家庄、河南郑州等城市数十条地铁线路，节约了土建和设备投资。

跋涉创新路，技术更迭一往无前，交通强国的建设我们从跟跑，到并跑，现在我们将领跑世界城市轨道交通技术的创新！

强冷车厢或弱冷车厢？ 地铁控温究竟有啥妙招？

即将进入夏天，持续出现的高温天气使人们出行的舒适性大打折扣。然而，地铁出行却是一股清流，给乘客带来了清凉和舒爽的出行体验，这正是站内通风空调系统的功劳。随着通风空调系统技术的不断发展，不少城市都推出了"强弱冷车厢"，即列车头尾两节车厢目标温度设置在26 ℃，其余中部车厢目标温度设置在24 ℃～25 ℃。那么地铁站是如何控温的呢？

为了让乘客有一个相对舒适的候车环境，同时避免能源浪费，地铁站巧妙地采取了过渡性温度控制手法。

夏天，当乘客从温度较高的室外进入车站站厅时，如果室内外温差过大，会让人极度不适，同时人们在站厅滞留时间较短，快速进站后就直达站台等候列车，因此将站厅温度控制在29 ℃，就是这小小的2 ℃～3 ℃室内外温差的存在，才让大家平时出行没有感受到站厅太热或太冷。

随后，乘客从站厅进入站台候车，身体对周边环境逐步适应，为了进一步让乘客有相对舒适的体验，站台的温度设置相比站厅会降低1 ℃～2 ℃，达到27 ℃～28 ℃。虽然站厅和站台之间温度发生了变化，但是乘客并不会感受到明显差异。

最后，乘客进入车厢，由于车厢内人员密集且乘客停留时间较长，再次将车内温度降低1 ℃～2 ℃。

随着地铁发展，为了满足不同乘客差异化的体验需求，又进一步将列车前后车厢温度设置得不一样，乘客可以根据需求自行选择。

技能训练

<table>
<tr><td colspan="8">训练工单:认识通风空调系统</td></tr>
<tr><td colspan="8">姓名:__________ 班级:__________ 日期:__________</td></tr>
<tr><td colspan="2">任务目标</td><td>指导老师</td><td colspan="5"></td></tr>
<tr><td colspan="2" rowspan="2">1. 认知通风空调系统;
2. 会对空调系统进行调节设置</td><td>团队成员</td><td></td><td></td><td></td><td></td><td></td></tr>
<tr><td>分工职责</td><td></td><td></td><td></td><td></td><td></td></tr>
<tr><td>任务内容</td><td colspan="7">利用轨道交通实训室空调设备分组进行空调设备的认知,并进行空调系统设备的温度调节和设置</td></tr>
<tr><td rowspan="6">引导问题</td><td colspan="7">什么是通风系统?什么是空调系统?</td></tr>
<tr><td colspan="7"></td></tr>
<tr><td colspan="7"></td></tr>
<tr><td colspan="7"></td></tr>
<tr><td colspan="7"></td></tr>
<tr><td colspan="7"></td></tr>
<tr><td>任务实施</td><td colspan="7">分小组在实训室进行,利用空调实训设备进行温度的调节和设置</td></tr>
</table>

任务评价

<table>
<tr><td rowspan="2">序号</td><td rowspan="2">评价内容</td><td rowspan="2">评价标准</td><td rowspan="2">分数</td><td colspan="3">评分记录</td></tr>
<tr><td>学生自评</td><td>组间互评</td><td>教师评分</td></tr>
<tr><td>1</td><td>通风空调设备认知</td><td>准确指认设备名称</td><td>25</td><td></td><td></td><td></td></tr>
<tr><td>2</td><td>空调设备操作</td><td>正确进行设备操作</td><td>50</td><td></td><td></td><td></td></tr>
<tr><td>3</td><td>组内配合</td><td>小组内配合协调</td><td>25</td><td></td><td></td><td></td></tr>
<tr><td colspan="3">总成绩</td><td>100</td><td></td><td></td><td></td></tr>
</table>

巩固与练习

一、填空题

1. 通风空调系统按照位置分为________和________。
2. 通风空调系统的控制方式主要有________、________和________。

二、简答题

简述通风空调系统的功能。

学习任务五 认知给排水系统

视频

认知给排水系统

任务导入

2021 年 7 月,因持续遭遇极端特大暴雨,致某地铁及其周边区域发生严重积水现象,积水冲垮出入场线挡水墙进入正线区间,导致一列列车被洪水围困。

任务目标

知识目标

(1)了解车站给排水系统。

(2)掌握车站给排水系统的组成和功能。

(3)掌握水消防系统设备组成。

能力目标

(1)能够正确识别给排水系统设施设备。

(2)能够正确叙述给排水系统工作流程。

素质目标

(1)树立防灾的安全意识。

(2)培养应急处理能力。

任务描述

通过本任务学习,对给排水系统功能、组成有一个非常清晰的认知,了解给排水系统工作流程,正确指认给排水系统的设施设备,并树立防灾的安全意识,建立起安全第一、乘客为主的意识。

核心知识

一、给排水系统的功能

城市轨道交通给排水系统主要包括给水系统、排水系统和消防水系统。给水系统包括生活给水系统、生产给水系统和消防给水系统。生活给水系统满足车站和车辆段、控制中心、主变电站、集中冷站等附属建筑内工作人员的生活用水;生产给水系统包括厕所冲洗用水、通风空调系统的循环冷却、冷冻补充等用水;消防给水系统满足车站和车辆段、控制中心、主变电站等附属建筑以及地下区间消火栓用水的水量、水质和水压的要求,同时满足自动喷水灭火系统用水的水量、水质和水压的要求。排水系统包括污水系统、废水系统和雨水系统,对于不能直接排放入城市污水系统或没有城市污水系统可接入的区域,就设置污水处理装置。

车站的给排水系统主要有以下功能:

(1)提供城市轨道交通运营所必需的生产、生活、消防等用水。

(2)收集生产、生活、消防等产生的污水、废水及地下结构渗漏水、雨水等。

二、给排水系统的组成

城市轨道交通给排水系统根据位置区域的不同分为车站和车辆段两个系统,都包含给水和排水系统。

1. 车站给排水系统组成

1)给水系统

城市轨道交通给水系统将市政给水网中的水引入室内,经配水管输送到建筑内部的给水配件和用水设备,城市轨道交通给水系统的选择,应根据生产、生活和消防等各项用水对水质、水压和水量的要求,结合市政给水系统等因素确定。

生产生活给水系统由水源(城市自来水)、水池、水泵、水塔(水箱)、气压罐、管道、阀门、水龙头等组成。

消防给水系统由水源(城市自来水)、消防地栓、水泵结合器、消防水泵、管道、阀门、消火栓(喷头)、水流指示器等组成。

图 3-26 所示为车站给水系统。

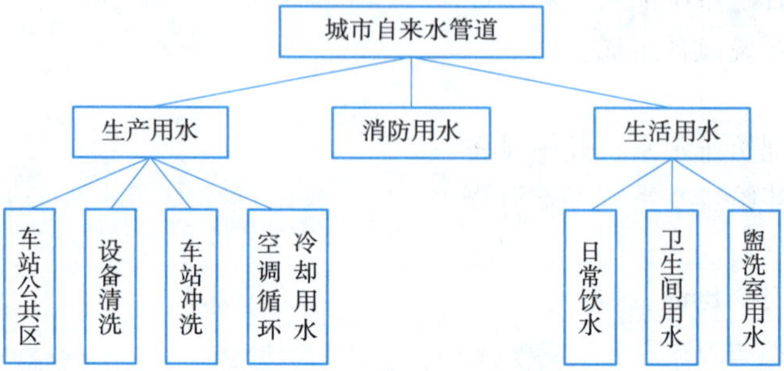

图 3-26　车站给水系统

2)排水系统

城市轨道交通排水系统根据水的性质分为污水系统和废水系统。污水系统用于排出车站卫生间产生的生活污水;废水系统用于排出消防废水、冲洗废水、雨水和结构渗漏水,废水系统又可以细分为车站主废水系统、车站局部废水系统和区间废水系统。

污水系统主要由集水井、潜污泵、管道及附件、化粪池、压力井、排水检查井等组成。

废水系统主要由集水井、治污泵、管道及附件、压力井、排水检查井等组成。

如果不能及时将城市轨道交通运营区域内的积水排走,会对乘客和工作人员的生活、工作甚至列车的正常运行产生不良影响,因此给排水系统的设计非常重要,为保障运营安全,每处排水系统都设置两台或两台以上的水泵并联运行,一个为运营状态,一个为备用状态,在出现大量积水时可以同时启动全部水泵排水,提高效率,确保安全。

2. 车辆段给排水系统组成

1)给水系统

车辆段给水系统的供水水源也是城市自来水,作为城市轨道交通系统的维修基地,车辆段一般设置在地面,且面积较大。生活、生产给水系统主要由水源、蓄水池、消防水箱、水泵、水塔、管道、阀门、气压罐及水龙头等设备组成,一般采用枝状管网。消防给水系统主要由水源、蓄水池、消防水箱、水泵、水塔、管道、阀门、气压罐及消火栓等设备组成,一般采用环状管网。

2)排水系统

车辆段排水系统包含车辆段污水排放、废水排放和雨水排放系统,采用分流制的排水方式。车辆段污水包括厕所冲洗水及生活污水,经化粪池简单处理后,排入车辆段内污水处理站的调节沉淀池,经潜水泵提升到污水处理一体化设备,经过厌氧、好氧、缺氧和消毒处理达标后排入附近河流。

车辆段废水包含淋浴废水,食堂、车辆维修及洗车等含油污水。淋浴废水排入毛发聚集井;食堂、车辆维修及洗车等含油污水就近排入隔油池或油水分离设备,经简单处理后统一排入沉淀池,经潜水泵提升到气浮处理装置处理达标后排入附近河流。

车辆段面积较大,段内建设有效雨水系统可以有效收集雨水,避免出现车辆段受淹情况,雨水系统由室外排水明沟(或埋地雨水沟)、PVC 排水管、排水检查井、雨水泵等组成,雨水不做处理,汇集后直接排入附近河流。

三、给排水系统的控制

生产、生活给水系统在车站两根给水引入管上安装电动蝶阀，平时一用一备，定期轮换使用。位于地下的车站给排水系统中的污水泵、废水泵、局部排水泵等除通过控制箱实现水位自动控制和就地手动控制外，还有监控系统实行监视。在就近车站的值班室可以显示每台水泵的运行状态、故障状态和水位状态等。

技能训练

训练工单：认识给排水系统						
姓名：________ 班级：________ 日期：________						
任务目标	指导老师					
认知给排水系统	团队成员					
	分工职责					
任务内容	通过网络和实地调研，了解暴雨对地铁运营的影响，掌握给排水系统的设备组成及工作原理					
引导问题	什么是给排水系统？					
任务实施	分小组调研近五年暴雨影响地铁运营的事件，撰写一篇关于“地铁给排水系统”的调研报告，不少于2 000字					

任务评价

序号	评价内容	评价标准	分数	评分记录		
				学生自评	组间互评	教师评分
1	给排水系统组成认知	准确指认系统名称	25			
2	给排水系统工作原理认知	正确表述系统原理	50			
3	组内配合	小组内配合协调	25			
总成绩			100			

巩固与练习

一、填空题

1. 城市轨道交通给排水系统主要包括给水系统、________和消防水系统。
2. 车辆段排水系统包含车辆段________、废水排放和雨水排放系统，采用分流制的排水方式。

二、简答题

1. 简述给排水系统的功能。
2. 简述车站给排水系统的组成。

学习任务六 认知消防系统

任务导入

安全,是城市轨道交通运营最重要的目标。地铁消防系统可提高运行的安全性和可靠性。城市轨道交通一旦发生事故和火灾将产生巨大影响,特别是在轨道交通运营线路的地下段,人员疏散、救援和灭火都有很大困难,造成的灾难和损失难以估量。因此,设置完善的消防系统进行自动监视,及早发现情况,可及时采取有效措施,避免事故的扩大。

任务目标

知识目标

(1)掌握城市轨道交通火灾报警系统的组成。

(2)了解城市轨道交通火灾报警系统的功能及动作模式。

(3)了解自动灭火系统的分类。

视频

认知消防系统

能力目标

(1)能够正确叙述灭火系统的工作原理。

(2)能够正确按照规范使用灭火系统。

素质目标

(1)树立防灾的安全意识。

(2)培养应急处理能力。

任务描述

通过本任务学习,对消防系统有全面的认知,具备应急处理的能力,能够在发现火情时了解应启动的设备,树立以乘客安全为主的服务意识。

核心知识

一、火灾自动报警系统

火灾自动报警系统(automatic fire alarm system,FAS)用于及时通过自动监测系统尽早探测到火灾的发生并发现火灾警报,启动有关防火、灭火装置。为保证乘客的安全、轨道交通的正常运营及保护全线所有建筑物,每个轨道交通线路都应配备火灾自动监测及自动报警功能的FAS。在站厅、站台、一般设备用房和办公用房等区域,设置FAS用于监视车站消防设备运行状态,接收车站火灾探测器、手动报警按钮等现场设备的报警信号并显示报警位置,优先接收控制中心发出的消防救灾指令和安全疏散指令,并能在火灾发生时发出模式指令使机电设备监控系统运行转入火灾模式,实现消防联动。同时可通过事故广播系统和闭路电视系统组织乘客疏散,对自动气体灭火系统保护区域进行火灾监控,达到及早发现火灾、通报并发送火灾联动指令的作用。

火灾自动报警系统的设计以“预防为主,防消结合”为主线,达到报警早、损失少、保护人身和财产安全的目的。系统应具有可靠性、实用性、先进性、经济性,并应符合国家有关强制性条文的规定。

二、火灾自动报警系统的组成

火灾自动报警系统由火灾报警控制器、火灾探测器、手动报警按钮和声光报警器等组成。

1. 火灾报警控制器

火灾报警控制器是火灾自动报警系统的重要组成部分，是系统运行的指挥中心，担负整个系统监视、控制、显示、报警、信息记录和档案存储等功能，为火灾探测器提供稳定的工作电源，如图 3-27所示。

2. 火灾探测器

火灾探测器是火灾自动报警系统的最前端，对火灾发生的物理信号（如烟雾、温度、火焰辐射和气体浓度等）进行响应，并自动产生火灾报警信号。火灾探测器可分为感温、感烟、感光、可燃气体探测和复合等类型。图 3-28 所示为感温火灾探测器。

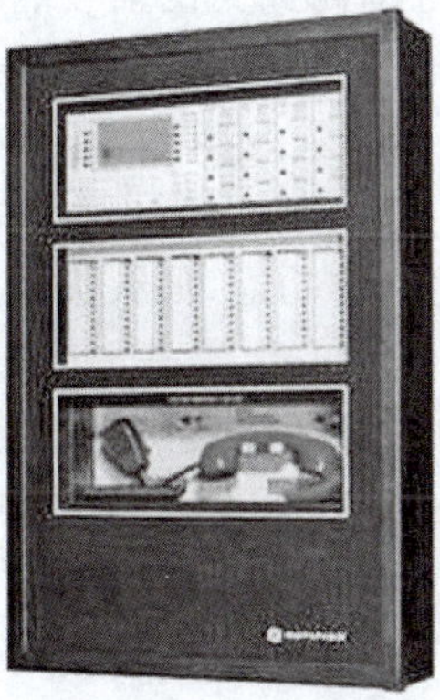

图 3-27　火灾报警控制器

图 3-28　感温火灾探测器

3. 手动报警按钮

手动报警按钮是以手动方式产生火灾报警信号、启动火灾自动报警系统的装置，如图 3-29所示。

图 3-29　手动报警按钮

4. 声光报警器

声光报警器是警示人们采取安全疏散、灭火救火措施的警报，区别于环境声、光的火灾警报信号装置，以声、光等方式发出火灾警报信号。

三、火灾自动报警系统的功能

城市轨道交通火灾自动报警系统的功能可分为中央级功能、车站级功能、就地控制级功能。

(1)中央级功能主要监视城市轨道交通全线各车站、区间隧道、控制中心大楼、车辆段、主变电所等下属所有区域的火灾监视、报警、控制、消防联动和故障情况,在火灾发生时承担全线防灾指挥中心功能。

通过火灾报警网络接收并储存全线消防设备的运行状态信息,远程监视就地控制级消防设备的运行状态。接收全线车站、车辆段、主变电站、控制中心的火灾报警信息并显示报警部位。存储事件记录和操作人员的各项操作记录。全线的维护人员可通过工作站添加系统设备或直接在现场编辑、自定义设备。各报警、事件等信息记录归档处理。网络自诊断功能可及时判断网络故障的位置及原因,并按事件方式进行报警。

(2)车站级功能主要负责车站及相邻半个区间隧道范围内火灾的监视、报警、控制及其他系统的消防联动。车站级火灾报警控制器随时监控和接收各探测点的报警信号,通过控制中心的综合监控网络形成实时信息,供整个综合监控系统共享,在火灾发生后,通过自动和手动确认火灾信息,进行报警。

(3)就地控制级功能主要是指火灾监控与报警设备的具体功能,如火灾探测器对于线上设备用房、站厅、站台公共区等进行火灾自动探测。手动报警按钮安装于站内区域,方便现场人员及时通报火灾。碎玻璃按钮正常保持在断开状态,当玻璃被击碎后,开关释放,发出报警信号同时直接起动消火栓泵。感温电缆及感温电缆监视模块设置在站台板下,监视是否超过额定温度,超过额定温度时报警。声光报警器可发出比警铃更为容易接收的音响效果。

四、火灾自动报警系统的运作模式

火灾自动报警系统运作模式分为正常情况下对系统设备的监视管理模式、发生火灾时的报警确认模式及火灾被确认后的消防联动模式。

(1)监视管理模式。火灾报警控制器及车站级现场设备均处于监视状态,显示车站各防火分区、防烟分区的探测器及车站、区间现场设备状态,并及时上报控制中心。

(2)报警确认模式。如果有火灾探测器报警或手动报警按钮报警,则火灾自动报警系统自动确认为火警,并将信息上传至控制中心。

(3)消防联动模式。火灾报警控制器报火警后,在闭路电视监视的区域内,车站控制室的站长或值班站长将闭路电视的显示切换至报警的防火区进行报警确认,不在闭路电视监视区域内的火灾探测报警器报火警后,则由车站控制室的站长或值班站长用对讲电话通知现场值班人员,到报警现场进行报警确认。

五、自动灭火系统

自动灭火系统是确认火警信息后实施灭火的系统设备,包括联动相关的消防设备和设置固定式灭火装置。自动灭火系统布置在重要的设备房,如高低压室、通信设备室、环控电控室、信号设备室等。

固定式灭火装置主要有消火栓设备、喷洒水设备、卤化物灭火设备、室外消火栓设备、消防泵和管路电动阀等。

自动喷水系统在火灾初期具有自动喷水灭火、用水量少、灭火成功率高、损失小、无人员伤亡、反应灵敏和灭火迅速等优点。自动气体灭火系统具有事后处理工作量小、控制油气火势蔓延效果好等优点，但可能对大气造成污染和对人体造成危害。

灭火系统应根据地铁不同的环境条件、器材安装、设备特点等要求，选择相应的灭火系统和器材。

技能训练

<table>
<tr><td colspan="8">训练工单：认识消防系统</td></tr>
<tr><td colspan="8">姓名：________　班级：________　日期：________</td></tr>
<tr><td colspan="2">任务目标</td><td>指导老师</td><td colspan="5"></td></tr>
<tr><td colspan="2" rowspan="2">1. 认知消防系统；
2. 会使用消防设备</td><td>团队成员</td><td></td><td></td><td></td><td></td><td></td></tr>
<tr><td>分工职责</td><td></td><td></td><td></td><td></td><td></td></tr>
<tr><td>任务内容</td><td colspan="7">利用实训室消防设备分组进行消防设备的认知，并进行消防灭火实训</td></tr>
<tr><td rowspan="5">引导问题</td><td colspan="7">火灾自动报警系统的组成：</td></tr>
<tr><td colspan="7"></td></tr>
<tr><td colspan="7"></td></tr>
<tr><td colspan="7"></td></tr>
<tr><td colspan="7"></td></tr>
<tr><td>任务实施</td><td colspan="7">分小组在实训室进行，利用消防实训设备，进行消防灭火实训演练</td></tr>
</table>

任务评价

序号	评价内容	评价标准	分数	评分记录		
				学生自评	组间互评	教师评分
1	消防系统组成认知	准确指认系统名称	25			
2	消防设备操作	正确进行设备操作	50			
3	组内配合	小组内配合协调	25			
总成绩			100			

巩固与练习

一、填空题

1. 火灾自动报警系统由火灾报警控制器、________、________和________等组成。
2. 火灾自动报警系统的功能主要有________、________和________。

二、简答题

简述城市轨道交通火灾报警系统的中央级功能。

项目四
城市轨道交通车辆

项目导入

车辆是城市轨道交通的运输载体，是行车组织工作的直接对象，通过车辆在车站间的移动来完成乘客运输任务。现代城市轨道交通车辆的技术含量较高，车辆的数量、种类和技术水平直接影响城市轨道交通的安全性和服务质量。与其他交通工具相比较，城市轨道交通车辆具有载客能力强、安全可靠性高、动力性能好、环境条件优、牵引灵活等特点。

车辆的运行是一个多专业、多工种的配合工作，是围绕安全行车这一中心而组成的有序联动、时效性极强的系统。在运输组织上要实行集中调度、统一指挥、按运行图组织行车。在功能实现方面，各有关子系统如线路、车站、隧道、供电、通信、信号、机电设备及消防系统均应保证状态良好，才能保障列车运行正常。在安全保证方面，主要依靠行车组织和设备正常运行来保证必要的行车间隔和正确的行车线路。

本项目主要介绍城市轨道交通车辆及车辆基地的基础知识。通过本项目的学习，学生应全面了解车辆及车辆基地的基本知识等，并能达到以下学习目标。

学习目标

知识目标	技能目标	素质目标
(1)了解城市轨道交通车辆的基本知识； (2)掌握城市轨道交通车辆的基本结构及组成； (3)熟悉车辆基地的基本功能及布局； (4)了解其他轨道交通车辆知识	(1)能够准确描述城市轨道交通车辆的分类、特点、参数、编组、标识等基本知识； (2)能够指认车辆的基本组成部分，并能描述各组成部分的具体结构及功能； (3)能够绘制车辆基地的布局，并正确描述车辆基地的功能	(1)建立爱岗敬业的职业责任感； (2)培养遵纪守法、严守规章的职业原则； (3)具备团队合作的意识； (4)培养严谨的工作作风、良好的职业道德及创新意识

视频

认知城市轨道交通车辆

学习任务一　认知城市轨道交通车辆

任务导入

人们出行所乘坐的地铁，以其大运量和准点性成为越来越多人通勤的首选方式。地铁车辆从外观上看基本相同，但其具体结构因生产厂家的不同、使用城市的不同、线路的不同而有所区别。

任务目标

知识目标

(1)了解城市轨道交通车辆的特点及分类。

(2)掌握城市轨道交通车辆的基本参数。

(3)了解城市轨道交通车辆的编组与标识。

能力目标

(1)能正确区分车辆的分类。

(2)能正确描述车辆的基本参数。

(3)能根据车辆的编组与标识正确指认车辆具体位置。

素质目标

(1)树立遵纪守法、遵章守纪的职业原则。

(2)培育精益求精、安全第一的工匠精神。

(3)建立爱岗敬业、团结协作的职业责任感。

任务描述

通过本任务学习，学生能够掌握车辆的特点、分类、基本参数、编组与标识等基本知识，对城市轨道交通车辆有一个整体认知，达到城市轨道交通运营维护人员的基本能力要求。

核心知识

一、城市轨道交通车辆的特点

车辆是城市轨道交通系统中完成乘客运输任务的直接工具，它具有以下特点：

(1)载客能力强。例如A型车每节车厢定员约310人。

(2)动力性能好。城市轨道交通车辆速度快、加速能力强、制动效果好。

(3)安全可靠性强。城市轨道交通车辆设备先进，故障率低，稳定性和可靠性强，突发情况下适应性强。

(4)环境条件好。城市轨道交通车辆具有照明、空调、座椅、扶手等，乘坐舒适性好。

(5)灵活的牵引特征。根据不同的线路特征，可采用不同的牵引方式，即动力集中牵引和动力分散牵引。

(6)节能环保。车辆牵引动力常用电力牵引，不会对环境造成污染。

二、城市轨道交通车辆的分类

1.按供电方式和受电方式分类

按照供电制式的不同，城市轨道交通分为架空接触网供电和接触轨供电两种形式。对应的列车按受电方式不同可以分为受电弓受电车辆和集电靴受电车辆，如图4-1和图4-2所示。

图4-1　采用受电弓受电车辆

图4-2　采用集电靴受电车辆

2. 按牵引动力配置分类

城市轨道交通车辆按牵引动力配置分为动车(motor)和拖车(trailer)，现代城市轨道交通列车均为电动车组，由动车(M)和拖车(T)组成。

动车自身具有动力装置(装有牵引电机)，具有牵引与载客双重功能，动车又可分为带有受电弓的动车和不带受电弓的动车。

拖车不装备动力装置，需具有动力牵引功能的车辆牵引拖带，仅有载客功能，可设置司机室，也可带受电弓。

3. 按车辆规格分类

城市轨道交通车辆按车辆规格分为A型车、B型车、C型车。

A型车为高运量地铁车辆的基本车型，车宽为3 m；B型车为大运量地铁车辆，车宽为2.8 m；C型车为轻轨车辆的基本车型，车宽为2.6 m。A型车轴重较大，载客人数较多，车体尺寸较大。B型车相对A型车各项指标值均较小，C型车更小。

三、城市轨道交通车辆的主要技术参数

车辆的技术参数分为性能参数与主要尺寸两部分，主要用来概括车辆技术规格的相关指标，从而从总体上对车辆性能及结构进行表征。

1. 车辆性能参数

(1)自重、载重：空车时，车辆自身的全部质量称为车辆的自重。车辆允许的正常最大装载质量称为车辆载重。

(2)构造速度：是指车辆设计时，按安全及结构强度等要求设计的允许车辆最大行驶速度。

(3)轴重：是指按车轴形式，在某个运行速度范围内该轴允许负担的并包括轮对自身在内的最大总质量。

(4)每延米轨道载重：是指车辆设计中与桥梁、线路强度密切相关的一个指标，同时又是能否充分利用站线长度、提高运输能力的一个指标，其数值是车辆总质量与车辆全长之比。

(5)通过最小曲线半径：是指配用某种形式转向架的车辆在站场或厂、段内调车时所能安全通过的最小曲线半径。

(6)轴配置或轴列数：是指车辆在所配转向架动轴或非动轴配置情况。若是4轴动车，设两台动力转向架，则轴配置记为B-B；若是6轴单铰轻轨车，两端为动力转向架，中间为非动力铰接转向架，其轴配置记为B-2-B。

(7)列车平稳性指标:反映车辆振动对人体感受造成影响的主要指标,其值越大,说明车辆的稳定性越差,一般要求城轨车辆的平稳性指标值应小于2.7。

(8)冲击率:由于工况改变引起的列车中各车辆所受到的纵向冲击,以加速度变化率来衡量(m/s^3)。要求城轨车辆的纵向冲击率不得超过1 m/s^3。

(9)制动形式:有摩擦制动、再生制动、电阻制动、磁轨制动、液压制动等多种形式。

(10)转向架安全性指标:反映转向架运行平稳、稳定性能的指标,包括脱轨系数、倾覆系数、轮重减载率等。

(11)座席数及每平方米地板面站立人数:即座席数及每平方米地板站立人数。城市轨道交通车辆一般有四种载客工况:AW_0为空车,AW_1为座席,AW_2为定员,AW_3为超员。座席数一般为55~65人,站立数一般为250人。超载时乘客总数为9人/m^2。

2. 车辆尺寸参数

(1)车辆全长:车辆前、后两车钩连挂中心线之间的距离称为车辆全长。

(2)车体长度和底架长度:车体两外端墙板(非压筋处)外表面间的水平距离。底架长度为底架两端梁外表面间的水平距离。

(3)车辆宽度与最大宽度:车辆宽度指车辆两侧的最外凸出部位之间的水平距离。车辆最大宽度指车辆侧面的最外凸出部位与车体纵向中心线间的水平距离的两倍。

(4)车辆高度与最大高度:空车时,车体上部外表面至轨面的垂直距离为车辆高度。车辆最大高度指空车时车辆上部最高部位至轨面的垂直距离。

(5)车体内部主要尺寸:车体内长是指车体两端墙板内表面间的水平距离;车体内宽是指车体两侧墙板内表面间的水平距离;车体内侧面高是指地板上平面至侧墙上侧梁的上平面间的垂直距离;车体内中心高是指由地板上平面至车顶中央内表面间的垂直距离。

(6)地板面高度:指空车时,底架地板上表面至轨面的垂直距离,取新造或修竣后空车的数值。上海地铁车辆地板面高为1 130 mm,北京地铁车辆地板面高为1 053 mm。

(7)车钩中心线高度:空车时,车钩中心线至轨面的垂直距离,取新造或修竣后空车的数值。列车中各车辆的车钩高基本一致,从而保证车辆连挂和运行平稳。广州、上海地铁车辆车钩高770 mm,北京地铁车辆车钩高660 mm。

(8)车辆定距:一辆车两转向架中心之间的距离。车辆定距是车辆计算中不可缺少的技术参数。一般在制造车辆时,取车体长度与定距之比为1.4:1,比例过大时易引起牵引梁下垂;但也不可过小,否则会造成通过曲线线路时车体中部偏移量过大。

(9)固定轴距:一个转向架最前位车轴和最后位车轴中心线间的水平距离。

城市轨道交通各规格车辆(以地铁车辆为例)的主要指标见表4-1。

表4-1　城市轨道交通各规格车辆的主要指标

名　称		A型车	B型车	
			B_1型车	B_2型车
车辆轴数		4	4	4
车体基本长度(mm)	无司机室车辆	22 000	19 000	19 000
	单司机室车辆	23 600	19 600	19 600
车钩连接中心点间距离(mm)	无司机室车辆	22 800	19 520	19 520
	单司机室车辆	24 400	20 120	20 120
车体基本宽度(mm)		3 000	2 800	2 800

续表

名称			A型车	B型车	
				B_1型车	B_2型车
车辆最大高度(mm)	受流器车	有空调	—	3 800	—
		无空调	—	3 600	—
	受电弓车(落弓高度)		≤3 810	—	≤3 810
	受电弓工作高度		3 980 ~ 5 800	—	3 980 ~ 5 800
车内净高(mm)			2 100 ~ 2 150	2 100 ~ 2 150	2 100 ~ 2 150
地板面距轨面高(mm)			1 130	1 100	1 100
轴重(t)			≤16	≤14	≤14
车辆定距(mm)			15 700	12 600	12 600
固定轴距(mm)			2 200 ~ 2 500	2 000 ~ 2 300	2 000 ~ 2 300
每侧车门数(对)			5	4	4
车门宽度(mm)			1 300 ~ 1 400	1 300 ~ 1 400	1 300 ~ 1 400
车门高度(mm)			≥1 800	≥1 800	≥1 800
载员(人)	座席	单司机室车辆	56	36	36
		无司机室车辆	56	46	46
	定员	单司机室车辆	310	230	230
		无司机室车辆	310	250	250
	超员	单司机室车辆	432	327	327
		无司机室车辆	432	352	352
车辆最高运行速度(km/h)			80、100	80、100	80、100

注:1. 每平方米有效空余地板面积站立的人数、定员按6人计,超员按9人计;

2. 有效空余地板面积、指客室地板总面积减去座椅垂向投影面积和投影面积前250 mm内高度不低于1 800 mm的面积。

四、城市轨道交通车辆的编组及标识

1. 列车编组

车辆在运营时一般采用动拖结合,固定编组,形成电动列车组(动车组)。动车和拖车通过车钩连接而成的一个相对固定的编组称为一个(动力)单元,一列车可以由一个或几个单元编组而成。具体编组形式可采用全动车形式或动拖车有机结合的固定编组形式。无论采用何种编组形式,每列车的首车和尾车必须带有司机室。

随着车辆技术的不断发展,牵引电机单位体积的功率愈来愈大,车体宽度及车长也在加大。相对来说,列车编组的最大辆数也相对减少。采用全动车编组,理论上的好处是摘编方便、编组灵活,但现在城轨列车大多采用动拖结合的混编方式。我国地铁列车编组形式为:六辆编组主要有“三动三拖”和“四动二拖”,四辆编组主要有“二动二拖”。例如北京地铁SFM13型车辆采用由两个动力单元组成的六辆编组,如图4-3所示。

编组方式如下:

$$= T_{C1} * M1 * M2 * M3 * M4 * T_{C2} =$$

其中,“=”表示半自动密接式车钩,“*”表示半永久棒式车钩。

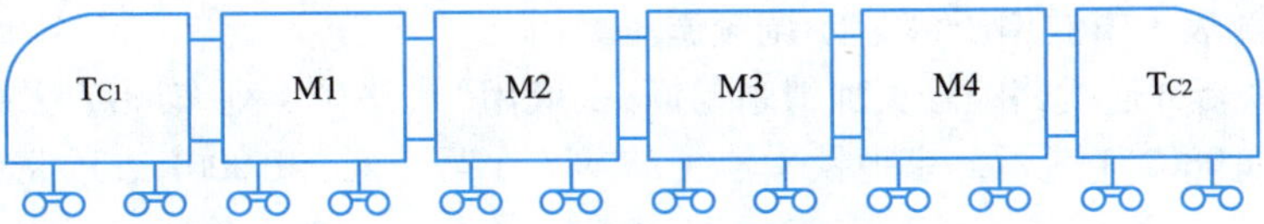

图 4-3　列车编组示意图

Tc 车为带司机室的拖车，M 为动车，Tc1、Tc2、M1、M2、M3、M4 车的车下设备不同，见表 4-2。

表 4-2　Tc 车及 M 车车下设备

车型	牵引系统设备及管线	辅助系统设备及管线	制动系统设备及管线	空气压缩机	扩展供电装置	蓄电池箱
Tc1		√	√			√
M1	√		√	√		
M2	√		√			
M3	√		√		√	
M4	√		√	√		
Tc2		√	√			√

北京地铁目前运营线路的编组及车型形式见表 4-3。

表 4-3　北京城市轨道交通各运营线路编组及车型

序号	线路	编组	序号	线路	编组
1	地铁 1 号线	6B	15	地铁 17 号线	8A
2	地铁 2 号线	6B	16	地铁 19 号线	8A
3	地铁 4 号线	6B	17	地铁八通线	6B
4	地铁 5 号线	6B	18	地铁大兴线	6B
5	地铁 6 号线	8B	19	地铁亦庄线	6B
6	地铁 7 号线	8B	20	地铁房山线	6B
7	地铁 8 号线	6B	21	地铁昌平线	6B
8	地铁 9 号线	6B	22	地铁燕房线	4B
9	地铁 10 号线	6B	23	首都机场线	L4
10	地铁 11 号线	4A	24	大兴机场线	4D/8D
11	地铁 13 号线	6B	25	有轨电车西郊线	C5
12	地铁 14 号线	6A	26	有轨电车亦庄 T1 线	C5
13	地铁 15 号线	6B	27	磁浮 S1 线	L6
14	地铁 16 号线	8A			

注：数字代表编组数，字母代表车型。

2. 车辆编号

一般每节城轨车辆都有固定的编号，不同城市在不同时期其车辆编号规则不尽相同。

1）北京地铁车辆编号规则

（1）北京地铁老线车辆编号规则为："车辆段缩写 + 列车类型 + 顺序编号（2 位）+ 车厢号"，例如：车号 T4103 的编号含义如图 4-4 所示。北京地铁首字母表示车辆段代号，如 S 代表四惠车辆段，T 代表太平湖车辆段，W 代表万柳车辆段。列车类型由一位数字表示，如 1 表示凸轮调压、

2 表示斩波调阻、3 表示斩波调压、4 表示调频调压。

(2)北京地铁新开通线路编号更加清晰易懂,一般用“线路号 + 列车顺序号 + 车厢号”表示,如图 4-5 所示。如 080251 表示北京地铁 8 号线 25 列车 1 号车厢,CP 0061 表示北京地铁昌平线第 6 列车 1 号车厢。

(3)北京京港地铁采用“车组编号 + 车厢形式编号”的形式对车辆进行标号,如图 4-6 所示。如 011 T_{C1} 表示北京地铁 4 号线第 11 车组 1 号含控制台的拖车车厢。

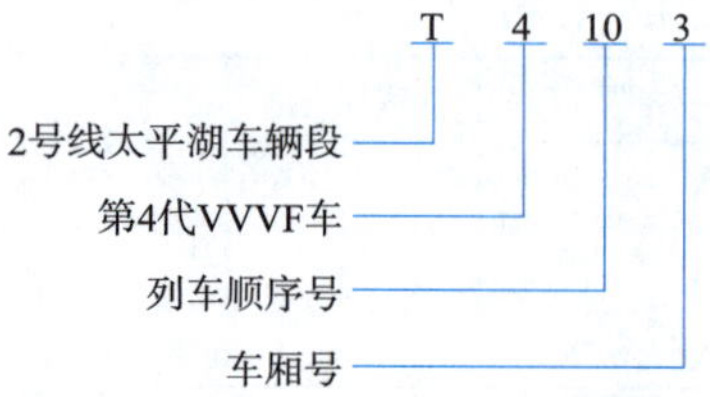

图 4-4　北京地铁老线车辆编号

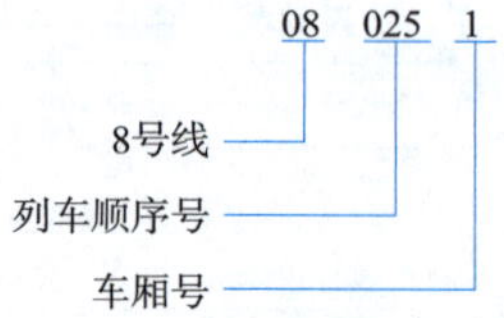

图 4-5　北京地铁新线车辆编号

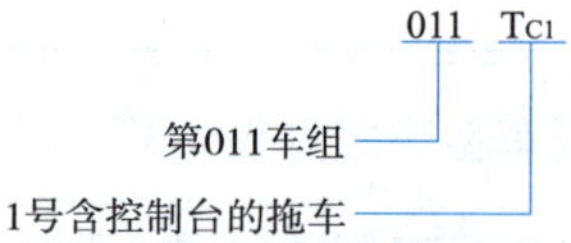

图 4-6　北京京港地铁编号

2)上海地铁车辆编号规则

上海地铁车辆一个编组单元分成三类:即 A、B、C 车(与上述按车体宽度分类的 A 型车、B 型车、C 型车不同)。A 车为拖车,带有驾驶室;B 车为动车,车顶有受电弓;C 车为动车,车下有一套空气压缩机组。

上海地铁车辆的编号由五位数字组成,采用“YYCCT”的形式,其中 YY 为车辆出厂的年份,CC 为出厂时这一年同类型车辆的生产序号,T 为车辆类型代号(其中 A 车用 1 表示、B 车用 2 表示、C 车用 3 表示),如图 4-7 所示。例如:“94112”为 1994 年出厂的第 11 辆车,其车辆类型为 B。目前,上海地铁列车的编组是固定的,编号后的车辆在列车中的编组位置没有变化。

3)广州地铁车辆编号

广州地铁车辆采用“车辆线路号 + 车辆类型 + 车辆顺序号”的形式对车辆进行编号,如图 4-8 所示。由于广州地铁采用 A-B-C 作为一个车辆编组单元,此处 A、B、C 表示车辆固定编组形式,所以“2B33”表示广州地铁 2 号线上第 50 单元中的 B 车。

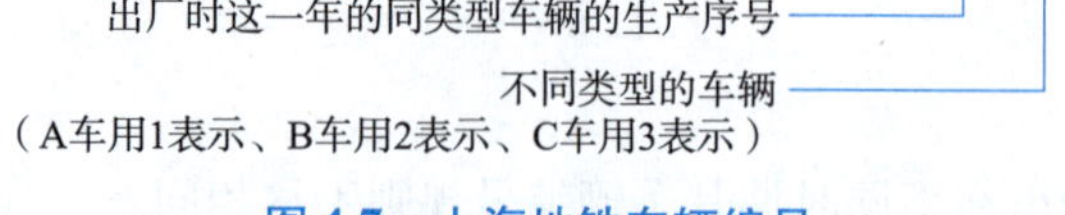

图 4-7　上海地铁车辆编号

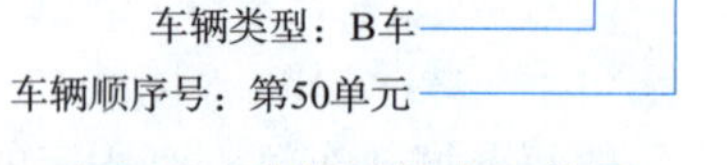

图 4-8　广州地铁车辆编号

3. 车端、车侧

1)车端

车端是按车钩的自动化程度高低来定义的。车辆两端的车钩一般都为不同类型的车钩,自动化程度较高的车钩所在的一端定义为Ⅰ位端，而自动化程度较低的车钩端定义为Ⅱ位端，如北京地铁 SFM13 型车辆的车端如图 4-9 所示。

2）车辆车侧

当人站立在车辆的Ⅰ位端面向Ⅱ位端时，人的左侧即为车辆的一位侧，人的右侧即为车辆的二位侧，如图 4-9 所示。

3）列车车侧

列车车侧定义与车辆车侧定义不同，列车的车侧是以司机驾驶列车的方位来定义的。当司机驾驶列车时，司机的右侧即为列车的右侧，司机的左侧即为列车的左侧，如图 4-9 所示。

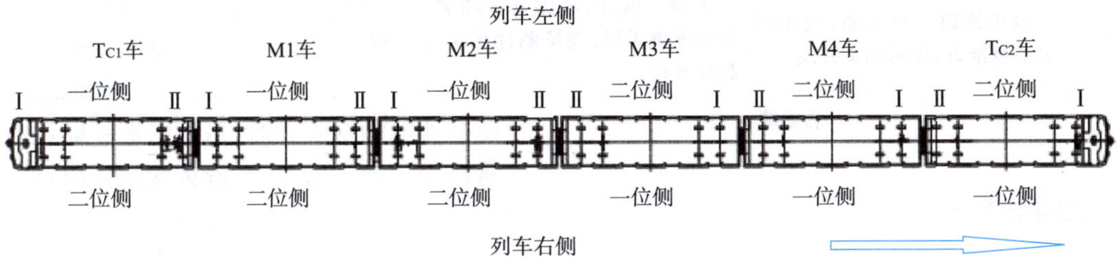

图 4-9 列车车端与车侧

技能训练

<table>
<tr><td colspan="7">训练工单：××城市轨道交通线路信息收集</td></tr>
<tr><td colspan="7">姓名：________ 班级：________ 日期：________</td></tr>
<tr><td>任务目标</td><td>指导老师</td><td colspan="5"></td></tr>
<tr><td rowspan="2">1. 了解××城市轨道交通发展历程；
2. 熟悉××城市轨道交通线路、车辆相关信息；
3. 掌握所在城市的城市轨道交通信息</td><td>团队成员</td><td></td><td></td><td></td><td></td><td></td></tr>
<tr><td>分工职责</td><td></td><td></td><td></td><td></td><td></td></tr>
<tr><td>任务内容</td><td colspan="6">利用网络检索或实地调查等方式，选择中国目前开通城市轨道交通五条线路以上的一个城市，查找该城市开通城市轨道交通的线路等信息，制作该城市轨道交通线路信息表，如下表所示，然后进行课堂展示</td></tr>
<tr><td colspan="7">××城市轨道交通线路信息表</td></tr>
</table>

线路	开通时间	起止站	车站总数	路线长度	建筑形式	最高速度	车辆类型	供电方式	列车编组

图 4-12　不锈钢车体

图 4-13　铝合金车体

二、转向架

转向架，又称车辆的走行部，是城市轨道交通车辆最重要的组成部件之一，是支撑车体并担负车辆沿轨道走行的支撑走行装置。转向架一般由构架、轮对、悬挂系统、减振装置、基础制动装置、传动装置等组成，其具体结构如图 4-14 所示。动车的牵引电机、变速机构等装在转向架上。转向架的结构及各部参数是否合理，直接影响车辆的运行品质、动力性能和行车安全。

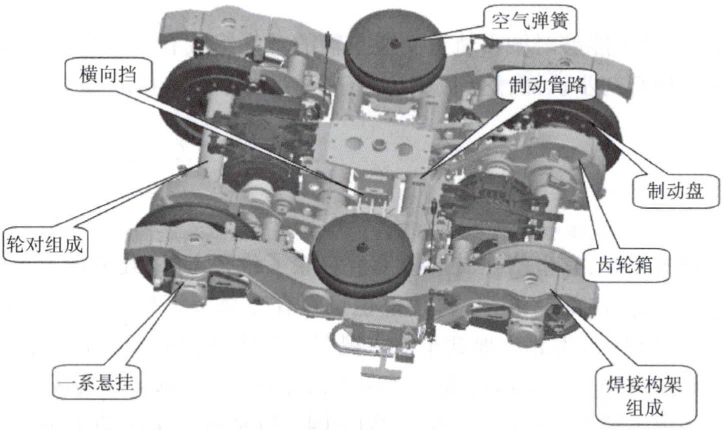

（a）动车转向架（俯视图）

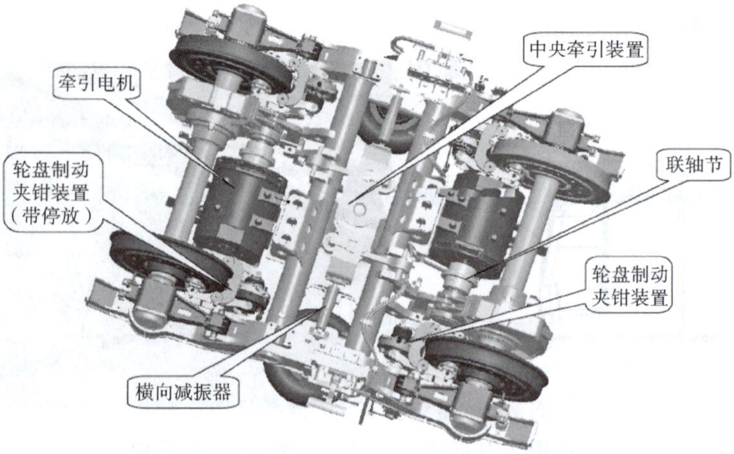

（b）动车转向架（仰视图）

图 4-14　动车转向架装配图

1. 转向架的作用

(1)承载:转向架能支承车体,承受并传递从车体至轮对之间或从轮轨至车体之间的各种载荷及作用力,并使轴重均匀分配。

(2)牵引:转向架能充分利用轮轨之间的黏着力,牵引车辆前进。

(3)转向:保证车辆安全运行,并顺利地通过曲线。

(4)缓冲:转向架上装有弹簧减震装置,能够缓和车辆的冲击和震动,提高车辆运行的平稳性。

(5)制动:产生必要的制动力,使车辆在规定的距离内减速或停车。

2. 转向架的分类

1)按轴箱定位方式分类

(1)拉板式轴箱定位转向架:用特种弹簧钢材制成的薄片形定位拉板,其一端与轴箱连接,另一端通过橡胶节点与构架相连,如图 4-15(a)所示。

(2)拉杆式轴箱定位转向架:拉杆的两端分别与构架轴箱销接,拉杆两端的橡胶垫、套分别限制轴箱与构架之间的横向与纵向的相对位移,实现弹性定位,如图 4-15(b)所示。

(3)转臂式轴箱定位转向架:又称弹性铰定位,定位转臂的一端与圆筒形轴箱体固接,另一端以橡胶弹性节点与构架上的安装座相连接,如图 4-15(c)所示。

(4)层叠式橡胶弹簧定位转向架:在构架与轴箱之间装设压剪型层叠式橡胶,其垂向刚度较小,使轴箱相对构架有较大的上下方向位移,而它的纵、横向有适宜的刚度,以实现良好的弹性定位,如图 4-15(d)所示。

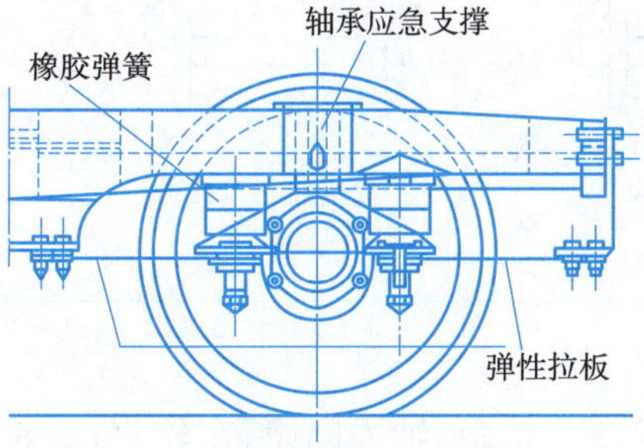

(a)拉板式轴箱定位转向架

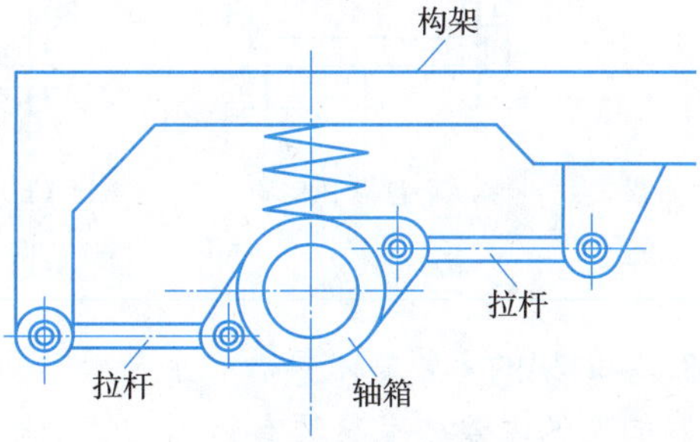

(b)拉杆式轴箱定位转向架

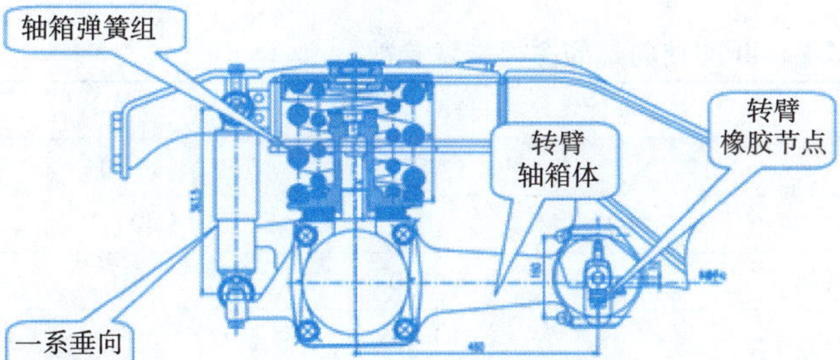

(c)转臂式轴箱定位转向架

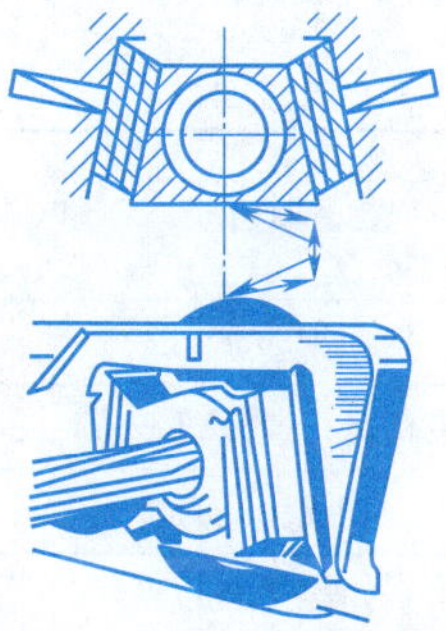

(d)层叠式橡胶弹簧定位转向架

图 4-15　按轴箱定位方式分类

2)按弹簧系统分类

(1)一系弹簧悬挂。在车体与轮对之间只设有一系弹簧减振装置,如图 4-16(a)所示。

(2)二系弹簧悬挂。在车体与轮对之间设有二系弹簧减振装置,即在车体与构架间设弹簧减振装置,在构架与轮对间设轴箱弹簧减振装置,两者相互串联,使车体的振动经历两次弹簧减振的衰减,如图 4-16(b)所示。

(a)一系弹簧悬挂　　(b)二系弹簧悬挂

图 4-16　弹簧悬挂装置

3)按车体与转向架之间载荷传递方式分类

(1)心盘集中承载:车体的全部质量通过前后两个上心盘分别传递给前后转向架的两个下心盘,如图 4-17(a)所示。

(2)非心盘承载:车体的全部质量由转向架的旁承支撑,如图 4-17(b)所示。

(3)心盘部分承载:车体上部质量按一定比例分配,分别传递给心盘和旁承,使它们共同承载,如图 4-17(c)所示。

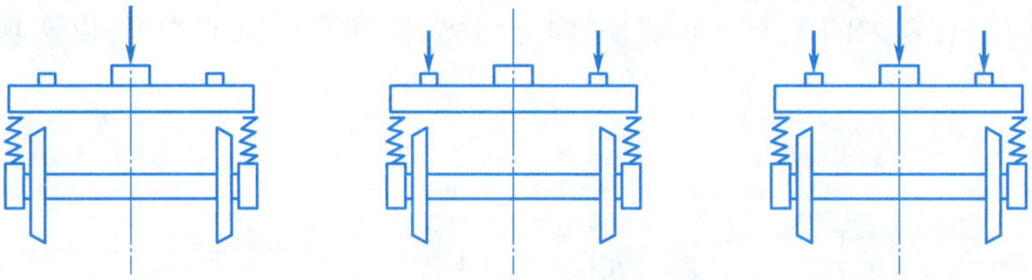

(a)心盘集中承载　　(b)非心盘承载　　(c)心盘部分承载

图 4-17　车体承载方式

3. 转向架的主要技术参数

转向架的主要技术参数有重量、最高运行速度、轨距、轴距、轴颈间距、车轮直径、轮对内侧距、牵引点距轨面高度、空气弹簧有效直径、基础制动装置、轴重、运行平稳性、车轮减载率、脱轨系数、最小曲线半径等。SDB-140 型转向架的主要技术参数见表 4-4。

表 4-4　SDB-140 型转向架的主要技术参数

项目	转向架形式	
	动车(M 车)	拖车(T 车)
转向架重量(kg)	约 7 600	约 5 400
最高运行速度(km/h)	140	
轨距(mm)	1 435	
轴距(mm)	2 300	
轴颈间距(mm)	2 010	
车轮直径(mm)	840(新)/770(全磨耗)	
轮对内侧距(mm)	1 353 ±2	

续表

项目	转向架形式	
	动车(M 车)	拖车(T 车)
牵引点距轨面高度(mm)	305	
空气弹簧有效直径(mm)	505	
基础制动装置	轮装盘形制动,每轴配一个停放转动钳	
轴重(t)	≤15	
运行平稳性	<2.5	
车轮减载率	≤0.6	
脱轨系数	<0.8	
最小曲线半径(m)	110	

三、车辆连接缓冲装置

车辆的连接是通过车钩实现的,车钩后部一般需要装设缓冲装置,以缓和列车运动中的冲击力。也就是说,车钩是用来保证各个车辆的连接,并且传递牵引力、制动力和其他纵向冲击力。缓冲装置缓解车辆之间的相互冲击,并且使车辆间保持一定的距离,还要连接车辆间的电路和气路。如果这些作用由同一装置来承担,则该装置称为车钩缓冲装置。

因此,车钩缓冲装置包括车钩、缓冲器、电路联接器和气路联接器。车钩缓冲装置是车辆最重要的部件之一。车钩缓冲装置固定在车体底架上,车辆运行牵引、制动时发生的纵向拉力和压缩力经车钩、缓冲器,最后传递给车体底架的牵引梁。

城市轨道交通列车的车钩按照牵引连接装置的连接方法有:全自动车钩、半自动车钩和半永久车钩。

1. 全自动车钩

全自动车钩一般设置在列车端部,用于与其他列车连挂,如图 4-18 所示。当车辆连挂时,全自动车钩可以实现自动机械连接、自动气路连接、自动电路连接;解钩时,可在司机室按解钩按钮实现自动解钩,也可以手动操纵进行解钩;解钩后,车钩即处于待挂状态,电气连接器通过盖板自动关闭,以防止水、尘土等杂物进入,风管连接器也自动关闭,防止压缩空气泄漏。全自动车钩设有可复原能量吸收装置(缓冲器)、对中装置,为吸收能量设可压溃筒体。

图 4-18　自动车钩

2. 半自动车钩

半自动车钩一般安装在组成列车的车组之间,半自动车钩可将两个班列车组连接成一整列,可以自动实现列车单元之间的机械和气路连接与解钩,电路部分只能手动连接。半自动车钩也具有能量吸收装置，以使得在过载冲击下车辆解钩不受破坏，如图 4-19 所示。

3. 半永久车钩

半永久车钩的机械、气路和电路的连接和解钩都需要人工操作，一般只有在架修以上的作业时才进行分解，如图 4-20 所示。半永久牵引杆可以实现车与车的连接，不具备自动机械解钩功能，设有人工气路连挂、人工电路连挂，解钩作业需要在车辆段内进行，采用非气动方法通过弹性缓冲器实现可复原能量吸收功能。半永久车钩的电路连接和气路连接如图 4-21 所示。

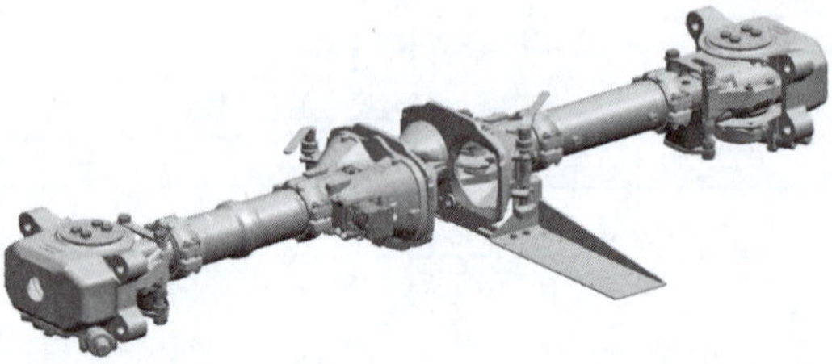

图 4-19　半自动车钩

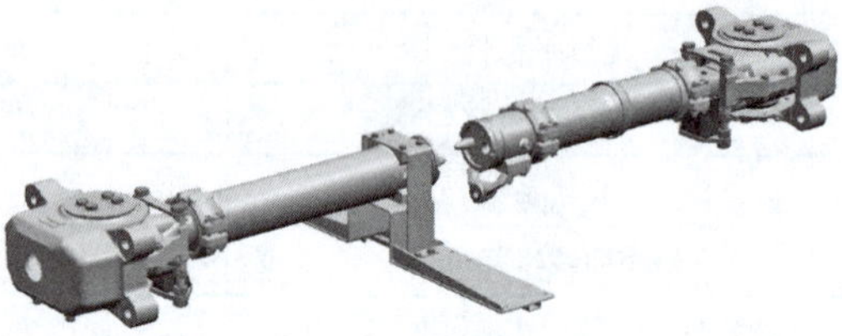

图 4-20　半永久车钩

图 4-21　半永久车钩的电路连接和气路连接

四、制动系统

城市轨道交通车辆必须安装制动系统，制动系统的作用就是根据需要使车辆按规定减速、停车。制动系统由制动控制系统和制动执行系统组成。

1. 对制动系统的要求

城市轨道交通的站距较短，因此电动车组的调速及停车都比较频繁。为了提高运行速度（尤其是对高架有轨交通车辆和地铁列车），必须使其启动快、制动距离短。同时城市有轨交通车辆的旅客上下波动较大，对车辆载重有较大的影响。针对这些特点，城市轨道交通车辆的制动系统应具备以下条件：

（1）操纵灵活，制动减速快，作用灵敏可靠，车组前后车辆制动、缓解作用一致。

（2）具有足够的制动能力，保证车组在规定的制动距离内停车。

（3）对新型的城市轨道交通车辆，一般要求具有动力制动能力，并且在正常制动过程中应尽量充分发挥动力制动能力，以减少对城市环境的污染和降低运行成本。同时应具有动力制动与摩擦制动的联合制动能力。

(4)制动系统应保证车组在长大下坡道上运行时,其制动力不会衰减。

(5)电动车组各车辆的制动能力应尽可能一致,制动系统应根据乘客量的变化而具有空重车调整能力,以减少制动时的纵向冲击。

(6)具有紧急制动性能,遇有紧急情况时,能使电动车组在规定距离内安全停车。紧急制动作用除可由司机操纵外,必要时还可由行车人员利用紧急按钮(紧急阀)进行操纵。

(7)电动车组在运行中发生诸如列车分离、制动系统故障等危急行车安全的事故时,应能自动起紧急制动作用。

2. 制动方式

城市轨道交通车辆按能量转移方式可以分为两类,即摩擦制动方式和动力制动方式。

1)摩擦制动方式

车辆的动能通过摩擦转变为热能。城市轨道交通车辆常用的摩擦制动方式主要有闸瓦制动和盘形制动。

(1)闸瓦制动又称为踏面制动,它是最常用的一种制动方式,如图4-22所示。制动时闸瓦压紧车轮,轮、瓦间发生摩擦,电动车组的动能大部分通过轮、瓦间的摩擦变成热能,经车轮与闸瓦最终逸散到大气中去。

在闸瓦与车轮这一对摩擦副中,车轮由于主要承担着车辆走行功能,因此其材料不能随意改变。要改善闸瓦制动的性能,只能通过改变闸瓦材料的方法。早期的闸瓦材料主要是铸铁。为了改善摩擦性能和增加耐磨性,目前城市有轨交通车辆中大多采用合成闸瓦。但合成闸瓦的导热性较差,因此目前也有采用导热性能良好,且具有较好的摩擦性能和耐磨性的粉末冶金闸瓦。

在闸瓦制动方式中,动能转化为热能的能力大,但热能散于大气的能力相对较小。当要求的制动功率较大时,有可能发生热能来不及散于大气,而在闸瓦与车轮踏面积聚,使它们的温度升高,严重的甚至会导致闸瓦熔化(铸铁闸瓦)或车轮踏面产生裂纹等。因此,在采用闸瓦制动时,对制动功率要有限制。

(2)盘形制动有轴盘式和轮盘式之分。一般采用轴盘式盘形制动装置,如图4-23所示。当轮对中间由于牵引电机等设备使制动盘安装发生困难时,可采用轮盘式盘形制动装置。制动时,制动缸通过制动夹钳使闸片夹紧制动盘,使闸片与制动盘间产生摩擦,把电动车组的动能转变为热能,热能通过制动盘与闸片散于大气。

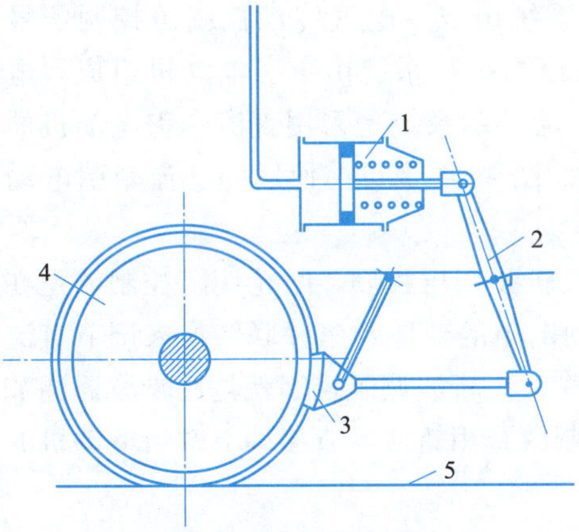

1—制动缸;2—基础制动装置;3—闸瓦;
4—车轮;5—钢轨。

图4-22　闸瓦制动

图4-23　轴盘式盘形制动装置

2）动力制动方式

动力制动在制动时，将牵引电机变为发电机，使列车动能转化为电能，对这些电能的不同处理方式形成了不同方式的动力制动。城市轨道交通车辆上采用的动力制动形式主要有电阻制动和再生制动。

（1）电阻制动将发电机发出的电能加于电阻器中，使电阻器发热，即电能转变为热能。电阻器上的热能靠风扇强迫通风而散于大气中。电阻制动一般能提供较稳定的制动力，但车辆底架下需要安装体积较大的电阻箱。

（2）再生制动是把电动车组的动能通过电机转化为电能后，再使电能反馈回电网提供给别的列车使用。显然这种方式既能节约能源，又减少制动时对环境的污染，并且基本上无磨耗。因此这是一种较为理想的制动方式。

3. 制动控制系统

制动控制系统是制动系统在司机或其他控制装置（如 ATC）的控制下，产生、传递、制动信号，并对各种制动方式进行制动动力分配、协调的部分。制动控制系统有空气制动系统和电控制动系统两大类。当以压缩空气作为制动信号传递和制动力控制的介质时，该制动系统称为空气制动控制系统。空气制动控制系统又称为空气制动机。以电气信号来传递制动信号的制动控制系统称为电气指令式制动系统。

制动控制方式有气控制气、电控制气、电-空控制等多种控制方式。目前城市轨道交通车辆绝大部分采用电-空控制。

气控制气是利用一根贯通列车的管道内压缩空气的变化，通过一些阀的动作来控制执行元件的动作。

电控制气是利用列车线来控制操纵执行元件的电磁阀，从而达到控制执行元件的作用。电-空控制是用一条列车控制线贯通整列车，形成连续回路。利用电信号来控制气信号，再用气信号控制执行元件的动作。制动的电指令是利用脉冲宽度调制，能进行无极控制制动。先进的电-空控制则是应用计算机对各种数据进行处理后发出电信号，进行控制。

五、电气传动控制系统

电气传动控制系统由电气控制系统及电气执行系统组成。电气传动控制由控制信号发生、控制信号传输的电子器件及控制电器组成。电气控制执行系统由牵引电动机组成。电气传动控制系统分为直流控制系统和交流控制系统。直流控制系统是采用直流牵引电动机的控制系统；交流控制系统是采用交流电动机的控制系统。图 4-24 是目前使用的交流牵引电动机外形图。

直流控制系统分为凸轮调阻控制、斩波调阻控制及斩波调压控制。凸轮调阻控制就是在牵引和电阻制动时，由凸轮控制电器节点的开闭实现制动电阻的变换和串并联转换来调节直流牵引电动机的电压及电流。凸轮调阻控制技术已经趋于淘汰。斩波调阻控制就是用斩波器调节电阻值控制直流牵引电动机的电压及电流。斩波调压控制就是用斩波器直接调节牵引电动机的电压及电流。

交流控制系统分为异步电动机和直线电机控制两种。异步电动机控制就是用调压调频装置（图 4-25）控制异步电动机电压及频率，实现牵引和电气制动。直线电机与其不同的是，不采用旋转的异步电动机，而采用直线感应牵引电机。

图 4-24　交流牵引电动机

图 4-25　车辆主牵引逆变器箱

六、风源系统

城市轨道交通车辆转向架上的空气弹簧、机械制动以及有些车辆上车门的开闭等都需要压缩空气,所以必须有风源系统。风源系统一般由电动空气压缩机(图 4-26)、风缸(图 4-27)、除油和除湿装置、散热装置、压力控制装置、管路等组成。

图 4-26　电动空气压缩机

图 4-27　空气风缸

七、受流装置

受流装置是将列车外部电源引入车辆电源系统的重要设备。一般城市轨道交通车辆采用直流供电,分 750 V 和 1 500 V 两种,根据线路供电方式不同,列车受流装置可分为受电弓和集电靴两种形式,直流 750 V 供电一般采用第三轨供电,在车辆的转向架上装有集电靴,通过集电靴与第三轨接触受流。根据集电靴与第三轨的接触方式不同,有上部受流和下部受流,上部受流就是集电靴与第三轨上部接触滑行,下部受流就是集电靴与第三轨下部接触滑行。集电靴实物如图 4-28 所示。

直流 1 500 V 供电一般采用架空式接触网供电,车辆上从接触网取电的装置为受电弓,如图 4-29所示。受电弓是一种通过空气回路控制升降的铰接式机械结构,一般通过支持绝缘子安装于车辆的顶部,通过弓头上的碳滑板与接触线接触受流。

图 4-28　集电靴

图 4-29　受电弓

八、辅助电源

城市轨道交通车辆上的交、直流用电，如照明、通风、空调、控制等均由辅助电源供给。辅助电源早期为电动发电机组，现多采用逆变电源。电动发电机组是将供电线路的直流电源经过电动发动机组变成三相交流电源，供交流用电使用，经过整流装置供直流电源使用。逆变电源的作用是将供电线路的直流电源经过逆变器控制变成三相交流电源，供交流电源使用，经整流装置供直流电源使用。图 4-30 是辅助逆变器示意图。

城市轨道交通车辆装有蓄电池组，用于控制电源和辅助电源停止工作时的应急电源，如图 4-31所示。

图 4-30　辅助逆变器

图 4-31　车辆蓄电池组

九、空调系统

城市轨道交通车辆因乘客拥挤、空气污浊，必须安装空调系统。城市轨道交通空调系统主要由通风系统、制冷系统、加热系统和自动控制系统组成。城市轨道交通车辆一般在车顶配置两台顶置单元式空调机组，通过车顶风道及风口向车内送风，各空调单元均设有两套独立的制冷系统，以增加空调装置的可靠性。由于车辆限界及车体断面尺寸的限制，城市轨道交通采用超薄型空调机组，如图 4-32 所示。

图 4-32　车顶空调

十、TCMS 列车控制与监控系统

TCMS（train control and management system，列车控制与监控系统）用于对城市轨道交通车辆主要设备的运行状态进行自动检测、记录和显示。受监控的设备包括 VVVF 逆变器、静止逆变器、制动装置、空压机、空调装置、城市轨道交通车辆广播和乘客信息系统、客室电动门和 ATP (automatic train protection,列车自动防护)等。

城市轨道交通车辆监控系统由在头尾车司机室内的监控显示器(见图 4-33)、头尾车的监控中心,每个车的监控终端组成。车上各装置的运转情况将由监控中心和每个车的监控终端汇集,然后通过显示器显示给乘务员,信息显示带有图形和色彩,以便乘务员识别。监控系统采用人机交互方式,如果发生故障,将会在司机室的显示屏上显示,方便乘务员操纵车辆,同时为车辆检修提供便利条件。

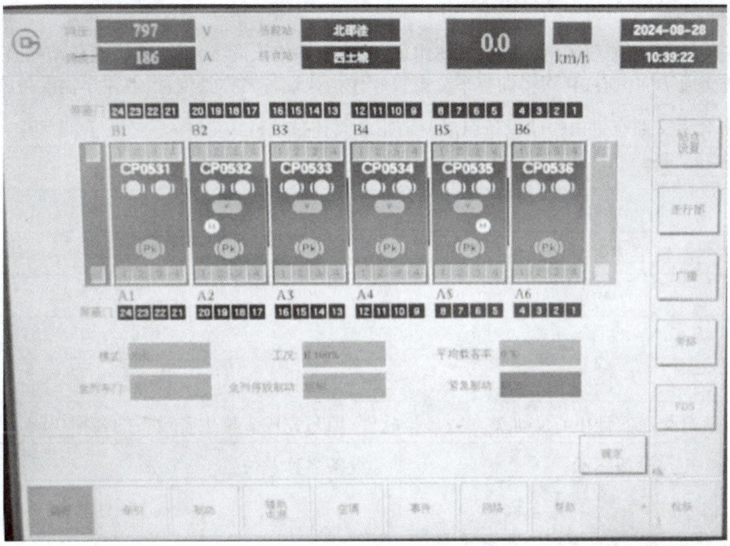

图 4-33　列车监控显示器

知识拓展

“手柄轻四两，责任重千斤”

乘坐地铁,大家最关心的莫过于安全问题,正所谓,“手柄轻四两,责任重千斤”。地铁列车驾驶员的一举一动,关乎着全车人的生命安全,任何时候都不能松懈。

凌晨 4:00,城市还在梦乡中,北京地铁十三陵车辆段运用库里灯火通明,许多早班地铁司机已经来到派班室准备出勤。行车前,最重要的工作就是对车辆进行整备作业,要对列车的车门、转向架、制动、牵引等一百多个零部件进行百余项检查。整备作业要求“静检 + 动检”结合,他们来到列车旁,对列车进行全面检查,他们举着手电筒,用手指向每一环节,并念出确认,这在行话中叫作“眼看手指口呼”,以确认每一项检查。此后,“眼看手指口呼”延续在驾驶的每一个阶段,一天要重复 2 000 余次。4:54,首班“压道车”出发,他们中途不停站、不开门,目的是检查轨行区里是否有工具遗失等故障情况,避免早上运营之后出现安全隐患。5:35 分,首班列车迎来了第一批乘客,司机在驾驶室内右手操控手柄控制车速,左手不时向前指,进行着标准化作业,在保证列车准时准点运行的前提下,尽可能地给予乘客们安全舒适的乘车体验。

“在岗一分钟,安全六十秒”,这是司机岗位必须牢记在心的话,他们承载着成百上千人的生命安全,为城市发展添动力,为人民出行增便捷。

技能训练

<table>
<tr><td colspan="7">训练工单:认识车辆总体组成</td></tr>
<tr><td colspan="7">姓名:________ 班级:________ 日期:________</td></tr>
<tr><td colspan="2">任务目标</td><td>指导老师</td><td colspan="5"></td></tr>
<tr><td colspan="2" rowspan="2">1. 指认车辆设备的名称及位置;
2. 正确描述车辆设备的结构;
3. 掌握车辆各部分的功能</td><td>团队成员</td><td></td><td></td><td></td><td></td><td></td></tr>
<tr><td>分工职责</td><td></td><td></td><td></td><td></td><td></td></tr>
<tr><td>任务内容</td><td colspan="7">作为车辆检修工,需要了解车辆的总体组成,并能正确指认设备名称,熟悉设备结构及功能,以小组为单位进入轨道交通实训中心,利用实训整车或虚拟软件指认设备名称及位置,叙述车辆设备的结构及功能</td></tr>
<tr><td rowspan="6">引导问题</td><td colspan="7">1. 城市轨道交通车辆由哪些设备组成?请指示具体位置:</td></tr>
<tr><td colspan="7"></td></tr>
<tr><td colspan="7"></td></tr>
<tr><td colspan="7">2. 请叙述车辆组成部分的结构及功能:</td></tr>
<tr><td colspan="7"></td></tr>
<tr><td colspan="7"></td></tr>
<tr><td colspan="8">任务实施</td></tr>
</table>

小组为单位观察轨道交通实训中心实训整车或虚拟软件,填写完成表格中各设备的名称功能。

序号	设备图示	设备名称及位置	主要功能、原理
1			
2	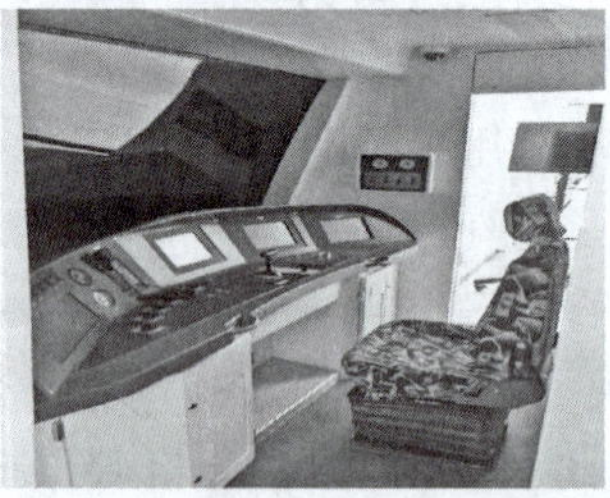		
3			

续表

任务实施			
序号	设备图示	设备名称及位置	主要功能、原理
4			
5			
6			

任务评价

序号	评价内容	评价标准	分数	评分记录		
				学生自评	组间互评	教师评分
1	车辆设备的名称	准确描述出设备名称	10			
2	指认设备位置	准确指认设备位置	20			
3	设备结构	准确叙述设备结构	40			
4	设备功能	准确叙述设备的功能	30			
总成绩			100			

巩固与练习

一、选择题

1. 城市轨道交通车辆的车钩安装在(　　)上。

A. 边梁　　B. 枕梁　　C. 牵引梁　　D 缓冲梁

2. 新设计的车轮踏面建议采用(　　)形。

A. 锥　　B. 平面　　C. 磨耗　　D. 圆

3. 车轮直径的磨耗极限为(　　)mm。

A. 840　　B. 805　　C. 770　　D. 760

4. 交流异步电动机采用 VVVF 控制,其功能为(　　)。

A. 低频低压　　B. 高频高压　　C. 变频变压　　D. 变流变压

二、填空题

1. 按车体制造材料的不同,可以分为________、________和________三种。
2. 地铁 A 型车客室车门一般一侧有________个,B 型车客室车门一般一侧有________个。
3. 接触轨系统根据受流位置的不同,分为________、________和侧部受流三种形式。

三、简答题

1. 车体的主要作用是什么?
2. 简述转向架的作用。
3. 车钩缓冲器的作用是什么?
4. 简述受电弓系统工作原理。

学习任务三　认知车辆基地及车辆检修

任务导入

一列列地铁列车飞驰而过,带你出行,送你回家,准时准点,安全抵达。那么当地铁结束运营后,地铁列车都去了哪里呢?实际上,地铁列车在结束一天的"工作"后,也会回到自己的"家"中,进行一次全方位保养,为第二天的服务运营"养精蓄锐"。本次学习任务主要介绍地铁车辆的"家"——地铁车辆综合维修基地。

任务目标

知识目标

(1)了解车辆段和停车场的职能。

(2)掌握车辆段与停车场的主要区别。

(3)掌握车辆检修的修程与内容。

视频

车辆检修基地

能力目标

(1)能理解车辆基地的功能与布局。

(2)能正确叙述车辆段与停车场的主要区别。

(3)能正确认知车辆检修的意义。

素质目标

(1)树立遵纪守法、遵章守纪的职业原则。

(2)培育精益求精、安全第一的工匠精神。

(3)建立爱岗敬业、团结协作的职业责任感。

任务描述

通过本任务学习,学生能够对车辆综合维修基地——车辆段和停车场有一个总体认知,对车辆检修的意义及各级修程和维修内容有一个初步认知,达到城市轨道交通运营维护人员的基本能力要求。

核心知识

一、车辆基地

1. 车辆段

1)车辆段定义

车辆段是具有配属车辆,以及承担车辆的运用管理、整备保养、检查工作和承担较高级别车辆检修任务的基本生产单位。若运行线路较长,为了有利于运营和分担车辆的检查清洗工作量,可在线路的另一端设停车场,负责部分车辆的停放、运用、检查和整备工作。技术条件和经济情况合理的情况下,也可以两条或两条以上线路共设一个车辆段。城市轨道交通除车辆保养基地以外,还有综合维修中心,材料总库和职工技术培训中心等基地,有条件时,尽量将它们与车辆段规划在在一起。图 4-34 所示为北京地铁十三陵车辆段。

2)车辆段的主要业务

(1)列车在段内调车、停放、日常检查、一般故障处理和清扫洗刷。

(2)车辆的技术检查、月修、定修、架修和临修试车等作业。

(3)列车回段折返、乘务司机换班。

(4)段内设备和机具的维修及调车机车的日常维修工作。

(5)紧急救援抢修队和设备。

2. 停车场

1)停车场的定义

停车场是具有配属车辆,以及承担车辆的运用管理、整备保养、检查工作的基本生产单位。图 4-35 所示为北京地铁宋家庄停车场。

图 4-34 北京地铁十三陵车辆段

图 4-35 北京地铁宋家庄停车场

2)停车场的主要业务

(1)承担城市轨道交通车辆的整备作业(包括停放及洗刷、清扫、检查、乘务任务)。

(2)进行车辆定修(年检)及以下范围修理。

(3)通过静态调试和动态调试对列车进行综合性测试。

(4)对列车施行临修或采用部件互换修方式进行车辆检修。

3. 车辆段与停车场的区别

尽管“车辆段”的名称仍属外来语,但该名词在我国已沿用数十年,同时考虑到我国铁路系统也一直沿用,因此,采用"车辆段"名称作为泛指地铁车辆检修设施和运用整备设施的总称,并将车辆检修设施和运用整备设施分别称为检修车辆段(简称车辆段)和运用停车场(简称停车场)。停车场往往只配备停放车辆的股道和一般车维修整备设备,仅能完成车辆的运用管理、清洁整备、列车安全检查和月检等日常维修保养工作。简单的停车场也可不担负月检任务,其月检设施可设于相关车辆段内,在设计中应根据实际情况灵活运用。

车辆段则必须配备相应修程的各种检修设备和设施,包括检修库和各种检修线路、各种辅助生产车间和设备,以及为车辆检修服务的各种设施,如试车线、镟轮线、给水设备、供电设备和污水处理设备等。

为充分利用设备、便于管理、节约基建投资,通常将停车场和车辆段合并设置在一起,统称为车辆段。独立设置的停车场只是在线路太长或车辆段用地面积受限制,或运营的特殊需要等情况下才设置。为便于运营管理,独立设置的停车场应隶属于相关车辆段。

二、车辆检修

1. 车辆检修部门的主要工作范围

(1)车辆检修部门根据列车的运用计划,制订相应的列车检修计划。

(2)在每日列车运营结束后,车辆检修部门对回库列车进行日常检查、维护。

(3)运营列车在途中发生故障时,若在列车驾驶员处理范围之内,并经驾驶员处理恢复良好运用状态的列车,可继续运行或维持运行,尽量避免救援;列车驾驶员若不能处理时,应尽快组织救援,以保证运营线路的畅通。

2. 车辆的检修方式

1)采用部件互换修的车辆检修方式

(1)可以大大缩短车辆的检修停运时间,提高车辆的使用率。

(2)合理组织生产,有效提高劳动生产率。

(3)能提高车辆的检修质量,增强车辆运行的安全性。

(4)形成车辆设备及零部件检修的专业化。

(5)列车运用投入率提高,减少城市轨道交通工程建设投资,降低运营成本。

2)车辆零、部件的专业化集中修理

(1)设置车辆部件维修中心兼为车辆的配件(部件物流)中心。

(2)在车辆段设置车辆设备及零、部件维修基地,负责供给本车辆段或其他车辆段车辆互换件。

(3)设专门的车辆部件修理厂或车辆修理厂,进行车辆零、部件的集中专业修理或对城市轨道交通网络车辆进行检修。

3)车辆集中大修、架修

(1)同类型车辆集中架修、大修。

(2)区域或同线车辆集中架修、大修。

3. 车辆修程及检修内容

我国地铁车辆的检修修程可分为厂修、架修、定修、月检和列检五个等级。其中厂修、架修和定修为定期检修,通常在车辆段实施;月修和列检为日常维修,通常在停车场实施。由于我国各城市地铁车辆不尽相同,地铁车辆的检修修程尚未有统一规定,各级修程也在不断的优化过程中。均衡修是我国目前为止各大成熟地铁公司车辆维护保养所采用的一种方式,它是车辆维修修程和维修周期的一种创新或改良。这种检修模式一般是将双周检、季度检、半年检、年检的修程内容进行拆分，分摊合并至月检各个修程内进行重新组合，从而起到压缩列车检修停时，提升列车上线率的目的。地铁车辆各修程检修作业范围见表4-5。不同城市地铁的修程见表4-6～表4-8。

表4-5　地铁车辆各修程检修作业范围

修程	主要检修内容
列检	对受电弓、控制装置、各种电气装置、转向架、空气制动装置、车钩缓冲装置、铰接装置、车门、车体、车灯、蓄电池箱等主要部件进行外观检查、对危及行车安全的故障进行重点修理
月修	对受电弓、牵引电机、控制装置、各种电气装置、转向架、空气制动装置、车钩缓冲装置、铰接装置、车门、车体、车灯、蓄电池箱等主要部件的技术状态和作用进行检查和必要的试验，对危及行车安全的故障进行全面修理
定修	卸下受电弓、牵引电机、控制装置、转向架、控制制动装置、蓄电池等部件，对其技术状态和作用进行检查和修理，并进行必要的试验；对计量仪器、仪表进行校验；对其余主要部件的技术状态和作用作相应的检查和修理；修竣车的静调和试车达到定修标准
架修	卸下受电弓、牵引电机、控制装置、各种电器装置、转向架、传动装置、轮对、轴承、空气制动装置、车钩缓冲装置、车门、蓄电池等部件，对其进行分解、检查和修理，并进行必要的试验，对计量仪器仪表进行校验，对车体及其余部件的技术状态和作用作相应的检查和修理，车体油漆标记，修竣车的静调和试车达到架修标准
厂修	架车、车辆解体、对转向架构架和车体进行整形，对所有部件全部进行分解、检查和修理，完全恢复其性能，重新油漆标记，修竣车的静调和试车达到厂修标准

表4-6　北京城市轨道交通车辆检修修程

修程	检修周期		停修时间
	运营时间	走行公里(万km)	
月　修	1月	0.9～1.1	2 d
定　修	13～15月	13～15	16 d
架　修	26～30月	26～30	24 d
厂　修	78～90月	78～90	60 d

表4-7　广州城市轨道交通车辆检修修程

修程	检修周期		停修时间	
	运营时间	走行公里(万km)	近期	远期
日　检	1天	0.02～0.04	90 min	60 min
双周检	2周	0.35～0.5	1 d	4 h
三月检	3月	2.5～3.5	3 d	2 d
半年检	6月	6.5～8.0	3 d	2 d
一年检	1年	12.5～15.0	8 d	6 d
二年检	2年	23～28	8 d	6 d
三年检	3年	34～40	8 d	6 d
架　修	6年	62～75	24 d	18 d
大　修	12年	125～150	36 d	30 d

表 4-8 天津城市轨道交通车辆检修修程

修程	检修周期	停修时间
日　检	每日	90 min
月　修	1.25 万 km	1 d
定　修	12.5～15 万 km	10 d(4 节),15 d(6 节)
架　修	50～60 万 km	18 d
厂　修	100～120 万 km	32 d

知识拓展

车辆检修工—— 列车的全天候护航员

地铁列车有我们最为熟悉的车厢,然而在容易忽视的车顶、车底乃至司机驾驶室,还分布着数以千计的零部件、数以万计的螺钉,它们如同遍布列车的器官与组织。列车每一次正常行驶的背后,都凝聚着一群“全能选手”的汗水与智慧。他们熟知列车性能结构,故障排查手到擒来,他们的使命单一而神圣——为地铁运营提供充足、安全的列车供应保障。他们是地铁列车的全天候护航员——车辆检修工。

1. 早班会:在安全交底中排兵布阵

7 点刚过,车辆检修库从苏醒变得繁忙。计划修工班成为了检修库中新一天的“主角”。尽管前一晚已经对检修任务有了全面铺排,早班会上,作业内容、分工交底、关键作业安全提醒、业务抽问等同样必不可少。“作业前挂好严禁动车牌、严禁升弓牌”“车顶组严禁高空抛接工器具,严禁跨越折棚”……对车辆检修工而言,安全不仅是心中的信念、肩上的使命,更是技能的精进、规章的烂熟于心。挂上升弓牌,确认列车所在股道已经断电,车顶、车底、车厢,车辆检修工们兵分三路,在各自阵线忙碌开来。

2. 车顶作业:在精确无误中输送能量

系好安全带、挂上安全扣,这是车顶作业的标配。为了确保列车“能量”正常输入,检修人员必须保证作为取能装置的受电弓运转万无一失。检查紧固件是否松动,检查受电弓框架是否出现裂纹,检查碳滑板磨损是否异常,检查静态压力是否符合标准……闷热的检修库内,即便看似最不费体力的观察与测量也会让全副武装的作业人员浑身湿透,更不用说来回的弯腰起身、对坚硬无比的碳滑板进行精确到毫米的打磨。一组组精确的数据,不仅是对作业成果的检验,也为受电弓的长期维护提供了参考依据。

3. 车底作业:在油污尘垢中坚守鏖战

步入车底作业区,便进入了另一番天地。头顶被深沉的油污与钢铁部件覆盖,只需短短数分钟,车辆检修工们的手套便会从雪白变成漆黑,面庞也会因为汗珠与油污的洗礼变得乌黑发亮。车底作业,需要检查列车的走行部、风源系统、气路管路等所有部件。一列电客车长度约 119 米,在高度 1.5 米、宽度 1 米的狭窄地沟内,大到转向架、空气压缩机、制动电阻箱,小到闸瓦、空气管路、螺栓防松线,车辆检修工们手持强光手电筒,熟练切换各类工具,对车底进行“望闻问切”的诊治。车底设备集中,仅螺栓就有上万颗需要检查。一趟检修下来,车辆检修工们需要集中精力,在弯腰、侧身、半蹲的行进姿势中连续奋战一上午。

4. 车厢检查:在有条不紊中胸有成竹

狭小的司机室,密布显示器与操作按钮,隐蔽的方寸天地里,任何细微的故障都可能为行车安全带来隐患。车辆检修工不仅要检查司机台面板、司控器外观,还要迅疾地卸下一颗颗螺钉,对面板下的零部件一一查看。蓝色工作帽檐下,锐利的目光与专注的神情,投射出对检修任务的成竹在胸。在完成列车的日常清洗与消杀后,检修人员对客室的检查才刚刚开始。座椅、拉环、扶手、灭火器、警示标识,确保各类零部件稳固、无异常,保障次日上线列车充足、质量达标。车辆检修工在争分夺秒中践行着“供足车、供好车”的初心。

5. 有电检测:在事无巨细中精益求精

对于电客车而言,车上的软件系统可谓控制列车的“神经网络”。午饭时间刚过,顾不上一整个上午作业的疲惫,车辆检修工们马不停蹄开始了有电环境下的车辆功能测试。责任心的驱使、多年的岗位历练,使得此刻的他们条件反射式地驱散了倦意。列车到站动态、交通指南音视频信息,要使乘客实时掌握列车信息,车辆检修工对车门上方的 LCD 动态地图、LCD 显示屏外观状态与报站功能显示一一检查;为了营造更为舒适的车厢环境,车辆检修工使用声级计测量客室广播音量。检测、维护与繁忙的运营不断交替着,车辆检修工们用忘我与坚守,换来了列车的平安运行与乘客的舒适体验。

从车顶到车底,有无电到有电,一整个白班作业下来,列车也完成了一次从里到外的定期“体检”。每项作业的工作台账也成为了一份份记录详尽的体检报告单,为列车检修提供宝贵的分析研判数据。

6. 运营结束:在深夜凌晨中持续检修

22 点已过,在正线奔跑了一整天的电客车陆续返回车辆段。此刻,晚班的车辆检修工早已蓄势待发。故障分析、技术交底、工具整备,他们又开始了新一轮与时间赛跑的检修战。照明、广播、通风、开关门是否良好,各系统有无故障提示,检修工们两两配合,对电客车进行全面的功能测试,即便一切顺利,一列电客车的日常检查也将超过 40 分钟,一晚检修下来,整个工班需要合力完成 20 余列电客车的检测。这也意味着,每一位检修工都需要集中精力,在眼观六路中行走 2 万多步。

7. 故障突发:在必达信念中抢抓进度

夜晚的车辆检修库没有清风蝉鸣,陪伴车辆检修工的只有夏夜的闷热、冬夜的寒风与空压机的嘶鸣。历时 3 个小时,完成所有列车的检查后,所有人顾不上休息,又投入了列车故障处理与普查整改的行列。凌晨 1 点,空调机组突发故障,此时距离运营交车时间只剩 2 个半小时。时间紧,任务重,工班长立即带领大家一面使用兆欧表、万用表查找故障原因,一面安排人员进行断电作业。逐一排查后,故障点终于找到。打开平台门,工班长率先登上列车车顶。狭小的站立空间让本就时间紧迫的作业更为艰难。时间一点点流逝,成串的汗珠夹杂着灰尘划过脸颊,工装、手套早被汗水浸透。1 个小时后,送风机更换终于完成。一番高温下的艰难抢修,换来了交车前的使命必达。

他们没有舒适的作业环境,终日与灰尘油污相伴,交付的却是一列列干净整洁的电客车,他们忍受夏日的酷热、冬日的严寒,换来的却是地铁车厢的冬暖夏凉。他们时而化身定期体检的保健医生,时而充当精检细修的专科医生,日常检测不懈怠、应急处置不慌乱。车辆检修工专注与从容的背后,是日积月累的岗位磨炼与技能沉淀。没有轰轰烈烈的口号,为运营保驾、为列车护航就是车辆检修工们台前全力以赴、台后不懈钻研的源源动力。

技能训练

<table>
<tr><td colspan="7">训练工单：车辆段参观</td></tr>
<tr><td colspan="7">姓名：________　班级：________　日期：________</td></tr>
<tr><td colspan="2">任务目标</td><td>指导老师</td><td colspan="5"></td></tr>
<tr><td colspan="2" rowspan="2">(1)熟悉车辆段布局及功能；
(2)认知车辆检修相关设备与工具；
(3)掌握各级修程及内容</td><td>团队成员</td><td></td><td></td><td></td><td></td><td></td></tr>
<tr><td>分工职责</td><td></td><td></td><td></td><td></td><td></td></tr>
<tr><td>任务内容</td><td colspan="6">本次实训为地铁车辆段参观，重点学习以下内容：
1. 学习车辆段布局及功能；
2. 车辆段检修中心人员配备、司机班组人员配备、列车检修制度、修程规定介绍；
3. 车辆检修新技术、新工艺、新设备认知；
4. 车辆结构及车上车下设备认知、维修项点学习</td></tr>
<tr><td rowspan="6">引导问题</td><td colspan="6">1. 你知道地铁车辆的“家”是什么样子的吗？</td></tr>
<tr><td colspan="6"></td></tr>
<tr><td colspan="6"></td></tr>
<tr><td colspan="6">2. 为了保障地铁列车的安全运行，你知道地铁列车是如何维修和检查的吗？</td></tr>
<tr><td colspan="6"></td></tr>
<tr><td colspan="6"></td></tr>
<tr><td>任务实施</td><td colspan="6">以专业和班级为单位，进行地铁车辆段参观，主要考察车辆段的布局、功能、车辆检修和车辆运用的相关规定</td></tr>
</table>

任务评价

序号	评价内容	评价标准	分数	评分记录		
				学生自评	组间互评	教师评分
1	车辆段的布局及功能	绘制车辆段布局图	50			
2	车辆检修的规定	制作车辆修程及检修内容表	50			
总成绩			100			

巩固与练习

一、选择题

停车场不具备(　　)功能。

A. 停放　　B. 清洁与消毒　　C. 日常检查　　D. 架、大修

二、简答题

1. 简述车辆段与停车场的区别。
2. 简述车辆检修修程的规定及检修内容。

学习任务四　认知其他城市轨道交通车辆

任务导入

随着科学技术的进步和社会的发展，城市轨道交通形式已经出现多元化的局面，总的来说，城市轨道交通按运能范围、车辆类型及主要技术特征分为地下铁道、轻轨交通、独轨铁路、市域铁路、有轨电车、磁悬浮及自动导向交通系统等，每一种城市轨道交通制式都有对应的城市轨道交通车辆。

任务目标

知识目标

(1)了解其他城市轨道交通的特点。

(2)了解地铁与轻轨的区别。

(3)了解其他城市轨道交通车辆的应用。

能力目标

(1)能区分不同的城市轨道交通类型。

(2)能正确叙述地铁与轻轨的区别。

(3)能正确叙述不同城市的城市轨道交通的车辆应用情况。

素质目标

(1)树立遵纪守法、遵章守纪的职业原则。

(2)培育精益求精、安全第一的工匠精神。

(3)建立爱岗敬业、团结协作的职业责任感。

任务描述

通过本任务学习，学生能够扩展视野，认识更多城市轨道交通类型和车辆，并理解其他轨道交通车辆的特点及应用范围，对于从事不同类型的城市轨道交通运营维护人员，使其能够达到初步认知的要求。

核心知识

一、轻轨

轻轨交通简称轻轨(light rail transit，LRT)，是其轨道上的载荷相对于铁路和地铁的载荷较轻的一种城市轨道交通系统。国际公共交通联合会关于轻轨运营系统的解释中提道：轻轨是一种使用电力牵引、介于标准有轨电车和快运交通系统(包括地铁和城市铁路)，用于乘客运输的一种轨道交通系统。图4-36所示为天津滨海轻轨。

轻轨原来的定义是指采用轻型轨道的城市轨道交通系统，以前使用的是轻型钢轨，现在轻轨已采用与地铁相同质量的钢轨。轻轨与地铁的主要区别主要体现在车辆宽度、远程单向最大高峰每小时客运量、每千米造价和轴重上，详见表4-9。

图 4-36　天津滨海轻轨

表 4-9　轻轨与地铁的区别

比较项目	轻　轨	地　铁
车辆宽度	2.6 m 的列车宽度	3 m、2.8 m 的列车宽度
客运量	远期单向最大高峰小时客流量为 1.5 万~3.0 万人次	远期单向最大高峰小时客流量为 3.0 万~6.0 万人次
造价	1.5 亿元/公里	4 亿~6 亿元/公里
曲线半径	轻轨的平面曲线半径一般在 100~200 m 之间	地铁的平面曲线半径不小于 300 m
轴重	轻轨的轴重要小于 13 t	地铁的轴重普遍大于 13 t

二、独轨

独轨铁路又称单轨铁路，是指列车在一根轨道上运行的城市轨道交通系统。根据其支撑方式的不同，通常分为跨座式（图 4-37）和悬挂式（图 4-38）两种。独轨铁路一般使用道路上部空间，需要的专用空间较小，可以适应急转弯和大坡度道路条件，其投资小于地铁系统，但道岔结构复杂，发生事故时疏散和救援工作都比较困难。独轨一般使用橡胶轮。

图 4-37　重庆跨座式单轨二号线

图 4-38　武汉市悬挂式单轨

三、市域铁路

市域铁路也称市郊铁路（suburban railway），是将市区与郊区，以及城市周围几十千米甚至更大范围的远郊地区(卫星城镇或城市圈)连接在一起的铁路或轨道交通。市郊铁路一般与干线铁路设有联络线,设备与干线铁路相同,线路大多建在地面,部分建在地下或高架。市郊铁路通常由电力牵引或内燃牵引,列车编组多在 4 ~ 10 辆,最高速度可达 100 ~ 120 km/h,如图 4-39 所示。

四、有轨电车

有轨电车(tram 或 streetcar)是一种使用电力牵引、轮轨导向、按照 1 ~ 3 辆车编组运行在城市路面线路上的低运量城市轨道交通系统。有轨电车是最早发展的城市轨道交通之一,由于其与汽车和行人等共用街道,故所受干扰多、速度较慢。传统的有轨电车已经很少见,现在多数被改良为现代有轨电车(图 4-40)。

图 4-39　北京市郊铁路 S2 线

图 4-40　北京城市轨道交通有轨电车

五、磁悬浮交通

视频 磁悬浮列车

磁悬浮交通(magnetic levitation for transportation)是一种非轮轨黏着传动、悬浮于线路之上的新型轨道交通系统。磁悬浮列车是一种现代高科技轨道交通工具,它通过电磁力实现列车与轨道之间的无接触的悬浮和导向,再利用直线电机产生的电磁力牵引列车运行。磁悬浮列车具有高速、安全、舒适、节能、环保、维护简单、占地少等特点。图 4-41 所示为北京城市轨道交通磁悬浮 S1 线。

图 4-41　北京城市轨道交通磁悬浮 S1 线

六、自动导向交通系统

自动导向交通系统(automated guideway transit,AGT)是利用导轨和导轮导向,自动控制运行的新型轨道交通系统(图4-42)。其一般采用混凝土或钢质导轨、橡胶轮胎,由导向轮引导车辆运行,列车自动运行控制,可实现无人驾驶。

图4-42 上海自动导向交通系统

知识拓展

从“万国机车”到“复兴号”,中国轨道交通“跑”过140年

2021年9月27日,中国轨道交通工业140年峰会在唐山举行。140年前的1881年,中国第一条标准轨距铁路——唐胥铁路正式开通,这一年,位于唐胥铁路终点站煤河边的胥各庄建立了修车厂,组装出中国第一台蒸汽机车,拉响了中国铁路第一声嘹亮的汽笛,开启了中国轨道交通工业元年。

1. 跨越三个世纪的传承

从1881年到2021年,中国中车从唐山胥各庄修车厂发源起步,伴随着中国共产党的百年伟大历程,一代代中车人勇立时代潮头,肩负历史使命,与党和国家同呼吸、共命运,书写了壮丽的红色故事,绘就了辉煌的创新篇章。从“万国机车”到“复兴号”动车组,从普通铁路到高速铁路,从“追赶时代”到“引领时代”,一次次科技的进步,一次次速度的飞跃,既见证了中国轨道交通装备的发展,也见证了中国综合国力的飞跃。

2. 创新是永恒的动力源泉

以2008年我国第一条设计时速350公里的京津城际铁路建成运营为标志,中国高铁发展取得了举世瞩目的成就。到2024年底,全国铁路营业里程达到16.2万公里,其中高铁4.8万公里,我国高铁运营里程再创新纪录。高铁网络的扩展不仅提升了运输能力,还显著增加了旅客发送量。2024年,国家铁路发送旅客40.8亿人次,同比增长10.8%。此外,高铁在物流方面也表现出色,累计完成货物发送量39.9亿吨,同比增长1.9%,连续8年实现增长。我国铁路高水平科技自立自强取得新突破。“复兴号高速列车”被授予2023年度国家科学技术进步奖特等奖;CR450动车组完成样车设计制造并成功下线,全球最快高铁列车主要指标国际领先。

3. 打造自主创新新典范

回顾奋斗历程,中国中车能够实现从弱到强、从追赶到领跑、从本土企业到跨国企业的重大跨越，最根本的一条就是始终坚持科技创新，始终坚持协同创新、开放创新和自主创新相结合，并形成了中车人“敢于担当、舍我其谁，勇于创新、志在必得”的创新精神，这是中车成为“国家名片”的宝贵经验，更是中车以史为鉴，开创未来，为实现第二个百年目标而奋斗的深刻启示，我们必须要继承创新、长期坚持、发扬光大。

技能训练

<table>
<tr><td colspan="7">训练工单：不同城市轨道交通制式对比</td></tr>
<tr><td colspan="7">姓名：________　班级：________　日期：________</td></tr>
<tr><td>任务目标</td><td>指导老师</td><td colspan="5"></td></tr>
<tr><td rowspan="2">1. 了解中国不同城市轨道交通制式的发展及应用情况；
2. 了解不同城市轨道交通制式的特点；
3. 不同城市轨道交通制式的对比、分析与展示</td><td>团队成员</td><td></td><td></td><td></td><td></td><td></td></tr>
<tr><td>分工职责</td><td></td><td></td><td></td><td></td><td></td></tr>
<tr><td>任务内容</td><td colspan="6">利用网络检索或实地调研等方式，针对不同的城市轨道交通类型进行调查研究，完成开通情况、运营城市、运营里程、应用特点、平均速度、客运能力、运营成本等指标的对比分析，如下表所示，然后进行课堂展示</td></tr>
<tr><td colspan="7">不同城市轨道交通制式对比分析</td></tr>
</table>

轨道交通类型	运营城市（个）	运营总里程	应用特点	平均速度（km/h）	客运能力（万人次/h）	运营成本（元/人·km）	能　耗（kcal·人·km）
地铁							
轻轨							
独轨							
市郊铁路							
有轨电车							
磁浮							
自动导向轨道交通系统							

任务评价

序号	评价内容	评价标准	分数	评分记录		
				学生自评	组间互评	教师评分
1	各种城市轨道交通车辆类型及特点	准确掌握各种城市轨道交通车辆类型及特点	50			
2	表格内容信息完整，信息准确，展示图文并茂	无缺少指标，线路其他相关信息准确无误，现场图片真实和数据准确	50			
总成绩			100			

巩固与练习

一、选择题

1. 下列属于城市轨道交通的是(　　)。

   A. 北京—天津城际列车　　B. 市内公交车

   C. 景区观光缆车　　D. 市域铁路

2. 下列城市轨道交通中运能最大的是(　　)。

   A. 地铁　　B. 轻轨　　C. 独轨　　D. 有轨电车

3. 下列城市轨道交通中最适宜海拔落差较大的城市建设的是(　　)。

   A. 地铁　　B. 轻轨　　C. 独轨　　D. 磁悬浮

二、简答题

1. 简述地铁和轻轨的区别。
2. 简述中国磁浮的发展及应用情况。

项目五
城市轨道交通信号与通信系统

项目导入

城市轨道交通信号系统是轨道交通的重要技术装备，担负指挥列车运行、保证行车安全、提高运输效率的任务。城市轨道交通因客流量大、列车运行间隔时间短的特点，对信号系统提出安全性高、通过能力大、抗干扰能力强、可靠性高、自动化程度高等要求。如果把城市轨道交通比喻为一个巨大联动机，那么信号系统就是这个联动机的控制中枢。城市轨道交通信号是广大乘客乘坐地铁安全、快速出行的一道无形保护网。

城市轨道交通通信系统是用于组织、指挥轨道交通运营行车的专用通信系统。通信设备可用于收发语音、数据、图像、多媒体等信息，为指定用户提供服务。城市轨道交通专用通信系统一般由电话系统、广播系统、闭路电视监控系统、时钟系统等组成。通信系统是城市轨道交通运营生产的基础，是保障行车安全、提高运营效率、提升运营服务质量的重要设施。

本项目主要介绍城市轨道交通信号系统和通信系统的基础知识。通过本项目的学习，学员应能掌握信号和通信系统的基本组成和功能等，并能达到以下学习目标。

学习目标

知识目标	技能目标	素质目标
(1)了解城市轨道交通信号系统作用及发展； (2)理解城市轨道交通信号基础设备组成及位置分布； (3)掌握 CBTC 系统的基本组成及功能； (4)掌握城市轨道交通通信子系统组成、作用及分类	(1)能够准确描述城市轨道交通信号系统组成及作用； (2)能够准确判断信号机、道岔、轨道电路、计轴器、查询应答器等设备的基本工作状态； (3)能够准确描述轨道交通通信系统构成，明确主要设备应用情况	(1)建立爱岗敬业的职业责任感； (2)培养遵纪守法、严守规章的职业原则； (3)具备团队合作的意识； (4)培养严谨的工作作风、良好的职业道德及创新意识

学习任务一 认知信号系统

任务导入

城市轨道交通运营基本要求是运行安全，信号系统是保证运行安全最重要的基础设施。信号系统的质量和可靠性是衡量城市轨道交通装备水平和技术水准现代化程度的重要标志之一。假如城市轨道交通运营系统是一个人的整体，那么信号系统就相当于是人的“神经中枢”。

任务目标

知识目标

（1）了解信号系统的作用和发展历程。

（2）理解信号系统的原理。

能力目标

（1）能准确说出城市轨道交通信号系统的作用。

（2）能准确描述进路的控制过程。

素质目标

（1）培养严肃认真、团结合作的意识。

（2）培养良好的职业道德及创新意识。

任务描述

通过本任务学习，学生能够认识信号系统发挥的重要作用，并准确理解信号系统的控制过程，达到城市轨道交通运营维护人员的基本能力要求。

核心知识

一、信号系统的作用

为了确保城市轨道交通运输的有效性及安全性，必须采用技术含量高的信号控制系统对城市轨道交通进行控制，城市轨道交通中先进的信号技术大大提高了行车的安全性，使得因人为的疏忽、设备的故障而产生的事故率降至最低。信号系统的主要作用如下：

1. 保障列车运营安全

列车的运行安全不再依赖人的主观因素，而是依靠设备来保证，最大限度地减少了人为出错的概率。城市轨道交通在体系结构、关键设备、传输通道、信息传输等方面保证系统的可靠性和安全性。

2. 提高运输能力

传统的轨道交通以地面信号显示为依据，司机按行车规则操纵列车运行。现代装备了信号系统的轨道交通依靠先进的设备来进行控制和管理，可以更贴近土建限速运行，能够按要求的时间间隔运行，能够实现较短的追踪间隔。

3. 实现快速、有序、高密度行车调度指挥

装备信号系统的轨道交通系统具备监督列车状态、产生列车时刻表、自动调整列车运行时刻，以及保证列车按时刻表正点运行、生成运行报告和统计报告、向旅客向导系统提供信息等功能，可实现快速、有序、高密度行车调度指挥。

二、信号系统的发展历程

信号系统的发展经过了如下五个阶段：

1. 地面人工信号

地面人工信号是19世纪铁路诞生之初最早采用的信号系统。铁路具有列车自重大、轮轨摩擦力小、列车制动距离长这一基本特点，为保证行车安全，人们在运输生产实践中摸索出了行车闭塞法。起初只有白天行车，且线路上只有一列列车来回运行，所以不必考虑列车相撞的问题。随着社会的发展，客货运量不断增长，铁路运行线路不断增长，车站增多，运行列车增多。为防止列车相撞，在线路上安装各种信号设备。通过地面信号显示系统，以物体大致形状、灯光的数目和颜色等视觉信号或音响信号等听觉信号给司机以各种运行条件的指示，提醒司机采取相应的措施，以免发生列车正面冲突和追尾事故。

信号的发明拓展了司机的视野，司机根据信号工的信号指示判明前方运行路径是否安全，驾驶列车按照信号指示运行。这一阶段主要是依靠信号工的眼睛检查线路情况，判断是否存在冲突，并通过信号向司机传递行车命令，从而实现了列车的安全间隔控制。

2. 地面自动信号

1872年，美国人鲁宾逊发明了轨道电路，实现了列车占用状态的自动检查。与此同时，以继电器作为基本器件的逻辑电路也逐渐成熟。包含轨道电路、信号机控制电路及道岔表示电路的继电逻辑电路，不仅可以根据轨道占用情况自动控制防护该轨道区段的信号机显示状态，还可以完成复杂的联锁逻辑处理，代替机械式联锁器件实现信号、轨道、道岔的联锁关系，确保列车运行路径的安全。自动信号的发明，以及继电逻辑电路的出现，可以自动检查线路占用情况，预防线路的冲突，极大地减轻了信号工的工作负担，在车站实现了继电联锁控制，在区间实现了半自动闭塞或自动闭塞，极大地减轻了信号工的工作负担。自动控制的信号机如图5-1所示。

图5-1　自动控制的信号机

3. 机车信号

地面自动信号的信号机只能在固定地点向司机提供地面视觉信号。由于地面信号显示有时受到自然环境的影响和地形的限制，司机往往不能在规定的距离及时瞭望前方信号机的信号显示，因而有冒进信号的危险。为将列车运行前方所接近信号机的显示情况及时通告司机，发明了机车信号设备，如图5-2所示。机车信号将地面信号所表征的限速信息通过技术手段引入司机室，大大改善了司机瞭望条件。这样司机就能够在任何条件下从容地驾驶列车，且当前方信号为禁止信号时及时采取制动措施，提高了列车运行的效率和安全程度。

图 5-2　机车信号设备

4. 自动停车装置

无论地面信号还是机车信号，都只能通过信号显示向司机传递限速信息，提醒司机按照规定的限速驾驶列车，但无法代替司机控制列车，无法防止由于司机失去警惕而发生危及列车运行安全的事故。实际上，行车时司机有时会产生精神不集中、误操作等情况。因此，人们又研制了列车自动停车装置。其功能是当地面信号的"禁止命令"未被司机接受时就自动实施紧急制动，强迫列车停车。尤其是轨道电路的出现，使得利用轨道电路向机车传送信息成为可能，地面轨道电路、机车信号与自动停车装置结合，构成简单的列车运行自动控制系统，当"禁止信号"未被司机接受及时停车时，自动停车装置就自动实施紧急制动，强迫列车停车。

5. 自动列车防护系统

自动停车装置的使用，产生了列车运行控制系统的雏形。但自动停车装置只能在固定点起作用。随着高密度、大运量的城市轨道交通蓬勃发展，对信号系统提出了更高的要求。当列车运行间隔进一步缩短、运行速度进一步提高后，用于司机瞭望和确认地面信号的时间很短，难以保证行车安全和效率，无法依靠地面信号显示正常行车。需要信号系统实时根据地面线路信息、前方危险点位置和列车当前的运行状态（列车速度、位置、列车制动性能等）实时向司机显示列车运行的允许速度，自动监督列车运行，一旦列车运行速度超过允许速度，车载信号设备自动实施常用制动或紧急制动，确保行车安全。这种实时、连续监督列车运行速度、防护行车安全的信号系统也称为自动列车防护系统。图 5-3 所示为列车自动防护设备。

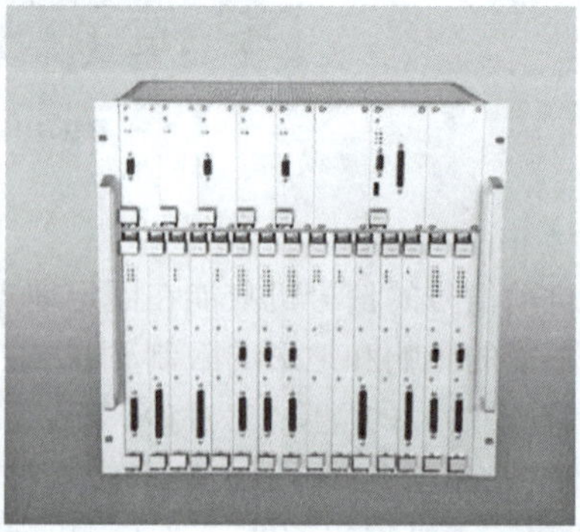

图 5-3　列车自动防护设备

三、信号系统的原理

1. 进路

进路，是一种程序化的列车运行路径。对于地面基础设施来说，进路是由一组给定道岔及道岔定、反位状态顺序连接而成的一段连续轨道，核心是一组程序化的道岔位置。

对于列车来说，进路是由信号机或者其他指挥方式授权列车运行的一段距离，向列车明确该段运行路径是否准备好（道岔是否转换到位及锁闭，以及进路内是否没有列车、没有冲突或敌对进路等），是否可以运行。

对于运输组织来说，进路是组织列车运行的基本单元，用以提高运输组织效率，简化运输组织流程。同时，进路代表了一种作业需求，不同作业需求对线路资源的竞争关系引发进路冲突，需要组织协调。

2. 进路控制

视频

进路控制演示

要想保证列车在站内安全运行，就必须保证列车运行路径的安全，即必须将进路中处于解锁状态的道岔锁闭，然后使防护进路的始端信号机开放，允许灯光命名，让列车通过进路，当列车通过进路之后，又必须将该进路中的道岔解除锁闭，将进路始端的信号机关闭，以便于排列其他的进路。我们把这种将进路由空闲状态转换为锁闭状态，又将其由锁闭状态转换为空闲状态的控制过程称为进路控制过程。

进路控制过程可分为进路的建立和解锁两个过程。

进路建立过程指从发出进路建立命令到进路锁闭、防护信号机开放这一阶段。进路解锁过程指从列车驶入信号机内方到出清进路中全部道岔区段并解锁锁闭为止的这一阶段。进路控制过程如图5-4所示。

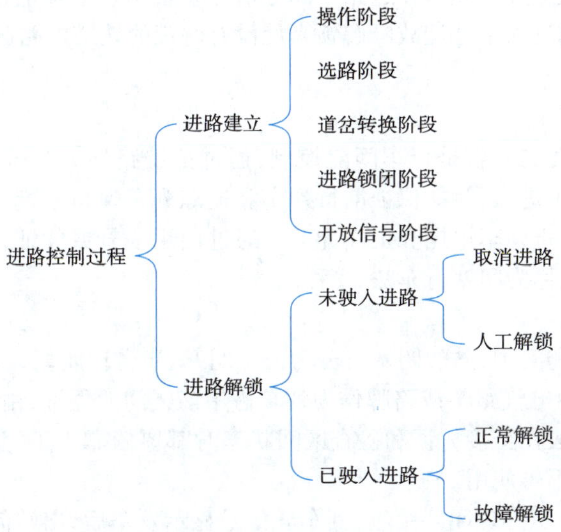

图5-4　进路控制过程

1）进路建立

进路建立过程可分为以下五个阶段：

（1）操作阶段。办理进路时，操作人员按压进路的始、终端按钮以确定进路的范围、方向和性质。进路的方向有接车方向和发车方向，进路的性质指该进路是列车进路还是调车进路。

(2)选路阶段。根据操作阶段所确定的进路范围,自动选出参与进路的信号机、与进路有关的道岔及其在进路中的位置、进路中所涉及的区段等。

(3)道岔转换阶段。将选路阶段选出的道岔自动转换到进路所要求的位置。

(4)进路锁闭阶段。道岔转换完毕,确认道岔位置正确后,将进路上的道岔和敌对进路予以锁闭,以确保行车安全。

(5)开放信号阶段。进路锁闭后,信号开放,指示列车或车列可以驶入进路。

2)进路解锁

进路的解锁过程指将已被锁闭的道岔和进路予以解锁。进路解锁直接涉及行车安全,因而进路解锁过程比进路建立过程更重要。进路解锁可分为以下两种情况:

(1)未驶入进路。

①取消进路。当列车未进入接近区段且未进入进路时,可以采用取消进路方式使进路解锁。办理取消进路手续后,首先使进路的防护信号自动关闭,然后使进路自动解锁。

②人工解锁。如果列车或调车车列已经进入接近区段但未进入进路,则必须采用人工延时解锁方式来使进路解锁。办理人工延时解锁进路手续后,首先使进路的防护信号自动关闭,然后开始延时,延时结束后如果列车或车列未进入进路,则进路自动解锁,若延时过程中车列进入进路,则不能解锁。

(2)已驶入进路。当列车或车列驶入进路后,根据进路中设备是否能自动解锁,有两种解锁方式,即正常解锁和故障解锁。

①正常解锁。在进路中信号设备工作正常的情况下,随着列车或车列的前行,列车或车列后方的区段将自动分段解锁,直到整条进路自动解锁。分段解锁,指随着列车的运行,每通过一个区段,该区段将自动解锁。

②故障解锁。列车通过进路时,在进路中部分信号设备出现故障的情况下,进路中部分区段将不能正常解锁,必须通过人工办理故障解锁来使没有解锁的轨道电路区段解锁。

3. 闭塞

1)闭塞的概念

信号系统的基本功能之一就是行车间隔控制,通过把铁路划分为若干个区间,在同一时间,每个区间只允许一辆列车进入,就能保证前行列车和追踪列车保持一定距离,把列车分隔在两个空间之内,从而有效地防止列车追尾和正面冲突。通过使用信号或凭证,来保证列车按照空间间隔制运行的技术方法,就称为闭塞行车法,简称闭塞。

2)闭塞的分类

从闭塞的发展过程和实现方式,闭塞可分为人工闭塞、半自动闭塞、自动闭塞。

(1)人工闭塞。采用电气路签或路牌作为列车占用该区间的凭证,由接车站值班员检查区间是否空闲。由于这种方法在交接凭证和检查区间状态时都要依靠人工完成,难以避免人员失误,因此这种闭塞方法一般不再使用。

(2)半自动闭塞。人工办理闭塞手续,列车凭信号显示发车后,出站信号机自动关闭的闭塞。

(3)自动闭塞。根据列车运行及轨道占用检查到的有关闭塞分区的状态,自动变换通过信号机的显示,司机凭信号显示行车。自动闭塞分为固定闭塞、准移动闭塞和移动闭塞三类。

4. 超速防护技术

超速防护技术是指在列车运行中通过车载设备实时监控列车速度,一旦列车速度超过当前允许速度,则自动实施制动,使列车减速,或在危险点显示禁止信号的信号机或停车标前方停车。

正常情况下,安装了自动列车防护车载设备的列车仍然由司机驾驶。只是司机必须按照监控系统给出的允许速度行车，否则设备将自动对列车施加干预、制动，这就有效消除了列车运行中司机误操作或失去警惕引发的安全隐患，大大提高了城市轨道交通系统的安全性能。

技能训练

<table>
<tr><th colspan="7">训练工单:认识信号系统</th></tr>
<tr><td colspan="7">姓名:________　班级:________　日期:________</td></tr>
<tr><td>任务目标</td><td>指导老师</td><td colspan="5"></td></tr>
<tr><td rowspan="2">1. 熟知信号的作用;
2. 了解信号系统的发展史;
3. 熟知信号系统的原理</td><td>团队成员</td><td></td><td></td><td></td><td></td><td></td></tr>
<tr><td>分工职责</td><td></td><td></td><td></td><td></td><td></td></tr>
<tr><td>任务内容</td><td colspan="6">利用网络检索或实地调研等方式，以小组为单位调研城市轨道交通信号系统发展历程</td></tr>
<tr><td rowspan="2">引导问题</td><td colspan="6">设置城市轨道交通信号系统的目的是什么?</td></tr>
<tr><td colspan="6"></td></tr>
<tr><td>任务实施</td><td colspan="6">分小组进行实地调研或网络搜索，了解城市轨道交通信号系统发展历史，制作 PPT 进行报告展示</td></tr>
</table>

任务评价

序号	评价内容	评价标准	分数	评分记录		
				学生自评	组间互评	教师评分
1	信号系统的作用	准确描述出信号系统作用	20			
2	信号系统发展历程	准确进行信号系统发展历程的调研和介绍	40			
3	信号系统控制原理	准确阐述信号系统控制原理	40			
总成绩			100			

巩固与练习

一、填空题

1. 信号系统可以提高地铁列车行车的________。
2. 进路控制过程可分为进路的建立和________两个过程。

二、简答题

1. 简述进路的建立过程。
2. 简述进路的解锁过程。
3. 简述闭塞的分类。

学习任务二　认知信号基础设备

视频

认知信号基础设备

任务导入

近些年，根据地铁运营公司的不完全统计，信号基础设备包含信号继电器、信号机、转辙机、计轴器、应答器等，维护工作量占所有信号维护人员维护工作量的50%以上。在轨道交通运营历程中，由于信号基础设备故障造成的行车事故数不胜数。

任务目标

知识目标

(1)了解信号基础的类型。

(2)理解信号基础设备的功能。

能力目标

(1)能认知信号基础设备。

(2)能指出信号基础设备位置分布。

素质目标

培养严肃认真、团结合作的意识。

任务描述

通过本任务的学习，学生能够认识继电器、信号机、转辙机、轨道电路、计轴器、查询应答器等设备，并准确判断设备的工作状态，达到城市轨道交通运营维护人员的基本能力要求。

核心知识

一、信号继电器

如果把城市轨道交通信号总体构成分成四层，那么信号基础设备位于第一层，也就是最底层，为整个信号系统的正确运行提供重要支持，如图5-5所示。

继电器是自动控制系统中常用的器件，它用于接通和断开电路，用以发布控制命令和反映设备状态，以构成自动控制和远程控制电路。轨道交通信号系统中广泛采用的继电器，称为信号继电器，是轨道交通信号系统中的重要部件。继电器无论是作为继电式信号系统核心部件，还是作为电子式或计算机式信号系统的接口部件，其动作的可靠性都会直接影响到信号系统整体的可靠性和安全性。轨道交通常用的继电器如图5-6所示。

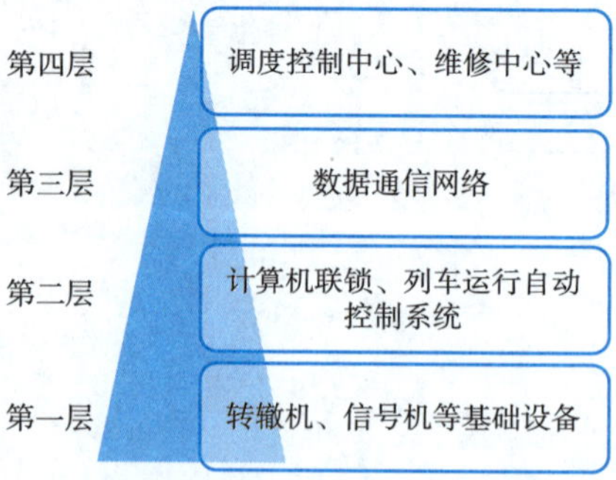

图5-5　城轨信号系统层次构架

图5-6　继电器实物图

信号继电器是地铁信号设备中的“第一关”，是保障地铁信号设备正常工作的重要前提条件。继电器设备故障往往会给地铁运营带来很大的影响。继电器通常安装在组合架上，轨道交通继电器组合架如图5-7所示。

图 5-7　轨道交通继电器组合架

在轨道交通信号系统中，凡是涉及行车安全的继电电路都必须采用安全型继电器。安全型继电器分为插入式和非插入式。在实际使用中，为便于维修，多采用插入式继电器。常用的安全型继电器包括直流无极继电器、整流继电器、有极继电器、偏极继电器、交流二元继电器等。

二、信号机

信号机是指利用不同颜色和数量的灯光显示指挥行、调车命令的固定机器。城市轨道交通的地面信号是列车运行的“辅助信号”，平时这些信号机都由列车自动控制系统自动控制。城市轨道交通信号采用与铁路信号相同的色灯信号机，但设置原则、信号显示意义、显示距离等与铁路信号有所不同。地铁现场的信号机如图 5-8 所示。

城市轨道交通信号机通常包括以下类型：

1. 进站信号机

进站信号机设在车站的入口处，用来指示列车能否由区间进入车站，当站内不具备接车条件时，不准列车进入站内；或者指示列车进站后的运行条件，确认是停车还是通过。进站信号机的定位显示为绿色灯光。进站信号机的显示含义如下：

(1)绿色灯光：准许列车按规定的速度越过该信号机。

(2)红色灯光：不准列车越过该信号机。

进站信号机如图 5-9 所示。

图 5-8　地铁现场信号机

图 5-9　进站信号机

2. 出站信号机

出站信号机设在车站正线出口处，用于指示列车在站内的停车位置，同时也作为列车占用区间或闭塞分区的行车凭证。出站信号机采用绿、红二灯位信号机构，定位显示为红色灯光。出站信号机的显示含义如下：

(1)绿色灯光：准许列车按规定的速度越过该信号机。

(2)红色灯光:不准列车越过该信号机。

出站信号机如图 5-10 所示。

3. 区间分割信号机

区间分割信号机设在站间间距较大的站间区间内,按站间自动闭塞行车时,作为列车占用闭塞区间的行车凭证。区间分割信号机的定位显示为红色灯光。区间分割信号机显示含义如下:

(1)绿色灯光:准许列车按规定的速度越过该信号机。

(2)红色灯光:不准列车越过该信号机。

区间分割信号机如图 5-11 所示。

图 5-10　出站信号机

图 5-11　区间分割信号机

4. 防护信号机

防护信号机向司机提示道岔状态及位置,指示列车运行方向,锁闭该信号机进路上的有关道岔及敌对信号,防护闭塞区间,确保调车作业的顺利进行及行车安全。

防护信号机一般包括正线道岔防护信号机和出站兼道岔防护信号机,采用黄、绿、红三灯位信号机构,定位显示为红色灯光。防护信号机的显示含义如下:

(1)红色灯光:不准列车越过该信号机。

(2)绿色灯光:表示进路开通直向,准许列车按规定的速度越过该信号机。

(3)黄色灯光:表示进路开通侧向,准许列车按规定的速度越过该信号机。

(4)黄色灯光 + 红色灯光:表示开放引导信号,准许列车以不大于规定速度越过该信号机并须准备随时停车。

防护信号机有高柱和矮型之分。防护信号机如图 5-12 所示。

图 5-12　防护信号机

5. 阻挡信号机

调车线路尽头线处设置阻挡信号机,表示列车停车位置。或在停运检修期间指示检修作业位置，阻挡列车越过，确保安全。阻挡信号机包括折返进路终端阻挡信号机和线路尽头阻挡信号机。阻挡信号机如图 5-13 所示。

6. 进段/场信号机

进段/场信号机设在车辆段、车场进口处，采用黄、绿、红三灯位信号机构，定位显示为红色灯光。进段/场信号机显示含义如下：

(1)绿色灯光：表示进路开通直向，准许列车按规定速度越过该信号机。

(2)黄色灯光：表示进路开通侧向，准许列车按规定速度越过该信号机。

(3)红色灯光：不准列车越过该信号机。

(4)黄色灯光＋红色灯光：表示开放引导信号，准许列车以不大于规定速度越过该信号机并须随时准备停车。

进段/场信号机如图 5-14 所示。

图 5-13　阻挡信号机

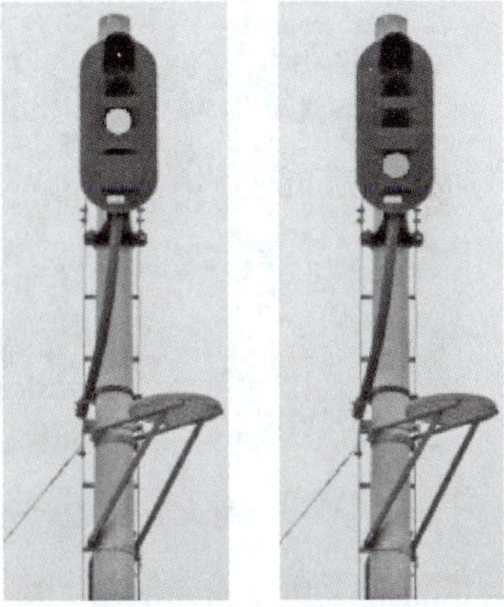

图 5-14　进段/场信号机

7. 出段/场信号机

出段/场信号机设在车辆段、车场出口处，通常采用绿、红二灯位信号机构，定位显示为红色灯光。出段/场信号机显示含义如下：

(1)绿色灯光：准许列车按规定的速度越过该信号机。

(2)红色灯光：不准列车越过该信号机。

出段/场信号机如图 5-15 所示。

图 5-15　出段/场信号机

8. 段/场调车信号机

段/场调车信号机是为保证行车调车安全，在每个调车进路入口处设置的信号机。段/场调车信号机采用月白、蓝二灯位信号机构，定位显示为蓝色灯光。段/场调车信号机显示含义如下：

(1)月白色灯光：准许列车按规定速度越过该信号机进行调车作业。

(2)蓝色灯光：不准越过该信号机进行调车作业。

其他站场或线路的联络线上的调车信号机也有采用月白、红二灯位信号机构，定位显示为红色灯光，显示含义如下：

(1)月白色灯光：准许列车按规定速度越过该信号机进行调车作业。

(2)红色灯光：不准越过该信号机进行调车作业。

段/场调车信号机如图5-16所示。

图5-16　段/场调车信号机

说明：具备引导功能的出站信号机、区间分隔信号机、出段/场信号机采用三灯位信号机构，显示含义同防护信号机。

三、转辙机

1. 转辙机的概念

转辙机是道岔的转换装置，用来实现转换道岔、锁闭道岔及反映道岔尖轨所处的位置。转辙机是道岔动作的动力部分，其通过杆件做直线运动，从而使道岔尖轨通过进行位移来改变道岔的位置，并给出道岔状态的表示。转辙机基本任务是转换道岔、锁闭道岔和表示道岔的位置和状态。转辙机除转辙机本身外，还包括锁闭装置和各类杆件及安装装置，它们共同完成道岔尖轨的转换和锁闭。转辙机如图5-17所示。

图5-17　转辙机

2. 转辙机的作用

(1)转换道岔的位置,根据需要转换至定位或反位。

(2)道岔转至所需位置而且密贴后,实现锁闭,防止外力转换道岔。

(3)正确反映道岔的实际位置,道岔的尖轨密贴于基本轨后,给出相应的表示。

(4)道岔被挤或因故处于“四开”(尖轨与基本轨不密贴)位置时,及时给出报警及表示。

3. 转辙机的分类

1)按动作能源和传动方式分类

按动作能源和传动方式分类,转辙机可分为电动转辙机、电动液压转辙机和电空转辙机。

(1)电动转辙机由电动机提供动力,采用机械传动方式,ZD6 系列转辙机和 S700K 型转辙机都属于电动转辙机。

(2)电动液压转辙机由电动机提供动力,采用液力传动的方式,如 ZY(J)系列转辙机属此类别。

(3)电空转辙机由压缩空气作为动力,由电磁换向阀控制,如 ZK 系列转辙机属此类别。

2)按供电电源分类

按供电电源分类,转辙机可分为直流转辙机和交流转辙机。

(1)直流转辙机采用直流电动机,工作电源是直流电。ZD6 系列电动转辙机、电空转辙机就是直流转辙机,由直流供电。直流转辙机的缺点是由于存在换向器和电刷,易损坏,故障率较高。

(2)交流转辙机采用三相交流电源,由三相异步电动机作为动力来源。S700K 型电动转辙机和 ZYJ7 型电动液压转辙机为交流转辙机。交流转辙机采用感应式交流电动机,不存在换向器和电刷,因此故障率低,而且单芯线缆控制距离远。

3)按锁闭道岔方式分类

按锁闭道岔方式分类,转辙机可分为内锁闭转辙机和外锁闭转辙机。

(1)内锁闭转辙机依靠转辙机内部的锁闭装置锁闭道岔尖轨,是间接锁闭的方式。ZD6 系列等大多数转辙机均采用内锁闭方式。内锁闭方式的缺点是:锁闭可靠程度较差,列车对转辙机的冲击大。

(2)外锁闭转辙机虽然内部也有锁闭装置,但主要依靠转辙机外的外锁闭装置锁闭道岔,将密贴尖轨直接锁于基本轨,将分离尖轨锁于固定位置,是直接锁闭的方式。S700K 型和 ZYJ7 型转辙机采用外锁闭方式。外锁闭方式锁闭可靠,列车对转辙机几乎无冲击。

4)按动作速度分类

按动作速度分类,转辙机分为普通动作转辙机和快动转辙机。动作时间在 3.8 s 以上的为普通动作转辙机,动作时间在 0.8 s 以下的为快动转辙机。

5)按是否可挤岔分类

按是否可以挤岔分类,转辙机分为可挤型和不可挤型。电动转辙机和电液转辙机都有可挤型和不可挤型。

可挤型转辙机内设挤岔保护装置,道岔被挤时,动作杆解锁,保护整机。不可挤型转辙机内不设挤岔保护装置,道岔被挤时,挤坏的是动作杆与整机连接结构,需要整机更换。

ZD6 型转辙机如图 5-18 所示,S700 型转辙机如图 5-19 所示。

图 5-18　ZD6 型转辙机

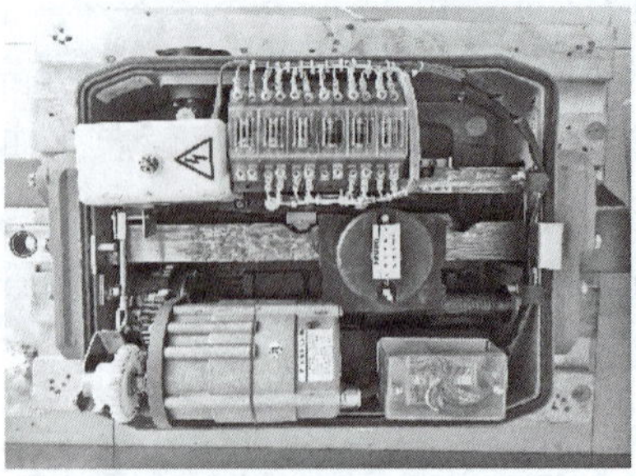

图 5-19　S700K 型转辙机

四、轨道电路

1. 轨道电路的工作原理

轨道电路是以线路的两根钢轨为导体，两端加以电气绝缘或电气分割，并接上发送设备和接收设备构成的电路。轨道电路是轨道交通信号的重要基础设备，不仅用来检查线路空闲，还可以向列车传输信息，成为信号和列控车载设备工作的基础，它的性能直接影响行车安全和运输效率。轨道电路如图 5-20 所示。

图 5-20　轨道电路

(1)发送设备：发送设备所发送的信号具有指定的信息特征，例如信号的频率参数、相位参数或持续时间等，信号信息特征的具体值可以由本轨道电路的状态决定，也可以按列车运行方向由前方相邻的一个或多个轨道电路的状态决定。

(2)接收设备：接收由轨道传送的信号，并根据信号的信息特征控制相应的防护设备，如区间通过信号机给出相应的色灯显示。

(3)轨道绝缘：主要分为机械绝缘和电气绝缘两种，其目的是对钢轨上的不同的轨道电路进行分隔，避免信号的相互串扰。

以电化区段有绝缘轨道电路为例，轨道电路原理图如图 5-21 所示。

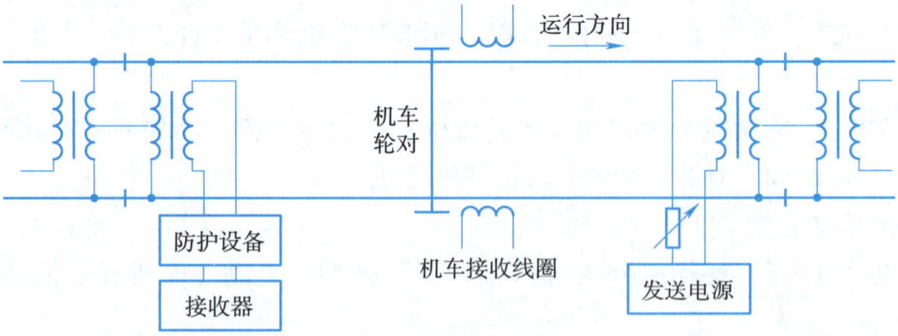

图 5-21　轨道电路原理图

2. 轨道电路的工作状态

轨道电路工作状态主要包括调整状态、分路状态和断轨状态三种。

1)轨道电路调整状态

轨道电路的调整状态如图 5-22 所示。当轨道电路处于空闲状态,并且线路自身完好,发送设备和接收设备工作正常时,发送设备所发出的信号电流经一根钢轨流向接收设备,再经由接收设备沿另一根钢轨流回发送设备,此时由于没有列车占用,轨道电路的接收设备能够接收到发送设备所发出的足够强度的信号电流,并根据信号信息特征的不同,显示本轨道电路"空闲"。

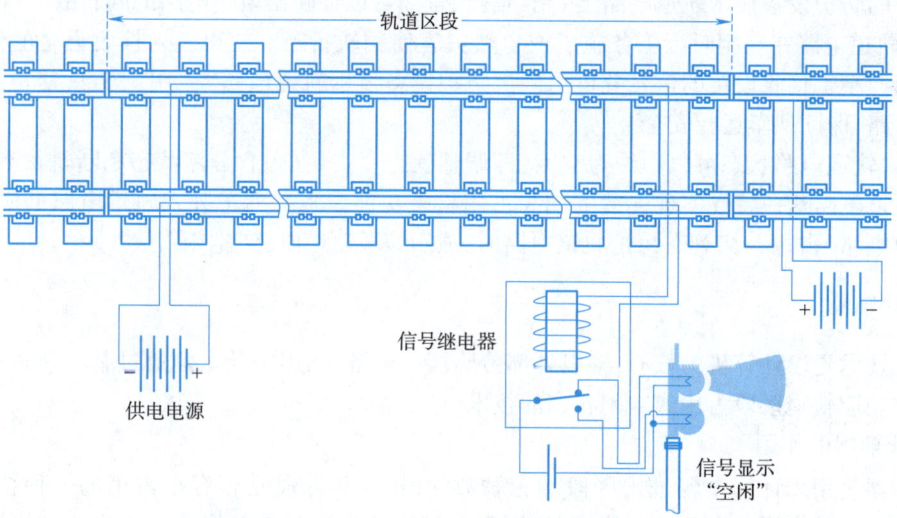

图 5-22　轨道电路的调整状态

2)轨道电路分路状态

轨道电路的分路状态如图 5-23 所示。在轨道电路的设备工作正常的情况下,由于列车的驶入而使轨道电路被列车轮对分路,由于列车的分路电阻小于接收设备的输入阻抗,而使得流入接收设备的信号电流明显下降而小于接收设备的信号分析门限,进而使接收设备控制相应的防护设备显示轨道电路"占用",进而对驶入本轨道电路的列车起到防护的作用。

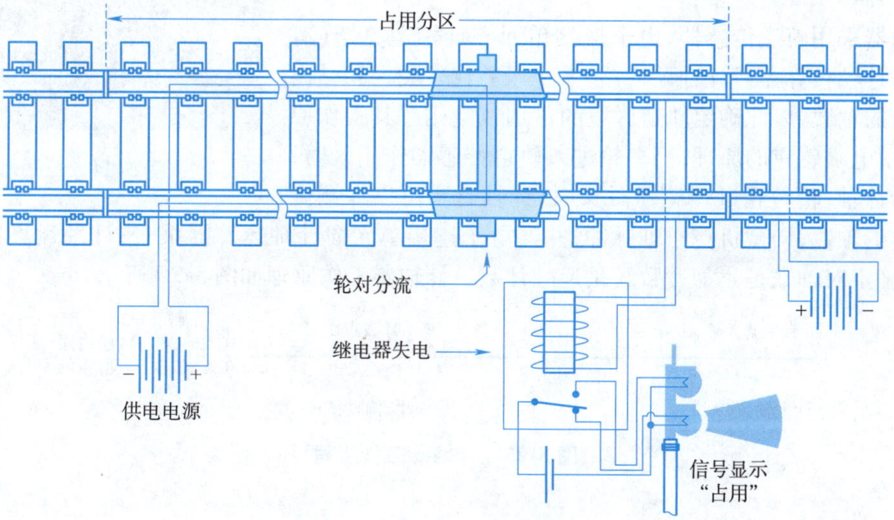

图 5-23　轨道电路的分路状态

3）轨道电路断轨状态

轨道电路的断轨状态主要分以下两种情况：

（1）列车在钢轨上行驶的冲击力使钢轨折断，这时，轨道电路在钢轨折断前已经被列车轮对分路，显示轨道电路“占用”信息，因此，列车出清轨道区段后，由于断轨而使得流入接收设备的信号电流明显下降而小于接收设备的信号分析门限，轨道电路不能转换为调整状态，接收设备仍然控制相应的防护设备显示轨道电路“占用”信息，进而可以反映出轨道电路的断轨故障情况。

（2）轨道电路在空闲时因工务施工或自然灾害使钢轨折断。使得流入接收设备的信号电流明显下降而小于接收设备的信号分析门限。防护设备显示轨道电路“占用”信息，禁止列车驶入本轨道电路，保证列车运行安全。

显然，轨道电路状态可以归纳为空闲（即调整状态）、占用（包含分路状态和断轨状态）。也正是利用轨道电路这一特性实现连续的列车占用检查功能。当有列车驶入轨道电路的时候，显示该段轨道电路“占用”；当列车出清轨道电路时，显示该段轨道电路“空闲”。

五、计轴器

计轴技术是以计算机为核心，辅以外部传感器等设备，利用统计车辆通过某一轨道区段的轴数来检测相应轨道区段占用或空闲状态的技术。

1. 计轴器的作用

计轴器是用于计算车辆进出区段的轮轴数、分析计算区段是否有车占用的一种技术设备。它具有检查区段占用与空闲的功能，而且不受轨道线路道床状态等影响。作为检查区段的安全设备，其作用和轨道电路等效，是目前实现站间闭塞的较为理想的设备。图5-24所示为计轴器实物图。

在采用基于通信的列车控制系统（communication based train control，CBTC）的城市轨道交通线路上，当无线传输设备发生故障时，通常使用计轴器来检测列车的位置，构成“降级”信号。

图5-24　计轴器

2. 计轴器的工作原理

计轴器采用轨道传感器、电子连接单元和计轴运算器（有时也称为计轴核算器或计轴评估器）来记录并比较驶入和驶出轨道区段的轴数，以此确定轨道区段的占用或空闲。其工作原理是：利用电磁感应的原理，当车轮进入轨道传感器作用区时，微机开始计轴，轮对经过传感器磁头时，计轴磁头可以探测到通过列车的轴数，向微机传送轴脉冲，并经电子连接单元向计轴运算器报告；计轴运算器判定运行方向，确定对轴数是累加计数还是递减计数。计轴器工作原理如图5-25所示。

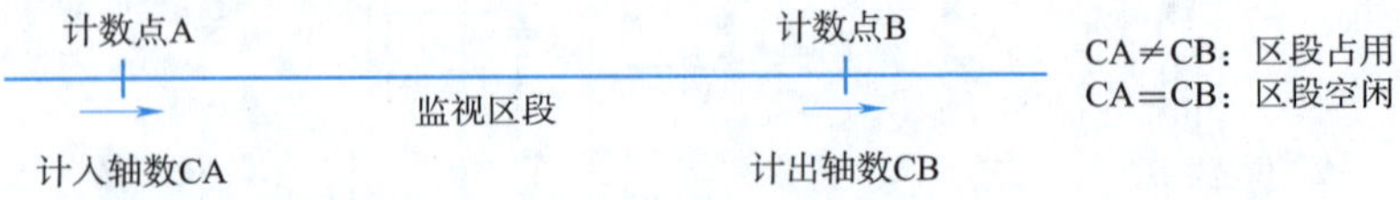

图5-25　计轴器工作原理

六、查询应答器

查询应答器主要用于地-车之间的数据交换，其交换的形式可以是单向的也可以是双向的。

查询应答器可为列车自动防护系统提供其所需的各种控车信息。

1. 查询应答器的工作原理

查询应答器是一种基于电磁耦合原理实现的地－车间高速数据传输的点式传输系统，用于在特定地点从地面向列车传送信息。查询应答器由地面应答器和车载天线两部分组成。

地面应答器安装在轨道中间轨枕上，不要求外加电源，通常处于休眠状态，列车经过时，地面应答器被车载天线发送的功率载波能量瞬时激活，将接收到的电磁能量转换成电能，并利用这些电能调出存储信息，经调制后循环向车载设备发送报文信号，车载天线接收应答器所发射的报文信号，经译码处理后发送给列控车载设备安全计算机使用。

图 5-26 所示为查询应答器车上设备——BTM 天线实物照片，图 5-27 所示为查询应答器地面设备——地面应答器实物照片。

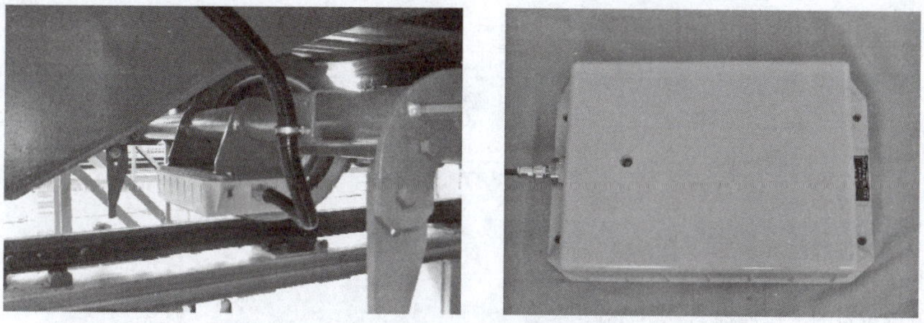

图 5-26　BTM 天线实物图

图 5-27　地面应答器

2. 查询应答器的分类

1）无源应答器

无源应答器是一种可以发送数据报文的高速数据传输设备，通过接收车载天线传递的载频能量获得电源和时钟，驱动应答器中的信号发生器工作，循环无缝地发送存储在应答器中的数据报文，并能够通过应答器报文读写器修改应答器中的报文数据。

2）有源应答器

有源应答器通过传输介质接收来自地面电子单元（LEU）的 8.82 kHz 偏置电压信号和 DBPL 编码形式的应答器报文，获得有源应答器工作电源，并将 DBPL 报文信号反变换为 NRZ 码；当车载天线经过有源应答器时，利用天线发送的射频能量将可变报文发送出去。

有源应答器中保存应答器默认报文，当 LEU 或有源应答器电缆故障时，通过接收车载天线传递的载频能量获得电源和时钟，驱动应答器中的信号发生器工作，循环地发送存储在应答器中的默认报文，并能够通过应答器报文读写器修改应答器中的默认报文数据。

知识拓展

四毫米“舞台”上的“十二绣娘”

中铁呼和浩特局包头电务段检修检测工区12名女工，清一色是“85后”的女孩。她们负责5万多台信号继电器的检修维护工作，而这4毫米的继电器就是12个女孩的“舞台”。从新继电器的检测、编号、登记、归档、派用，再到旧继电器的清洁、维护、反复有效利用，每一个环节都容不得有任何的疏忽，在不足4毫米的继电器接点柱上，她们完成捏、提、夹等一系列动作。工作虽枯燥、烦琐，但责任重大，“十二绣娘”用她们的慧心和巧手保障旅客的出行安全。

技能训练

<table>
<tr><td colspan="7">训练工单：认识轨道交通信号基础设备</td></tr>
<tr><td colspan="7">姓名：________ 班级：________ 日期：________</td></tr>
<tr><td>任务目标</td><td>指导老师</td><td colspan="5"></td></tr>
<tr><td rowspan="2">1. 识别信号基础设备的位置；
2. 理解信号基础设备的功能；
3. 掌握信号基础设备的工作原理</td><td>团队成员</td><td></td><td></td><td></td><td></td><td></td></tr>
<tr><td>分工职责</td><td></td><td></td><td></td><td></td><td></td></tr>
<tr><td>任务内容</td><td colspan="6">作为车站信号维护工，需要了解工区内信号设备的运行状态，以小组为单位进入轨道交通实训中心，利用实训中心实际信号设备识别信号基础设备的位置并描述各设备的作用</td></tr>
<tr><td>引导问题</td><td colspan="6">1. 轨道交通信号基础设备有哪些？
______
______
______
2. ATS工作站发布命令后，信号设备是如何动作的？
______
______
______</td></tr>
<tr><td colspan="7">任务实施</td></tr>
<tr><td colspan="7">以小组为单位观察轨道交通实训中心信号设备，填写完成表格中各设备的名称功能。教师操纵列车自动监控系统（automatic train supervision，ATS）工作站使设备动作，小组成员观察继电器动作过程、信号机状态变化、转辙机牵引尖轨转换的过程</td></tr>
</table>

序号	设备图示	设备名称及位置	主要功能、原理
1	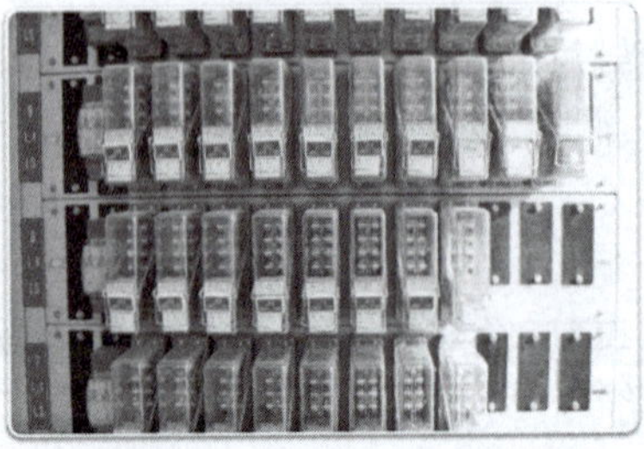		

续表

任务实施			
序号	设备图示	设备名称及位置	主要功能、原理
2			
3			
4			
5			
6			

任务评价

序号	评价内容	评价标准	分数	评分记录		
				学生自评	组间互评	教师评分
1	信号基础设备的类型	准确描述出设备类型	10			
2	信号基础设备的分布位置	准确区分设备的位置	20			
3	信号基础设备的主要功能	准确阐述设备的功能	40			
4	信号基础设备工作原理	准确理解设备工作原理	30			
总成绩			100			

巩固与练习

一、选择题

1. 信号机的绿色灯光通常用来表示(　　)。

A. 禁止信号　　B. 允许信号　　C. 调车信号　　D. 减速信号

2. 调车信号机通常采用(　　)显示机构。

A. 1　　B. 3　　C. 2　　D. 4

3. 轨道电路区段被车辆占用,轨道继电器落下,轨道电路这种状态就是(　　)。

A. 开路状态　　B. 分路状态　　C. 调整状态　　D. 断路状态

二、填空题

1. 常用的安全型继电器包括________、整流继电器、有极继电器、________、交流二元继电器等。

2. ________是以线路的两根钢轨为导体,两端加以电气绝缘或电气分割,并接上发送设备和接收设备构成的电路。

3. 转辙机的基本任务包括转换道岔、________和表示道岔的位置和状态。

4. ________应答器只能发送固定的数据报文。

三、简答题

1. 城市轨道交通信号系统有哪些基础设备?

2. 简述城市轨道交通信号机的类型。

3. 简述城市轨道交通转辙机的功能。

4. 简述查询应答器的主要功能。

视频

认知信号系统

学习任务三　认知信号系统组成

任务导入

2022年1月,一辆以冰雪蓝为主色调的“复兴号”列车从北京清河站1号站台缓缓开出。得益于自动驾驶系统，这趟复兴号冬奥智能型动车组列车在世界上首次实现时速350公里自动驾驶，具备车站自动发车、区间自动运行、到站自动停车、车门自动控制等功能，运行以来实现了停车精准度和列车运行正点率两个百分百。

任务目标

知识目标

(1)了解信号系统的组成。

(2)理解信号系统的功能。

能力目标

(1)能认识信号系统相关设备。

(2)会对列车自动监控系统工作站进行简单操作。

素质目标

(1)培养“安全第一、爱岗敬业、使命担当”的工作意识和作风。

(2)培养学生理论联系实际的学习习惯，激发学生浓厚的学习兴趣，培养自主学习等良好的学习习惯。

任务描述

通过本任务学习，学生能够认识列车自动控制系统(ATC)、列车自动防护系统(ATP)、列车自动驾驶系统(ATO)、列车自动监控系统(ATS)的相关设备组成，并准确理解系统的作用，达到城市轨道交通运营维护人员的基本能力要求。

核心知识

一、信号系统组成

列车自动控制系统(automatic train control，ATC)是将先进的控制技术、通信技术、计算机技术与轨道交通信号技术融为一体的具备行车指挥控制与管理功能的自动化系统。ATC是保障轨道交通行车安全、提高运输效率的核心，是标志一个国家轨道交通技术装备现代化水准的重要组成部分。

列车自动控制系统(ATC)是城市轨道交通运行控制系统的重要组成部分，由列车自动防护(automatic train protection，ATP)、列车自动驾驶(automatic train operation，ATO)和列车自动监控(automatic train supervision，ATS)三个子系统组成，简称3A子系统。各子系统之间相互支持，实现对列车的控制，保障列车行驶的安全和运输效率的提高。ATC系统基本构成框架如图5-28所示。

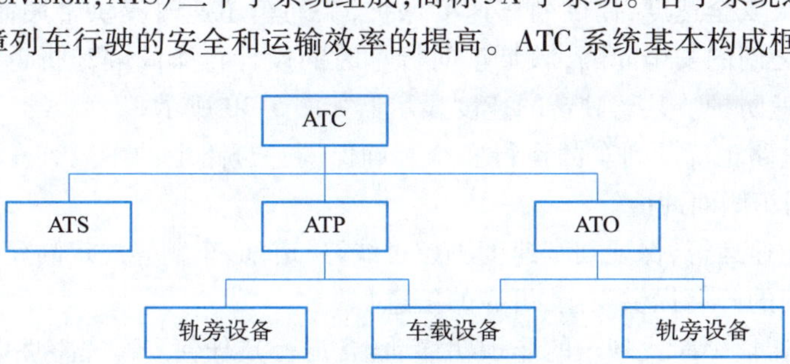

图5-28　ATC系统基本构成框架

三个子系统通过信息交换网络构成闭环系统，实现地面控制与车上控制结合，现地控制与中央控制结合，构成一个以安全设备为基础，集行车指挥运行调整及列车驾驶自动化等功能为一体的列车自动控制系统。

ATP 系统的主要功能是通过列车 ATP 设备和地面 ATP 设备间的信息传输来实现列车间隔控制与速度控制，保证行车安全。

ATO 系统主要通过车载 ATO 设备完成站间自动运行、列车速度调节和进站定点停车，并能接收控制中心的运行调度命令，实现列车的运行自动调整。

ATS 系统的主要功能是监督列车运行状态，采用软件方法实现联网通信及列车运行管理自动化。

二、ATP 系统

列车自动防护（ATP）系统为列车行驶提供安全保障，有效降低列车驾驶员的劳动强度，提高行车效率。ATP 系统主要由两部分组成，即用以实现控制列车运行的车载设备，和用以产生控制信息的轨旁设备。ATP 车载设备组成如图 5-29 所示。ATP 轨旁设备可以设置点式应答器、轨道电路或计轴器，向列车传递有关信息，由安装在列车上的设备接收和处理。

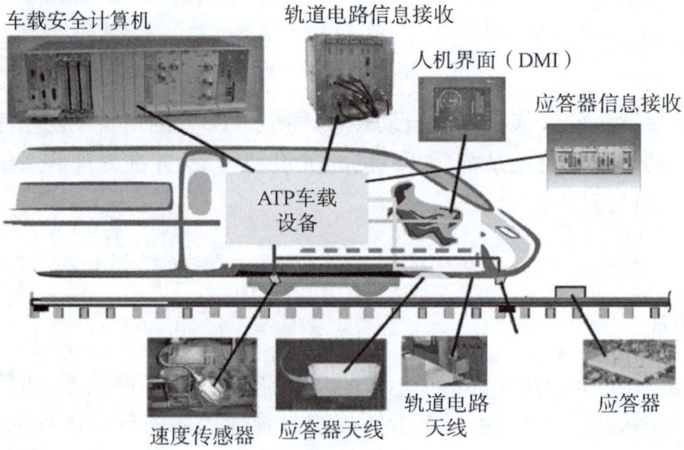

图 5-29　ATP 车载设备

ATP 系统主要功能：

（1）自动连续地对列车位置进行检测，并向列车发送必要的速度、距离、线路条件等信息，以确定列车运行的最大安全速度，提供列车速度保护，在列车超速时提供常用制动或紧急制动，保证前行与后续列车之间的安全间隔，满足正向行车时的设计行车间隔和折返间隔。对反向运行列车能进行列车超速防护。某驾驶台的速度显示器如图 5-30 所示。

（2）确保列车进路正确及列车的运行安全。确保同一进路上的不同列车之间具有足够的安全距离，以及防止列车侧面冲撞等。

（3）防止列车超速运行，保证列车速度不超过线路、道岔、车辆等规定的允许速度。

（4）为列车车门的开启提供安全、可靠的信息。

（5）任何车-地通信中断及列车的非预期移动（含退行）、任何列车完整性电路的中断、列车超速、车载设备故障等均将产生安全性制动。

（6）实现与 ATS 系统的接口和有关的交换信息。

（7）系统的自诊断、故障报警、记录。

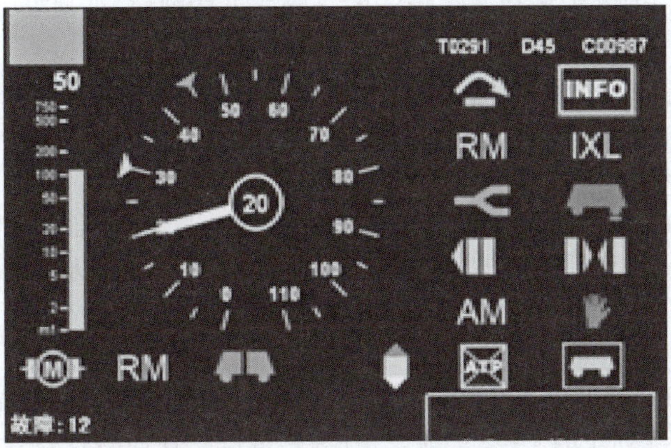

图 5-30 驾驶台速度显示器

(8)列车的实际速度、允许速度、目标速度、目标距离等信息的记录和显示，具有人工或自动轮径磨耗补偿功能。

三、ATO 系统

列车自动驾驶(ATO)系统是提高城市轨道交通列车运行水平(如准点、平稳、节能)技术措施。ATO 系统实现正常情况下高质量的自动驾驶，提高列车运行效率，增强列车运行舒适度，节省能源。

ATO 系统实现列车自动驾驶，需要 ATP 和 ATS 提供支持。ATP 向 ATO 提供列车运行的速度、线路允许速度、目标速度和目标距离，以及列车当前所处位置等基本信息；ATS 向 ATO 提供列车运行作业和计划。图 5-31 所示为列车自动驾驶控制台和启动按钮。

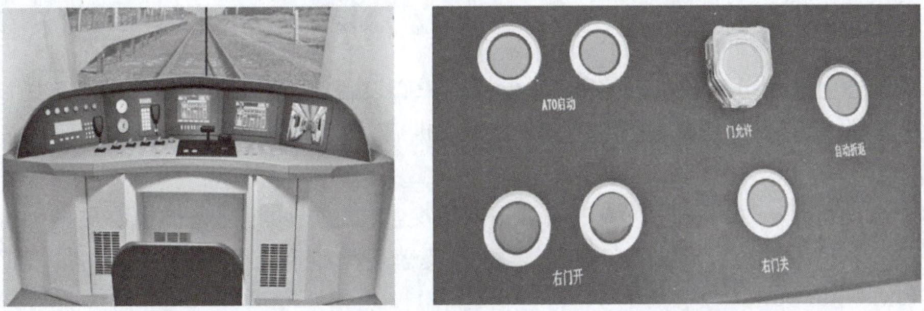

图 5-31 列车自动驾驶控制台和启动按钮

ATO 系统主要功能：

(1)自动完成对列车的起动、牵引、巡航、惰行和制动的控制，以较高的速度进行追踪运行和折返作业，确保达到设计间隔及运行速度。

(2)在自动监控范围的入口及各站停车区域(含折返线、停车线)进行车-地通信，将列车有关信息传送至 ATS 系统，以便于 ATS 系统对在线列车进行监控。在列车停车期间，ATS 系统监督列车时刻表，计算需要的停站时间，以保证列车正点到达下一个车站，ATO 系统将根据 ATS 系统的发车命令及停车时间控制列车自动发车。

(3)控制列车按照运行图运行，达到节能及自动调整列车运行的目的。ATO 系统可在设定的速度曲线内保持列车速度。为增加乘客舒适度并获得可驾驶性,加速度、减速度和冲击率都被ATO控制在可行值以内。

(4)自动驾驶时,实现车站站台定点停车控制、舒适度控制及节省能源控制。ATO系统根据列车速度、预先确定的制动率和距停车点的距离计算制动特征,以确保在停车点精确停车,列车停车后,ATO系统保持制动,以避免列车运行。

(5)能根据停车站台的位置及停车精度,自动地对车门进行控制。

(6)与ATS系统和ATP系统结合,实现列车自动驾驶、有人或无人驾驶。

四、ATS系统

列车自动监控(ATS)系统是整个城市轨道交通运营的重要部分,它需要ATP和ATO系统的支持,根据时刻表对全线列车的监控,实现进路控制、运行图管理、列车移动监督、运行调整和仿真与培训等功能,如图5-32所示。

图5-32 ATS监控系统

ATS系统通常采用分布式的网络系统,由控制中心设备、车站设备、车辆段/停车场设备组成。为了保证ATS系统的高可用性,关键设备均采用双机热备或集群方式的冗余配置。

1. 控制中心设备

控制中心设备是ATC系统的核心,通常用网络交换机组成两个热备的中心局域网,用于状态表示、运行控制、运行调整、车次追踪、时刻表编制及运行图绘制、运行报告、调度员培训、与其他系统的接口。

2. 车站设备

车站分集中联锁站和非集中联锁站。

(1)集中联锁站主要由ATS分机以及车站现地控制工作站组成。ATS分机是设备集中站的核心设备,负责与车站联锁系统、车站ATP系统、发车指示器进行接口,负责将联锁采集的表示信息,以及车站ATP设备传递过来的列车位置、状态等信息传递到调度中心ATS系统。

车站现地控制工作站,提供列车运行的本地显示和经由ATS授权后的联锁区域本地控制功能。ATS车站现地控制工作站用户监视本联锁区内列车的移动。ATS工作站如图5-33所示。

(2)非集中联锁站也由ATS分机以及车站现地控制工作站组成。ATS分机只是一个经过功能裁剪的轻量级的分机。非集中联锁站的ATS分机不需与联锁和ATP设备接口,只需要完成发车指示器信息内容的计算驱动,负责车站现地控制工作站与中心以及其他系统数据的转发。非

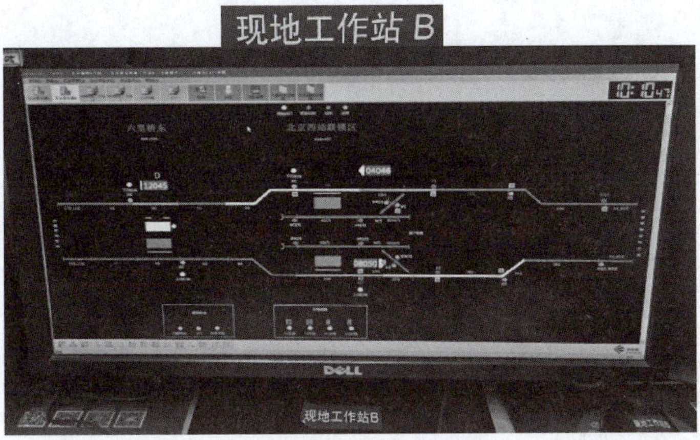

图 5-33　ATS 工作站

集中联锁站的现地控制工作站也较集中联锁站的现地控制工作站简单，主要是提供站场以及列车车次号监视功能，另外，提供基本的扣车、跳停办理等功能。

非集中联锁站设备功能简单，根据不同的应用要求，可以省略分机系统，将现地控制工作站与设备集中站分机相连。

3. 车辆段/停车场设备

车辆段一般设一台 ATS 分机，用于采集车辆段内存车库线的列车占用与进/出车辆段的列车信号机的状态，在控制中心显示屏上给出信息的显示，以便控制中心及车辆段值班员及车辆管理人员了解段内停车库线列车的车次及车组运用情况，正确控制列车出段。

车辆段派班室和信号楼控制室各设一台终端，与车辆段 ATS 分机相连，根据来自控制中心的实际时刻表建立车辆段作业计划。车辆段终端通过与中心 ATS 交互，获取列车运行计划，生成司机出乘计划，并将机车运行计划上传到中心 ATS 系统。车辆段联锁设备，通过 ATS 分机控制中心交换信息，实现段内运行列车的追踪监视，车辆段与控制中心间提供有效的传输通道。

ATS 系统主要功能：

(1)进行在线列车的监视、跟踪，以及车次的移位及显示。

(2)自动排列进路。控制中心能对列车进路、信号机、道岔实现集中控制，可根据当日列车运行计划时刻表自动控制列车运行。

(3)时刻表编辑。时刻表系统向 ATS 提供时刻表数据，为停站时间表正线装载设置界面，为时刻表的离线修改设置界面，为使用中的时刻表增加和删除列车行程设置界面，按自动列车跟踪请求安排列车识别号。

(4)进行列车自动调整。列车运行调整可分为自动调整和人工调整两种类型。自动调整方式下，主要进行的方法是时刻表调整和运行间隔调整。人工调整方式下，中心调度员对有关站台实施扣车、提前发车或跳停等。

(5)ATS 能记录大量与运行有关的数据，如列车运行里程数、实际列车运行图、列车运行与计划时间的偏差、设备的状态信息，设备的故障信息、操作命令及其执行结果、重大运行事件等。

(6)ATS 能及时记录被监测对象的状态，有预警、诊断和故障定位功能；监测列车是否处于 ATP 保护状态；监测信号设备和其他设备结合部的有关状态；具有在线监测与报警功能；监测过程应不影响被检测设备的正常工作。

技能训练

<table>
<tr><th colspan="7">训练工单:认识信号系统组成</th></tr>
<tr><td colspan="7">姓名:__________ 班级:__________ 日期:__________</td></tr>
<tr><td colspan="2">任务目标</td><td>指导老师</td><td colspan="5"></td></tr>
<tr><td colspan="2" rowspan="2">1. 认识信号系统的组成;
2. 理解信号系统的功能;
3. 会对 ATS 工作站进行简单进路办理操作</td><td>团队成员</td><td></td><td></td><td></td><td></td><td></td></tr>
<tr><td>分工职责</td><td></td><td></td><td></td><td></td><td></td></tr>
<tr><td>任务内容</td><td colspan="7">作为车站运营维护人员,需要了解所在线路的信号系统组成情况,以小组为单位进入轨道交通实训中心,利用实训中心信号系统设备识别信号系统设备的位置并描述各设备的作用</td></tr>
<tr><td>引导问题</td><td colspan="7">1. 什么是“3A”子系统?
____
____
____
2. 信号系统在城市轨道交通列车运行中起到了什么重要作用?
____
____
____________________</td></tr>
<tr><th colspan="8">任务实施</th></tr>
<tr><td colspan="8">1. 以小组为单位观察轨道交通实训中心信号系统,填写完成表格中各设备的名称及功能。教师操作模拟驾驶控制台和 ATS 工作站,小组成员观察列车运行情况、信号设备的动作过程及 ATS 界面的变化情况。</td></tr>
</table>

序号	设备图示	设备名称及元素组成	观察教师操作演示,描述主要功能
1	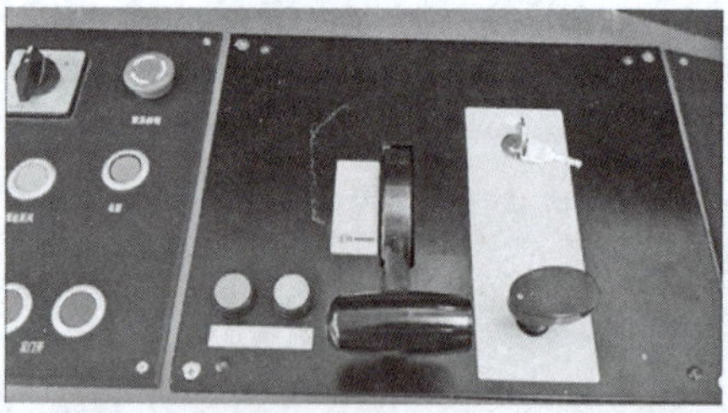		
2	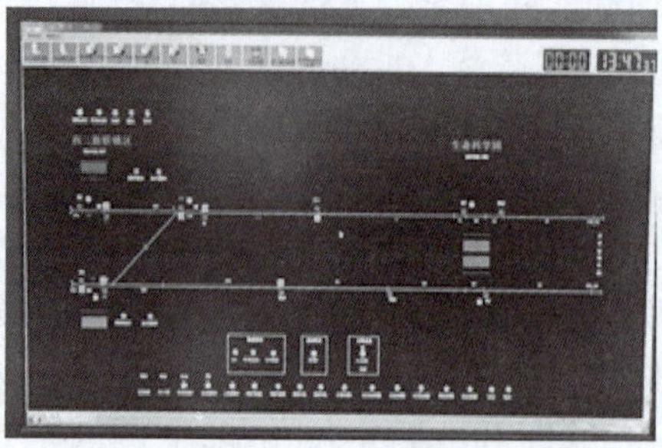		

续表

任务实施
2. 认识 ATS 工作站界面，完成某进路的排列，观察道岔、信号、轨道变化情况，总结进路办理方法并记录练习过程中存在的问题 ____________________ ____________________ ____________________ ____________________

任务评价

序号	评价内容	评价标准	分数	评分记录		
				学生自评	组间互评	教师评分
1	信号系统的组成	准确描述信号系统组成	10			
2	信号系统的作用	准确描述信号系统作用	30			
3	模拟驾驶控制台	能准确说出模拟驾驶控制台按钮作用	30			
4	ATS 工作站	能准确进行某进路的排列	30			
总成绩			100			

巩固与练习

一、选择题

1. ATC 是列车(　　)系统。

A. 自动保护　　B. 自动监控　　C. 自动运行　　D. 自动控制

2. (多选题)ATC 系统包括(　　)三个子系统。

A. ATS　　B. ATO　　C. ATS　　D. CI

二、填空题

1. ATS 系统通常采用分布式的网络系统，由控制中心设备、________、车辆段/停车场设备组成。

2. 车站分集中联锁站和________联锁站，不同联锁站 ATS 设备配置不同。

三、简答题

1. 简述 ATP 系统的主要功能。

2. 简述 ATS 系统的主要功能。

视频

认知CBTC系统

学习任务四　认知 CBTC 系统

任务导入

随着通信技术的发展，以信号控制为核心的传统轨道交通信号系统开始演变成基于通信的列车控制系统(CBTC)，可靠性及可用性大大提高，成为列车控制系统技术发展的重要趋势。近些年,我国国内信号厂商紧密跟踪国际技术发展,走自主创新研发道路,探索研制出了具有独立知识产权的先进 CBTC 系统,对我国城市轨道交通建设做出了突出的贡献。

任务目标

知识目标

(1)了解 CBTC 系统组成。

(2)理解 CBTC 系统的作用。

能力目标

(1)能认识 CBTC 相关设备。

(2)熟悉 CBTC 系统实际运行情况。

素质目标

(1)培养“安全第一、爱岗敬业、使命担当”的工作意识和作风。

(2)培养学生理论联系实际的学习习惯,激发学生浓厚的学习兴趣,培养自主学习等良好的学习习惯。

任务描述

通过本任务的学习,学生能够认知 CBTC 相关设备组成,并准确理解系统作用,达到城市轨道交通运营维护人员的基本能力要求。

核心知识

CBTC 是基于通信的列车运行控制系统,是一种采用先进的通信和计算机技术,连续控制、监测列车运行的移动闭塞方式的列车控制系统。

一、CBTC 系统的组成

CBTC 系统是一个连续数据传输的自动控制系统,能够执行列车自动防护、列车自动运行及列车自动监控。CBTC 系统主要由移动设备(车载设备)、轨旁设备、通信网络、控制中心组成,如图 5-34 所示。

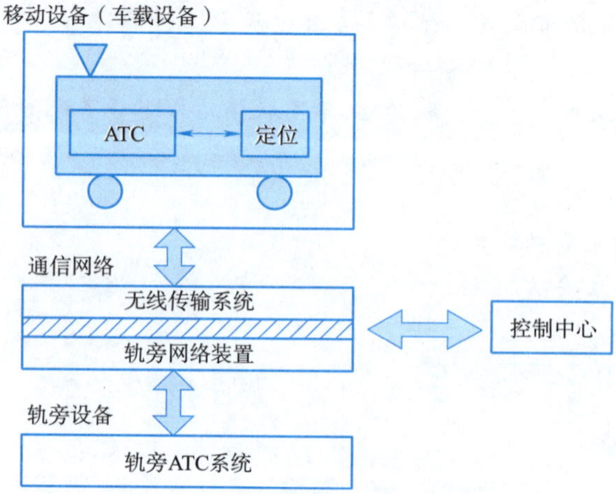

图 5-34　CBTC 系统基本组成框图

CBTC 系统通过开放的数据通信网络实现了列车与轨旁设备实时双向通信，信息量大，并通过采用基于 IP 标准的列车运行控制结构实现了列车运行控制。CBTC 系统可能由于不同的设备提供商、不同的工程需要而不同，LCF-300 型 CBTC 系统构成如图 5-35 所示。

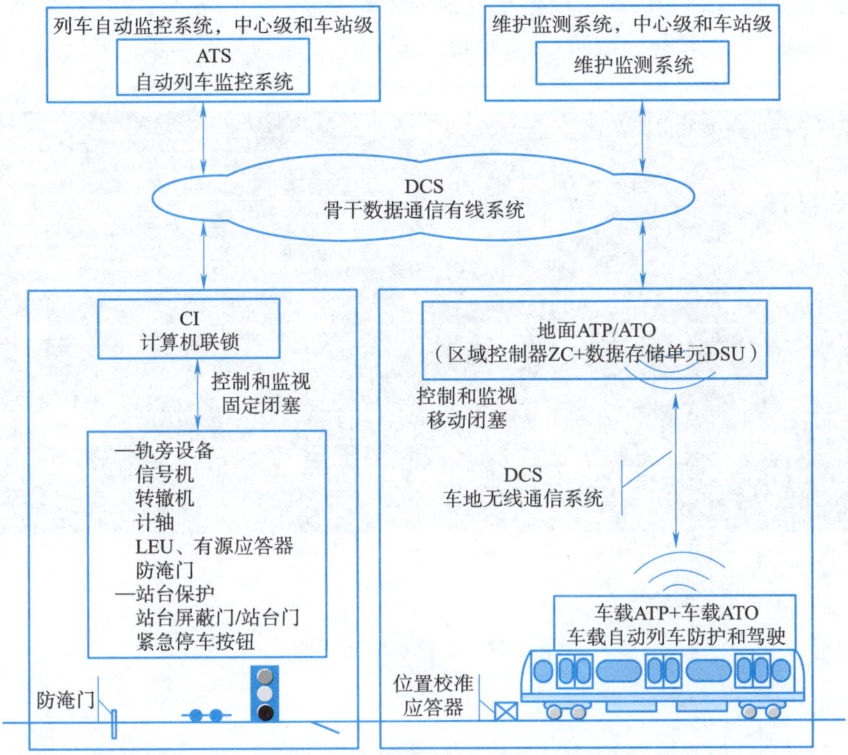

图 5-35　LCF-300 型 CBTC 系统构成

1. 列车自动监控系统

列车自动监控系统(ATS)监督列车运行，根据列车时刻表为列车自动设定进路，并对列车运行进行自动调整，实施列车运行管理，从而保证列车的计划运行，使列车运行最佳化和稳定化。列车自动监控系统如图 5-36 所示。

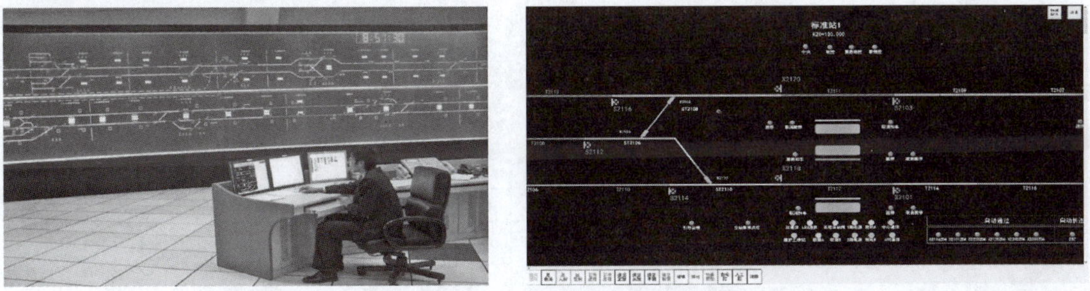

图 5-36　列车自动监控系统

2. 数据通信系统

数据通信系统(DCS)可以实现地面设备、地车设备间的数据传输。通常包括有线通信方式和无线通信方式。DCS 地面系统的各个部分通过冗余的光纤主干网互相连接起来。一段主干网络构成一个轨旁网络，轨旁网络沿线路延伸，为达到 CBTC 系统要求的高度可用性，DCS 系统数据流使用整套冗余结构。

3. 计算机联锁系统

计算机联锁系统（CI）中的联锁设备是保证列车和调车作业的安全，以及提高列车通过能力的信号设备，联锁设备必须符合故障-安全原则。图 5-37 所示为某停车场计算机联锁界面。

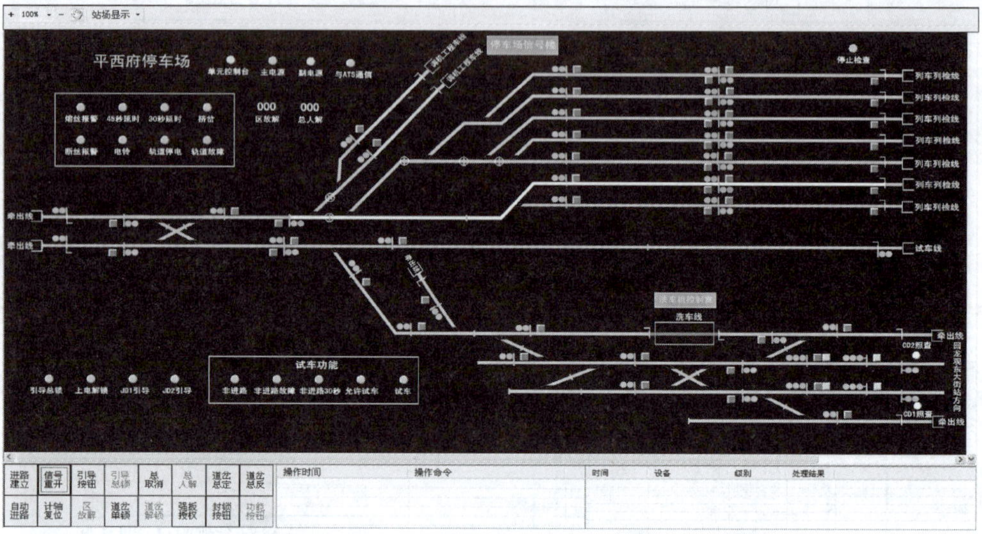

图 5-37　计算机联锁界面

4. 区域控制器

区域控制器（ZC）子系统是 CBTC 中 ATP 子系统的轨旁部分，是地面基于通信的 CBTC 系统的 ATP 子系统核心控制设备，是车-地信息处理的枢纽。

5. 车载控制器

车载控制器（VOBC）子系统是 CBTC 系统中的车载控制系统，包含 ATP、ATO、BTM、车辆接口等，如图 5-38 所示。

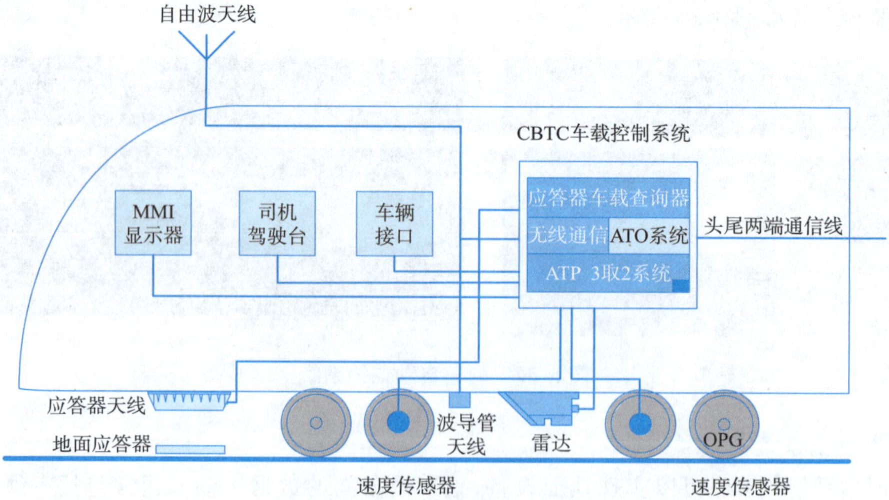

图 5-38　车载控制系统

6. 微机监测系统

微机监测系统是信号系统的重要组成子系统，作为信号系统的辅助系统，在后期运营维护中为运营管理与维护人员提供强大的维护与管理信息。

二、CBTC 系统优点

在基于 CBTC 的移动闭塞控制方式下，列车运行控制系统通过先进的通信技术，实现车载设备、车站设备或控制中心设备之间的信息交换，进一步完成列车的安全运行控制，实现移动闭塞。CBTC 系统具有如下优点：

(1)实现车载设备与轨旁设备间的实时双向通信，且信息量大。

(2)便于缩短列车编组、加大列车运行密度、提高服务质量，并可以缩短站台长度和终点站尾轨长度，降低土建工程投资。

(3)实现线路列车双向运行而不增加地面设备，有利于线路故障或特殊需要时的反向运行控制。

(4)可减少轨旁设备，便于安装维修，有利于紧急状态下利用线路作为人员疏散的通道，有利于降低系统全生命周期内的运营成本。

(5)可以适应各种类型、各种车速的列车，这是因为移动闭塞系统基本克服了准移动闭塞和固定闭塞系统对地车信息跳变的缺点，提高了列车运行的平稳性，增加了乘客的舒适度。

(6)可以实现节能控制、优化列车运行统计处理、缩短运行时分等多目标控制。

(7)系统不依靠轨道电路检测列车位置、向车载设备传递信息，因而有利于旧线系统的升级改造。即有利于在不影响既有线正常运营的前提下对系统进行升级改造，将其对运营的影响降到最低。

知识拓展

中国轨道交通自主创新的领跑者

在轨道交通的发展历史上，信号系统的作用十分重要，它是列车运行的凭证，对于提高列车通过能力、提高运能、保证行车安全有着至关重要的作用。长期以来，CBTC 技术被国外个别大的企业所垄断，为了摆脱长期依赖国外进口技术的局面，我国国内信号厂商紧密跟踪国际技术发展，走自主创新研发道路，经过艰苦努力和技术攻关，探索研制出了具有独立知识产权的先进 CBTC 系统。

中国铁道科学研究院、北京交控科技有限公司、北京全路通信信号研究设计院等企业走在前列。多家单位通过数年的攻关，均研制出不同类型的各种 CBTC 信号系统，对中国的城市轨道交通建设做出了突出的贡献。

全自动运行系统

全自动运行系统(fully automatic operation，FAO)是基于现代计算机、通信、控制和系统集成等技术，由信号、车辆、综合监控、通信、站台门等与列车运行相关的设备组成，实现列车运行全过程自动化的系统。1983 世界第一条 FAO 城轨线法国里尔 1 号线开通运营。新加坡东北线是世界第一条实现正线、车辆段全自动运行的大运量地铁，于 2003 年 6 月开通运营。巴黎地铁 1 号线是世界首条由人工驾驶改造为 FAO 的线路，于 2012 年 12 月开始以 FAO 运行。2017 年 12 月我国首条完全自主知识产权的全自动运行线路北京燕房线正式投入运营，如图 5-39 所示。近年来，北京、上海、深圳、成都、武汉、苏州等多个城市开始运营全自动运行系统线路。城轨全自动运行系统线网规模正在逐步扩大。

图 5-39　我国首条完全自主知识产权的全自动运行线路北京燕房线

技能训练

<table>
<tr><th colspan="7">训练工单:认识 CBTC 系统</th></tr>
<tr><td colspan="7">姓名:________　班级:________　日期:________</td></tr>
<tr><td colspan="2">任务目标</td><td>指导老师</td><td colspan="5"></td></tr>
<tr><td colspan="2" rowspan="2">1. 认识 CBTC 系统组成;
2. 理解 CBTC 系统的功能</td><td>团队成员</td><td></td><td></td><td></td><td></td><td></td></tr>
<tr><td>分工职责</td><td></td><td></td><td></td><td></td><td></td></tr>
<tr><td>任务内容</td><td colspan="7">作为车站运营维护人员,需要了解所在线路的 CBTC 系统组成情况,以小组为单位识别 CBTC 系统相关设备</td></tr>
<tr><td>引导问题</td><td colspan="7">1. 什么是 CBTC 系统?
____
____
____
2. CBTC 系统在列车运行控制中起到了什么重要作用?
____
____
____________</td></tr>
<tr><td>任务实施</td><td colspan="7">小组为单位调研某城市某地铁线路的 CBTC 系统,撰写调研总结(包括调研对象、CBTC 设备信号商、CBTC 系统组成、CBTC 系统运行情况等)</td></tr>
</table>

任务评价

<table>
<tr><th rowspan="2">序号</th><th rowspan="2">评价内容</th><th rowspan="2">评价标准</th><th rowspan="2">分数</th><th colspan="3">评分记录</th></tr>
<tr><th>学生自评</th><th>组间互评</th><th>教师评分</th></tr>
<tr><td>1</td><td>CBTC 系统组成</td><td>准确描述出 CBTC 系统组成</td><td>20</td><td></td><td></td><td></td></tr>
<tr><td>2</td><td>CBTC 系统作用</td><td>准确描述信 CBTC 系统作用</td><td>30</td><td></td><td></td><td></td></tr>
<tr><td>3</td><td>CBTC 系统实际运行情况</td><td>准确表述调研线路的 CBTC 系统实际运行情况</td><td>50</td><td></td><td></td><td></td></tr>
<tr><td colspan="3">总成绩</td><td>100</td><td></td><td></td><td></td></tr>
</table>

巩固与练习

一、填空题

1. 基于通信的列车自动控制系统简称________。

2. LCF-300 型 CBTC 系统由六个主要的子系统组成，包括列车自动监督、________、列车自动运行、________、________和维修支持系统。

二、简答题

1. 简述 LCF-300 型 CBTC 子系统的主要功能。

2. 简述 CBTC 系统的优点。

视频

认知通信系统

学习任务五　认知通信系统

任务导入

城市轨道交通通信系统是指挥列车运行、公务联络和传递各种信息的重要手段，是保证列车安全、快速、高效运行不可缺少的综合通信系统，是城轨的神经系统。它是一个既能传输语音，又能传输文字、数据和图像等各种信息的综合业务数字通信网。

通信系统的正常运转离不开轨道交通通信工。通信工白天巡视检查，晚上维修检测，他们对车站通信终端等各种疑难杂症进行诊治，对站台闭路电视监控系统摄像头进行清扫维护、监测无线信号传输质量是否正常等。通信工用双手爱护着每台通信设备，保障正常运行，实现通信顺畅。

任务目标

知识目标

（1）了解通信系统的类型。

（2）理解通信子系统的功能。

能力目标

（1）能认识各通信子系统。

（2）会使用通信系统的操作终端。

素质目标

培养严肃认真、团结合作的意识。

任务描述

通过本任务的学习，学生能够掌握电话系统、闭路电视监控系统、广播系统、时钟系统、乘客信息系统的基本组成及作用，达到城市轨道交通运营维护人员的基本能力要求。

核心知识

一、通信系统的作用和要求

为保证列车运行安全、可靠、准点、高密度和高效率，实现运输的集中统一指挥、行车调度自动化，城市轨道交通系统必须配备专用、完整、独立的通信系统，供城市轨道交通系统各职能部门之间有机联系和行车调度指挥。

城市轨道交通通信系统是一个能传输语音、文字、数据和图像等各种信息的综合业务数字通信网。服务范围涵盖控制中心、车站、车辆段、停车场、地面线路、高架线路、地下隧道与列车等。

1. 通信系统的作用

城市轨道交通通信系统主要作用包括以下三方面：

(1)通信系统与信号系统共同完成行车调度指挥，通信系统为信号系统提供传输通道。

(2)通信系统是城市轨道交通内部公务业务联系的主要通道，使城市轨道交通各个子系统之间密切联系，以提高整个系统的运行效率。

(3)通信系统是城市轨道交通内外联系的通道。

2. 通信系统的要求

城市轨道交通通信系统的基本要求是迅速、准确、可靠地传递和交换各种信息。

(1)对于行车组织，通信系统能保证将各站的客流情况、工作状况、线路上列车运行状况等信息准确迅速地传输到控制中心。同时，将控制中心发布的调度指挥命令与控制信号及时可靠地传送至各个车站及运行中的列车。

(2)对于系统的组织管理，通信系统应能保证各部门之间、上下级之间保持畅通、有效、可靠的信息交流与联系。

(3)通信系统应能保证本系统与外部系统之间便捷畅通的联系。

(4)通信系统主要设备和模块应具有自检功能，并采取适当的冗余，故障时自动切换并报警，控制中心可检测和采集车站设备运行和检测的结果。

二、电话系统

1. 电话系统的组网模式

城市轨道交通电话系统相当于企业的内部电话网，采用程控数字交换组网，通过中继线路接入当地市话网。一般情况下，交换机分别安装在控制中心和车辆段，两台交换机之间利用局间中继线互联，而用户话机则分布在控制中心、车辆段和各车站，两台交换机可利用通信电缆直接连接其所在地的用户话机。控制中心和车辆段的交换机为了将用户话机延伸到各个车站，一般利用城市轨道交通专用传输网的部分带宽资源组成网络，连接远端的车站小交换机或远端模块。图 5-40 所示为城市轨道交通电话系统组网模式。

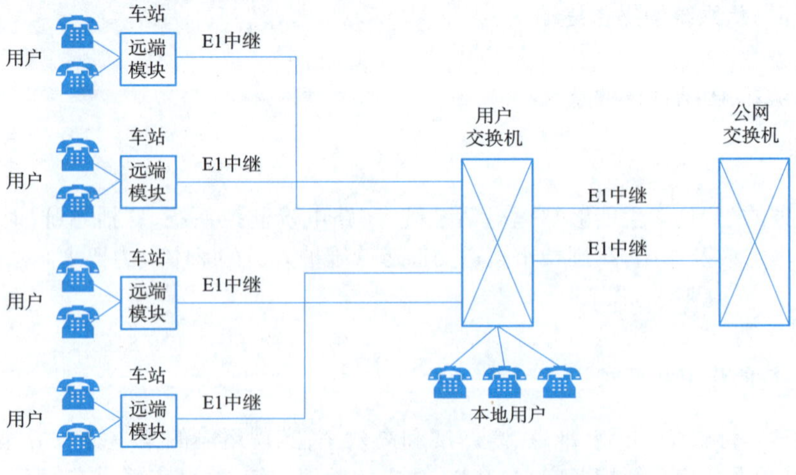

图 5-40 城市轨道交通电话系统组网模式

2. 电话系统的分类

程控数字交换网提供城市轨道交通系统工作人员之间一般的公务电话通信和专用电话通信业务。

1)公务电话

公务电话为轨道交通运营提供办公电话、传真等业务,同时在控制中心、车站、段厂等也设置公务电话,既可作为办公电话使用,也可以作为有线调度电话的备份,一旦调度电话故障,临时应急使用。图5-41所示为公务电话。

图5-41　公务电话

2)专用电话

城市轨道交通专用电话业务的作用是为轨道交通运营、电力供应、日常维修、防灾救护提供指挥手段。如图5-42所示为专用电话设备。专用电话系统主要包括调度电话、区间电话和紧急电话等。

(1)调度电话是为控制中心调度员组织、指挥所管辖范围内车站值班员而设置的一种专用通信系统。在城市轨道交通中设置有行车、电力、环控、防灾、维修等多个调度网。各调度网内的调度员与下属值班人员可进行直达通信,下达调度指挥命令。城市轨道系统建立专用调度网,是城市轨道交通安全、准时、快捷运营的必要保障措施。图5-43所示为调度电话。

图5-42　专用电话

图5-43　调度电话

(2)区间电话是在轨道线路沿线每隔一段距离设置的通话装置。设置形式有两种,一种是区间通话柱(见图5-44),另一种是轨旁电话(见图5-45)。由于区间通话设施在室外或隧道内,环境比较差,所以设备需要具有防潮、防火、防爆、防冻、防尘、防破坏性等要求。

图 5-44　区间通话柱

图 5-45　轨旁电话

区间电话业务一般分为区间专用电话和区间直通两种模式。在使用区间专用电话时，用户摘机后需要拨号呼叫，由车站分机根据所播号码进行转接。在使用区间直通电话时，用户选择通话的用户，一般包括上下行车站、行调、电调、信号、通信和线路桥梁等，摘机后直接接通。

（3）紧急电话具有一键直通功能，可以在紧急情况下快速接通，如图 5-46 所示。

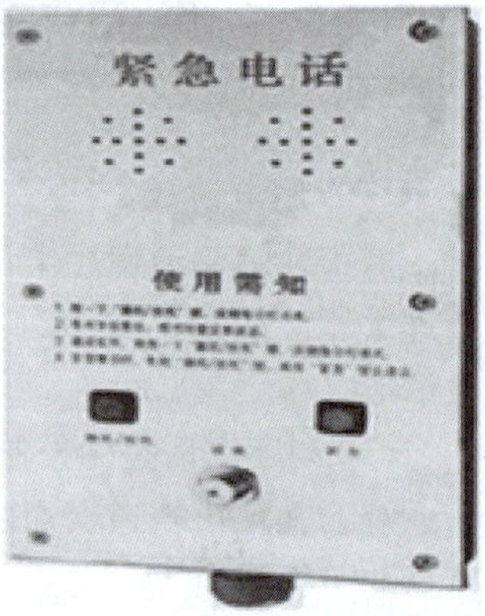

图 5-46　紧急电话

三、闭路电视监控系统

1. 闭路电视监控系统的作用

闭路电视监控系统（closed circuit TV，CCTV）是城市轨道交通运营、管理、调度的配套设备，使各工种的管理和调度人员能实时地看到现场情况，并可以根据实际情况进行判断，下达调度、指挥命令。闭路电视监控系统能为控制中心调度管理人员、车站值班员、列车驾驶员及站台工作人员等所辖车站的站厅、站台、出入口、机房等主要区域提供实时视频监控服务，以确保城市轨道交通系统正常安全的运行。

城市轨道交通闭路电视监控系统的主要作用为：

（1）向调度中心一级行车人员（行车调度员、环控调度员、电力调度员、值班主任等）提供各站台区行车情况和站厅区乘客流向的图像信息。

（2）向车站行车值班员提供本站列车停靠、起动、车门开闭及售票机、闸机出入口等处的现场实时图像信息。

（3）向列车驾驶员和站台工作人员提供相应站台乘客上、下列车的图像信息。

2. 闭路电视监控系统的结构

城市轨道交通闭路电视监控系统采用了车站和控制中心两级相互独立的监控方式。平时以车站值班员控制为主进行视频监控，控制中心调度员可任意查看各车站的任意一个摄像头的监控画面。在紧急情况下，可以切换为以控制中心调度员控制为主进行视频监控。在一个城市有多条城市轨道交通线路的情况下，上层的线网管理中心可以设置线网闭路电视监控中心，根据需要调取各线路的监控画面，从而形成车站、控制中心和线网管理中心的三级视频监控系统。出于安全与事故取证的要求，车站和控制中心还应具有录像功能。

典型的城市轨道交通闭路电视监控系统包括摄像装置、传输部分、控制部分、监视部分等。图 5-47 所示为闭路电视监控系统组网示意图。图 5-48 所示为闭路电视监控设备。

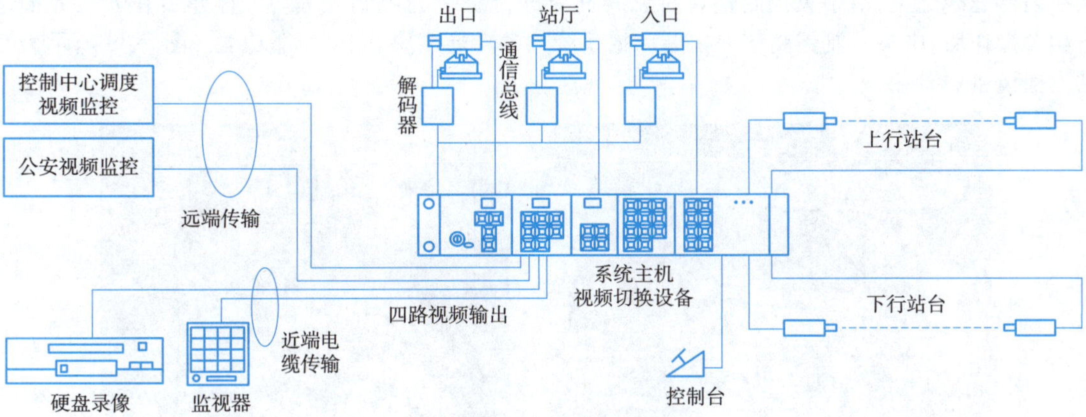

图 5-47　闭路电视监控系统组网示意图

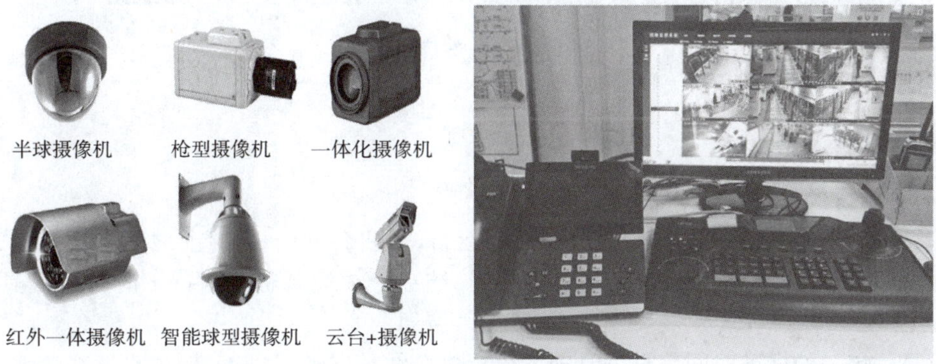

图 5-48　闭路电视监控设备

四、广播系统

城市轨道交通广播系统是城市轨道交通通信系统中的一个专用子系统，在城市轨道交通行车组织、客运服务、防灾救险、设备维护等方面具有十分重要的作用。平时在城市轨道交通车站的不同区域为售票、检票、进站、候车、乘降、出站、换乘等播报不同的服务用语和有关注意事项，为提供各项服务、维持车站秩序、有效疏导乘客乘车先下后上、缩短列车站停时间、确保列车正点创造了条件。

城市轨道交通广播系统在车辆段、车场、隧道区间等城市轨道交通作业场所，为调度指挥、车场调车、车辆调试、设备检修、线路维护、供电轨停送电、设备送断电等提供安全提示及告知等作业广播服务；当发生重大活动、节日等引起城市轨道交通客流激增时，作为实施应急客运组织的重要手段，为大客流运营组织提供保障；当遇事故灾害等突发事件时，则作为紧急疏导、指挥救灾的重要工具。

城市轨道交通广播系统采用目前主流的控制中心与车站两级控制结构。控制中心和车站之间通过网络进行连接。控制中心的指令和音频均经过网络传输至车站，实现控制中心对车站的控制和广播操作。广播系统在控制中心配备了网管计算机，实现对整个系统的遥测、遥控。

车站广播系统采用总线制结构，以及模块、板卡形式进行设备设计。所有模块、板卡均能在线进行更换，具有配置灵活、维护方便、扩展性好等优点。车站广播系统中所有模块和设备均连接在内部总线之上，由中央控制模块对总线资源进行统一的协调管理。当操作员在人机界面进行相关操作后，中央控制器将统一协调广播系统的各功能模块，完成广播功能。图 5-49 所示为车站广播设备。

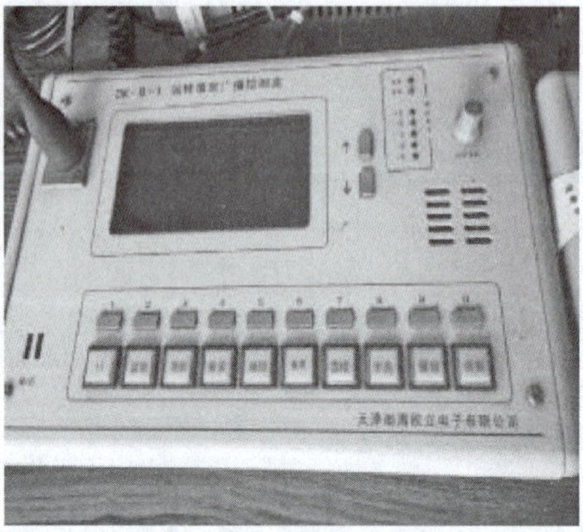

图 5-49　车站广播设备

五、时钟系统

1. 时钟系统的作用

为保证城市轨道交通列车安全、准点、可靠运行，需要各部门、各专业之间密切配合，因此城市轨道交通设置时钟系统以保证准时服务乘客、统一全线设备标准时间。时钟系统具有以下功能：

（1）显示统一的标准时间信息。时钟系统提供全线统一的时间基准，由设置在全线各车站、车场的指针式和数字式时钟为乘客和工作人员提供包括年、月、日、星期、时、分、秒等的准确时间信息。

（2）向其他系统提供标准的时间信号。时钟系统在控制中心可向其他通信子系统、ATS 系统、SCADA 系统、FAS 系统、AFC 系统等相关系统设备提供准确、统一的时间信息，在全线执行统一的定时标准，为行车指挥、列车运行、设备管理提供时间基准，确保通信系统及其他重要控制系统完全同步。

由于时钟显示面向乘客和工作人员，要求清晰易辨、美观大方，与周围环境协调一致。因此对时钟系统的要求是：精确度高、可靠性高、组网灵活、操作简单、维护方便、美观环保，最大限度地满足各方面的要求。

2. 时钟系统的结构

时钟系统一般分为控制中心及车站/车辆段两级组网方式，由中心母钟、二级母钟和子钟组成。

（1）中心母钟是整个时钟系统的基础主时钟，能够接收来自标准时间信号接收单元的信号，进行时间的校准，避免产生累计误差，同时，中心母钟提供严格同步的时间编码信号输出，能够定时将校准后的时标信号通过接口分配给各车站及车辆段的二级母钟，以及其他需要标准时间的系统，作为各系统的时钟同步信号，使其按统一的时间标准运行。

(2)二级母钟通过数据传输通道接收中心母钟发出的标准时间编码信号,用以做自身系统校准,使二级母钟与中心母钟随时保持同步,并产生输出时间驱动信号,用于驱动本站所有的子钟,并能向中心设备回馈车站子系统的工作信息。

(3)子钟通过接收二级母钟发出的时间编码信号,进行时、分、秒时间信息显示。在正常情况下,子钟接收二级母钟发送的标准时间编码信号,将自身精度校准,并可回送自身的工作状态信息;当子钟接收不到来自二级母钟发送的时间信号时,仍能依靠自身的晶振独立运行。

子钟分为指针式和数字式两种。指针式子钟外观以双面圆形的居多,子钟的盘面加装照明装置。数字式子钟采用超高亮数码管全静态显示,无闪烁,显示窗为防眩光材料,置于日光灯下也不会产生反光现象。

如图5-50和图5-51所示为城市轨道交通指针式子钟和数字式子钟。

图5-50　指针式子钟

图5-51　数字式子钟

六、乘客信息系统

乘客信息系统是依托多媒体网络技术,以计算机系统为核心,以车站和车载显示终端为媒介向乘客提供信息的系统。乘客信息系统能够提供乘车须知、服务时间、列车到发时间、列车时刻表、管理者公告、政府公告、出行参考、股票信息、媒体新闻、赛事直播、广告等实时动态的多媒体信息。

乘客信息系统从控制功能上分为四个层次:信息源、中心播出控制层、车站车载播出控制层和车站车载播出显示终端设备。

(1)信息源的主要设备为视频流和数据服务器,信息源向整个系统发放网络视频和数据,能够同时提供多种标准的视频。

(2)中心播出控制层主要负责信息的采集、编辑和播出,以及对系统内的播出设备进行集中的播出控制管理。通过对各个车站的播出设备进行集中控制,各个车站乘客信息系统实现无人值守运行,降低了人为操作带来的失误和故障。

(3)车站车载播出控制层可以编辑指定的信息并发布到指定的终端显示屏,提示乘客注意,可以进行整个车站的某一、某组的工作状态切换,实行对车站的所有播放设备的操作控制。

(4)车站车载播出显示终端设备的站台显示器显示即将到来的列车的信息以及车站状况的信息,车厢显示器显示列车车厢状况,播放新闻、注意事项等。图5-52所示为车站显示终端设备。

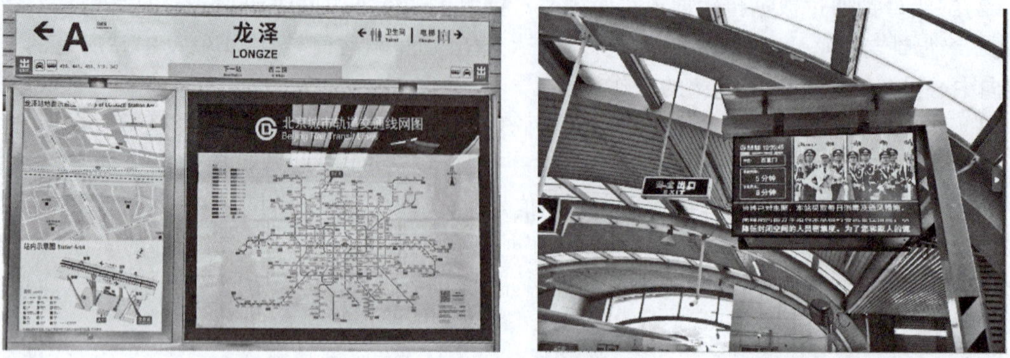

图 5-52　车站显示终端

技能训练

<table>
<tr><td colspan="7">训练工单:认识通信系统</td></tr>
<tr><td colspan="7">姓名:________　班级:________　日期:________</td></tr>
<tr><td>任务目标</td><td>指导老师</td><td colspan="5"></td></tr>
<tr><td rowspan="2">1. 认识通信系统的分类;
2. 理解通信系统的组成;
3. 掌握通信系统的作用</td><td>团队成员</td><td></td><td></td><td></td><td></td><td></td></tr>
<tr><td>分工职责</td><td></td><td></td><td></td><td></td><td></td></tr>
<tr><td>任务内容</td><td colspan="6">车站运营维护人员需要能够正确使用通信设备,以小组为单位进入轨道交通实训中心,利用实训中心通信设备识别通信系统的组成并描述各设备的功能</td></tr>
<tr><td>引导问题</td><td colspan="6">1. 轨道交通通信系统有哪些?
____
____
____
2. 通信系统在轨道交通运营中发挥了什么重要作用?
____
____
________________________________</td></tr>
<tr><td colspan="7">任务实施</td></tr>
<tr><td colspan="7">以小组为单位观察轨道交通实训中心通信设备,填写表格中各设备的名称功能:</td></tr>
</table>

序号	设备图示	设备名称及位置	主要功能
1			

续表

任务实施

序号	设备图示	设备名称及位置	主要功能
2	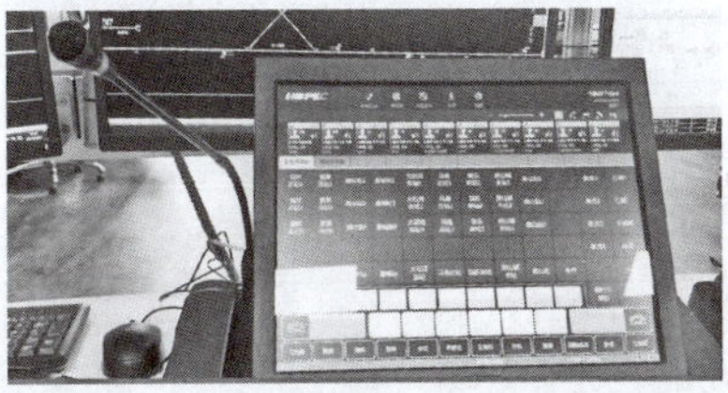		
3			
4			
5	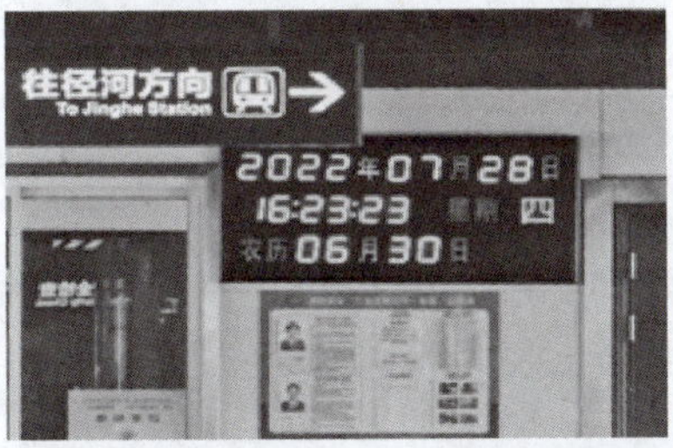		
6			

任务评价

序号	评价内容	评价标准	分数	评分记录		
				学生自评	组间互评	教师评分
1	通信系统的类型	准确描述出通信系统类型	20			
2	电话、广播、闭路电视监控、时钟、乘客信息系统的组成	准确区分各通信子系统的组成	40			
3	电话、广播、闭路电视监控、时钟、乘客信息系统的主要功能	准确阐述各通信子系统的功能	40			
总成绩			100			

巩固与练习

一、填空题

1. 城市轨道交通通信系统主要由电话系统、________、________、广播系统、时钟系统和乘客信息系统等组成。

2. 城市轨道交通电话系统通常包括________、________两大子系统。

二、简答题

1. 城市轨道交通通信系统的作用有哪些？

2. 乘客信息系统有哪些功能？

项目六
城市轨道交通供电系统

项目导入

供电系统是城市轨道交通系统的重要组成部分，为城市轨道交通电动列车提供牵引用电，还为城市轨道交通运营服务的其他设施提供电能。

在城市轨道交通运营中，供电一旦中断，不仅会造成城市轨道交通运输系统的瘫痪，还会危及乘客生命与财产安全。因此，高度安全可靠而又经济合理的电力供给是城市轨道交通正常运营的重要保证和前提。

通过本项目的学习，大家可以了解轨道交通供电系统的组成与作用，掌握接触网或接触轨向车辆供电的方式，了解城市轨道交通电力监控系统的作用，并能达到以下学习目标。

学习目标

知识目标	技能目标	素质目标
（1）掌握城市轨道交通供电系统的功能； （2）掌握城市轨道交通供电系统的组成及特点； （3）掌握接触网的结构形式及供电方式； （4）了解电力监控系统的作用	（1）能够准确描述城市轨道交通供电系统的组成及作用； （2）能够绘制出简单的牵引供电系统示意图，能够对照图纸描述供电路径； （3）能够按照接触网的组成示意图准确描述接触网的构成及作用	（1）建立爱岗敬业的职业责任感； （2）培养遵纪守法、严守规章的职业原则； （3）培养团队合作的意识； （4）培养严谨的工作作风、良好的职业道德及创新意识

视频

认知城市轨道交通供电系统

学习任务一 认知供电系统

任务导入

1863 年，世界上首条地铁“伦敦大都会铁路”在伦敦开通。那时的地铁采用蒸汽机车，会释放出大量废气，而且照明只能用煤油灯。1879 年，电力驱动列车的研制成功，不仅使地铁乘客和工作人员免除了蒸汽机车的烟熏之苦,也使城市轨道交通开创了使用无大气污染的二次能源之先河,城市轨道交通从此步入了连续不断的电气化发展时期。

任务目标

知识目标

(1)了解城市轨道交通供电系统功能。

(2)理解城市轨道交通供电系统的组成。

(3)了解电力监控系统。

能力目标

(1)能独立说出城市轨道交通供电系统的作用。

(2)能按照城市轨道交通供电示意图说出城市轨道交通供电系统的组成。

(3)能绘制出简单的牵引供电系统示意图,能够对照图纸描述供电路径。

(4)能说出电力监控系统的作用。

素质目标

(1)培养学生理论联系实际的学习习惯。

(2)树立遵纪守法、严守规章的职业原则。

任务描述

通过本任务学习,学生能够了解轨道交通供电系统的组成与作用,掌握接触网或接触轨向车辆供电的方式,了解城市轨道交通电力监控系统的作用。

核心知识

一、城市轨道交通供电系统的功能

城市轨道交通供电系统是地铁运营的基础、安全的保障,是城市轨道交通运营的动力源泉,负责电能的供应与传输。

城市轨道交通供电系统是为城市轨道交通运营提供所需电能的系统,不仅为电动列车提供牵引供电,而且还为城市轨道交通运营服务的其他设施提供电能,如照明(见图 6-1)、通风、空调、给排水、通信、信号、防灾报警、自动扶梯等,应具备安全可靠、技术先进、功能齐全、调度方便和经济合理等特点。表 6-1 为城市轨道交通供电系统不同用户对电能的不同需求。

图 6-1　地铁照明

表 6-1 城市轨道交通供电系统功能

供电设备	城轨供电系统作用
城市轨道电动列车	牵引用电
城市轨道机电设备(如风机、水泵、空调、自动扶梯、升降梯、加工设备等)	运转所需电能供应
城市轨道交通信号设备	运行所需电能供应
城市轨道交通照明等	生产生活用电供应

城市轨道交通系统是一个重要的用电部门,为一级负荷,一旦中断供电,将打乱运输计划和机车车辆运行图,影响城市轨道交通的环控系统、照明系统等的正常运行,会造成很大的社会影响。因此,建设一个安全、可靠、经济、灵活的城市轨道交通供电系统,对城市轨道交通有着极为重要的意义。

二、城市轨道交通供电负荷

电力负荷根据其对供电可靠性的要求及中断供电在经济上所造成损失或影响的程度,分为以下三级:

1. 一级负荷

一级负荷指突然停电有造成人身伤亡的危险,或重大设备损坏且难以修复,或在经济上造成重大损失的负荷。

一级负荷由双电源双回路供电,其中重要负荷设应急电源,如牵引、通信、信号、电力监控、综合监控、站台门、自动售检票、乘客信息系统、火灾自动报警、环境与设备监控、消防水泵、排水泵、排烟风机、地下站站台照明、地下站区间照明系统、车站应急照明、疏散指示照明、疏散扶梯等。

2. 二级负荷

二级负荷指突然停电将产生大量废品,大量减产,损坏生产设备,在经济上造成较大损失的负荷。

二级负荷由双回路电源或双电源单回路专线供电,当一路电源故障时另一路电源自动投入,如通风机、排污泵、自动扶梯、电梯、设备区照明、管理区照明、维修电源等。

3. 三级负荷

三级负荷指突然停电损失不大的负荷。除一二级负荷以外的用电负荷为三级负荷。三级负荷由单电源单回路供电,当系统只有一路电源供电时,可切除三级负荷,如空调机组、广告照明、电热器、清扫电源等。

三、衡量供电质量的指标

电力系统中的所有电气设备,都是在一定的电压和频率下工作的。电气设备的额定频率和额定电压,是其正常工作且能获得最佳经济效果的频率和电压。频率和电压是衡量电能质量的两个基本参数。

1. 频率

我国规定的电力系统标称频率(俗称工频)为 50 Hz,国际上标称频率有 50 Hz 和 60 Hz 两种。由电力系统供电的交流用电设备的工作频率应与电力系统标准频率一致。

当电能供需不平衡时,系统频率便会偏离其标称值。频率偏差不仅影响用电设备的工作状态、产品的产量和质量,更重要的是影响电力系统的稳定运行。

用户供电系统的电压频率是由电力系统保证的。我国国标规定,电力系统正常频率偏差允

许值为 ±0.2 Hz。当系统容量较小时，偏差值可以放宽到 ±0.5 Hz。

一般交流电力设备的额定频率为 50 Hz，此频率通称为“工频”。工频的频率偏差一般不得超过 ±0.5 Hz。如果电力系统容量达 3 000 MW 或以上时，频率偏差则不得超过 ±0.2 Hz。频率的调整，主要依靠发电厂调节发电机的转速。

2. 电压

理想的交流供电电压应该是幅值恒为额定值的三相对称正弦电压。实际供电电压无论是在幅值上、波形上还是三相对称性上都与理想电压之间存在偏差。对供电系统来说，提高电能质量主要是提高电压质量。电压质量是按照国家标准或规范对电力系统电压的偏差、波动和波形的一种质量评估。

四、城市轨道交通供电系统的组成

城市轨道交通供电系统的电源一般取自城市电网，通过城市电网电力系统和轨道交通供电系统实现电能的输送，最后以适当的电压等级、一定的电流形式（直流或交流电）供给用电设备。

用电力网将发电厂的电气设备（指发电机和变配电设备）与电能用户连结起来的整体，称为电力系统。电力系统包括发电、输电、变电、配电和用电等环节。电力系统主要由发电厂、变电所及用户（电力负荷）等组成，具体如图 6-2 所示。

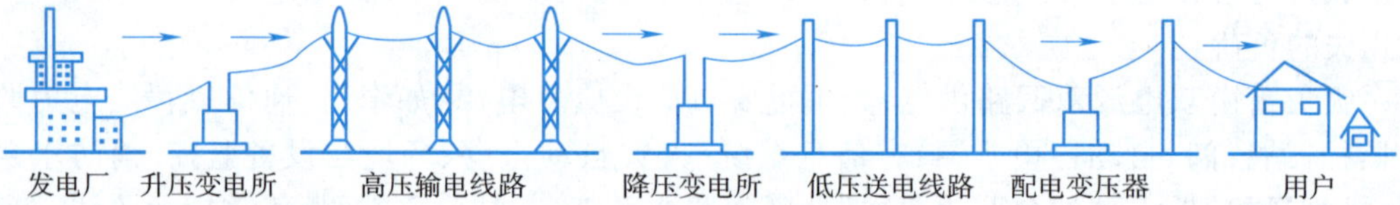

图 6-2　电力系统示意图

城市轨道交通供电系统是电力系统的一个重要组成部分。从电力系统取电，经过供电系统对电能进行变换和输送，为轨道交通车辆和其他相关用电设备运行提供电能。图 6-3 所示为城市电网一次电力系统和城市轨道交通供电系统示意图。

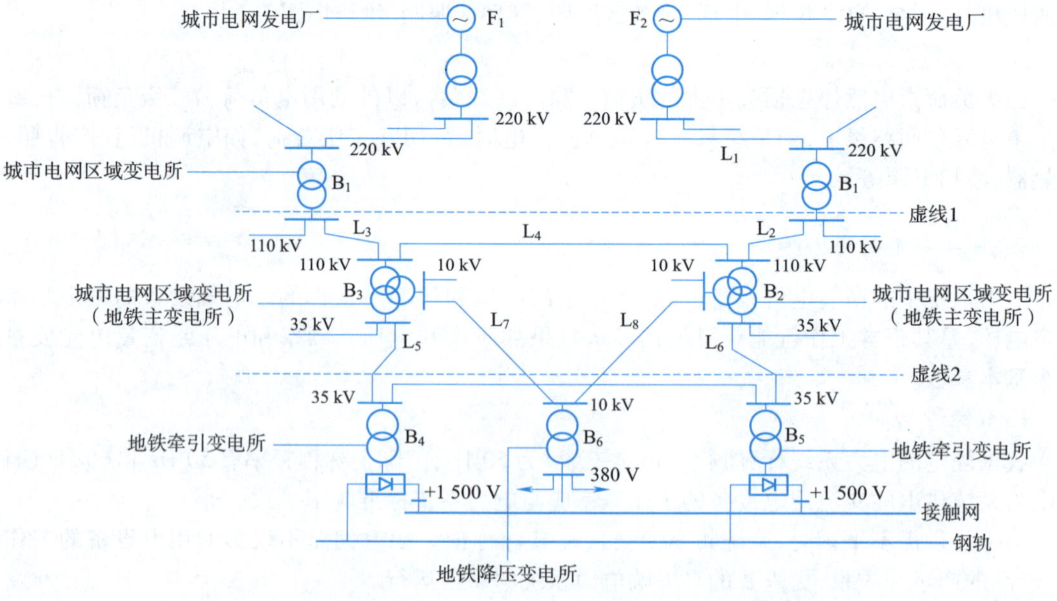

图 6-3　城市电网一次电力系统和城市轨道交通供电系统示意图

如图 6-3 所示，虚线 1 以上为电力系统；虚线 1 以下部分为城市轨道交通供电部分。城市轨道交通系统用电为一级负荷单位，由两路独立的电源提供，当任何一路电源发生故障中断供电时，另一路应能保证一级负荷全部用电。

城市轨道交通供电系统主要由三部分构成：中压供电系统、牵引供电系统和动力照明供电系统。

1. 中压供电系统

1）中压供电系统电压等级

国内城市轨道交通的中压供电系统通常采用的电压等级为 10 kV 和 35 kV（若采用国外设备则为 33 kV），如北京地铁（10 kV）、长春轨道交通（10 kV）、武汉地铁 2 号线（35 kV）、深圳地铁（35 kV）、广州地铁（33 kV）等。

2）中压供电系统概念

中压供电系统是通过中压电缆，纵向把上级主变电所和下级牵引变电所、降压变电所连接起来，横向把全线的各个牵引变电所、降压变电所连接起来，构成了中压供电网络，一般采用电缆线路、环网供电方式。

2. 牵引供电系统

牵引供电系统直接给电动列车提供动力。

牵引供电系统由牵引变电所、馈电线、接触轨（接触网）、走行轨、回流线等组成。它为城市轨道交通车辆运行提供牵引电能和其他辅助设备的动力电能。在电动列车采用再生制动时，还可将再生电能反馈到电力系统。

系统运行时，牵引变电所将降压整流变成直流 1 500 V 或直流 750 V 电压的电能，经馈电线传输至接触轨（接触网），通过轨道车辆的集电靴（受电弓）输送给轨道电动列车为地铁列车提供牵引供电，然后从电动列车再经走行轨、回流线返回变电所，从而完成牵引供电任务。

其中，接触网由架空接触网（直流 1 500 V）和接触轨（直流 1 500 V 或 750 V）两种方式。图 6-4 所示为城市轨道交通牵引供电系统示意图。

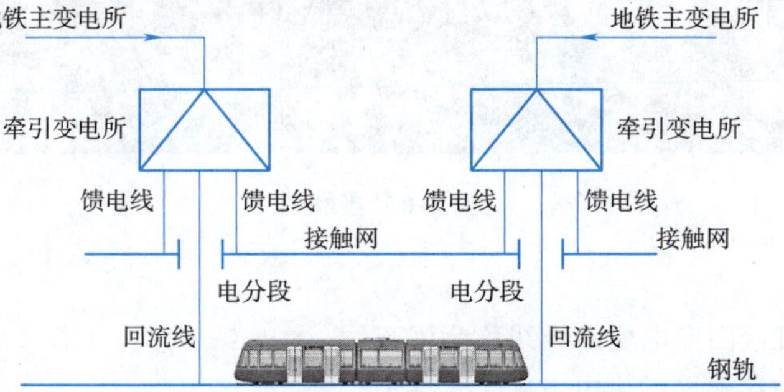

图 6-4　城市轨道交通牵引供电系统示意图

1）牵引变电所

牵引变电所引入两个独立的中压交流电源，并将交流电转换为直流电，向电动列车提供直流牵引电能的功能。

2）馈电线

从牵引变电所向接触轨（接触网）输送直流电能的导线称为馈电线。

3）接触轨（接触网）

接触轨俗称“第三轨”，用金属轨条制成，沿线路与走行轨平行敷设，是用于向电动列车供给电能的刚性导电体，如图 6-5 所示。通常接触轨供电电压为直流 1 500 V 或 750 V。

图 6-5　接触轨

接触网位于电动列车上部，架空装设，经电动列车受电弓向列车供电，如图 6-6 所示。通常架空接触网供电电压为直流 1 500 V。

图 6-6　接触网

4）回流线

用以供牵引电流返回变电所的导线称为回流线。

5）牵引变电所向接触网的供电方式

牵引变电所是沿轨道线路布置的，每一个牵引变电所有一定的供电范围。供电距离过长，会使末端电压过低及电能损耗过大；供电距离过短，又使变电所数目太多而不经济。

牵引变电所向接触网供电有两种方式，即双边供电和单边供电，如图 6-7 所示。

（1）双边供电：如果在中间断开处设置开关并使其连通，则电动车组可同时从两个牵引变电所获得电能。

（2）单边供电：电动车组仅从所在供电臂上的牵引变电所获得牵引电能。

3. 动力照明供电系统

动力照明供电系统由降压变电所、动力照明配电线路及用户所组成，其主要作用是降压、分配和传输电能，主要用于向各车站、区间、车辆厂等处所提供照明，向扶梯、风机、水泵、冷冻机组

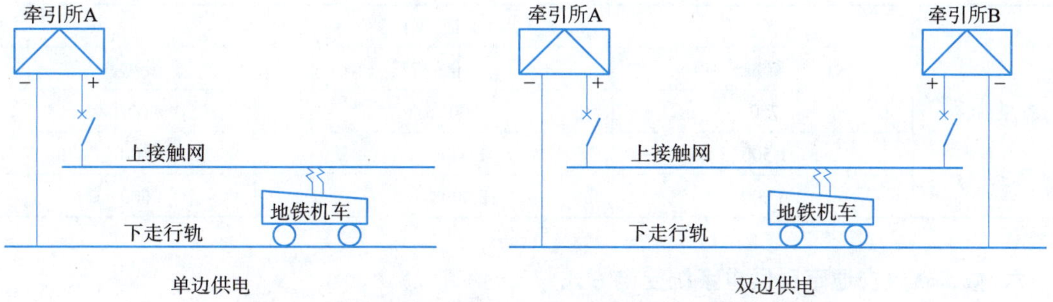

图 6-7　供电方式

等设备提供电源，向通信、信号、防灾报警、综合自动化系统、人防工程等设备提供电源。通常将三相电源经降压变电所降压，采用 380 V 或 220 V 三相交流供电方式。图 6-8 所示为城市轨道交通动力照明供电系统示意图。

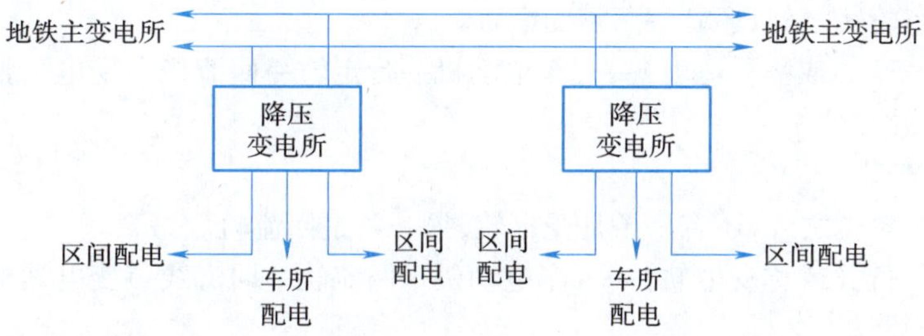

图 6-8　城市轨道交通动力照明供电系统示意图

(1)降压变电所：将三相电源进线电压降压变为 380 V/220 V 交流电，降压变电所的主要用电设备是风机、水泵、照明、通信、信号、防火报警设备等。

(2)配电所：配电所起到电能分配作用。降压变电所通过配电所将三相 380 V 和单相 220 V 交流电分别供给动力、照明设备，各配电所对本车站及其两侧区间动力和照明等设备配电。

(3)配电线路：是配电所与用电设备之间的导线。

在动力照明供电系统中，降压变电所一般每个车站设置一个，有时也可几个车站合设一个；也可将降压(动力)变压器附设在某个牵引变电所之中，构成牵引与动力混合变电所。

五、城市轨道交通供电系统的供电制式

电力牵引用于轨道交通系统已有 100 多年的历史，随着经济和科学技术的不断发展，用于轨道交通的电力牵引方式有许多不同的制式。这里所说的制式，是指供电系统向电动车辆或电力机车供电所采用的电流和电压制式，如直流制或交流制、电压等级、交流制中的频率(工频或低频)以及交流制中是单相或三相等。

城市轨道交通采用直流供电，因为直流电适合于电气牵引的调速要求，而且直流牵引接触网结构简单，建设投资少，电压质量高。国际电工委员会(IEC)拟订的电压标准为：直流电压 750 V、1 500 V 和 3 000 V 三种，见表 6-2。我国国家标准采用直流电压 750 V 和直流电压 1 500 V 两种。北京地铁采用 750 V 直流或 1 500 V 供电电压，上海、广州、南京、深圳等地铁采用 1 500 V 直流供电电压。

表 6-2 城市轨道交通直流供电制式

	电压(V)		
	标准	最低	最高
直流系统	750	500	900
	1 500	1 000	1 800
	3 000	2 000	3 600

六、城市轨道交通牵引供电系统受电方式

1. 架空式接触网受电方式

电流通过架空式接触网向列车供电。

电流路径:架空式接触网→列车电动机→走行轨→回流线→变电站整流器负极,这样构成一个完整的回路。

2. 三轨受电方式

除两条是列车轮轨之外,还有一条是受电轨。

电流路径:第三轨(或称受电轨)→列车电动机→行走轨→回流线→变电站整流器负极,这样构成一个完整的回路。

3. 四轨受电方式

除两条是列车轮轨之外,还有一条是受电轨,另一条是回流轨。

电流路径:第三轨(或称受电轨)→列车电动机→回流轨→回流线→变电站整流器负极,这样构成一个完整的回路。

七、城市轨道交通电力监控系统

城市轨道交通电力监控系统是一个综合的、集成化的信息管理平台。在车站里,电力监控系统对全线各个车站的电力设备进行全面、有效的自动化监控及管理,确保设备长期处于高效、节能、可靠的最佳运行状态,创造一个舒适的环境,并且确保能在紧急情况下及时协调车站设备的运行,充分发挥各种电力设备应有的作用,保证全线安全稳定运行。

城市轨道交通电力监控系统保证控制中心对主变电所、牵引变电所、降压变电所等供电设备运行状态的监视、控制和数据采集。实时对设备与环境进行监测、控制,保证轨道交通的正常运作。图 6-9 所示为某地铁车站城市轨道交通电子监控系统监控界面。

1. 遥控功能

(1)选点式操作,即单控。调度员可根据站名、开关号以及动作状态进行选择操作。

(2)选站式操作,调度员通过对所控站名、动作状态的选择,按系统的运行方式发出指令,进行停送电操作。

(3)选线式操作,调度员对运行线名、动作状态进行选择,实现全线停送电操作。

2. 遥测功能

控制中心对各变电所的量值遥测。遥测的主要参数包括进线、母线、馈线的电压、电流、有功电度、无功电度、有功功率、无功功率及主变压器温度等。

3. 遥信功能

变电所的各种实时信息,包括断路器开关的位置、保护信号和预告信号,通过通信网络传输到控制中心,并显示在模拟屏上。

4. 其他功能

自检功能、显示功能、数据处理功能、打印功能、汉字功能、口令功能、培训功能。

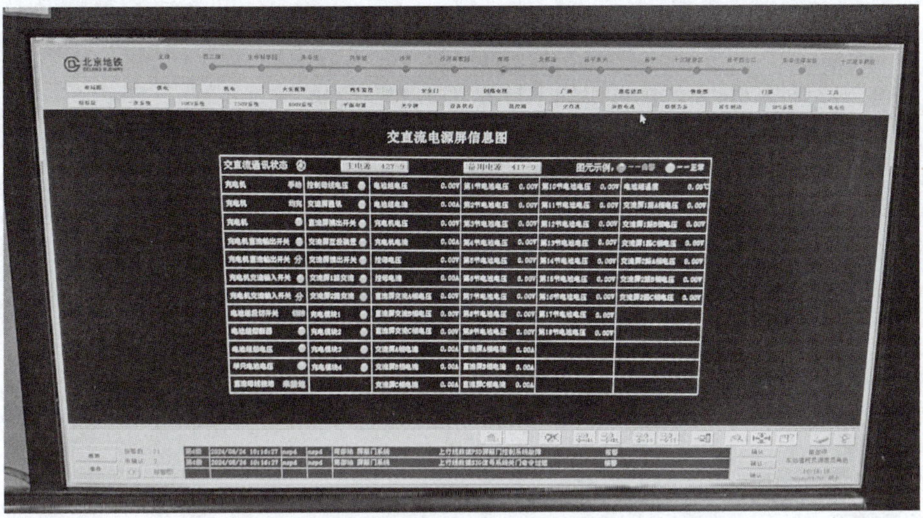

图 6-9　某地铁车站城市轨道交通电子监控系统监控界面

知识拓展

北京地铁多措并举打造“节约型地铁”

365 天运转不停的地铁列车，是城市用电大户。近年来，北京地铁在节能降耗上下足了功夫，通过 LED 照明和通风空调节能改造等措施，推动“节约型地铁”建设。比如一些线路车站中，照明设施采取“一站一策”的策略，优化车站公共区域及区间照明的时间，针对站厅、站台等地的工作照明、导向照明及广告照明，不采用整条线路统一开闭的方式，而将这些照明设施的开启时间设定为每座车站当站首班车前 15 分钟，关闭时间设定为当站末班车后 10 分钟。同时，根据不同季节自然光照度情况，合理利用地面站、高架站及地下站出入口附近的自然采光，实现节能。

技能训练

<table>
<tr><td colspan="8">训练工单：认识城市轨道交通供电系统</td></tr>
<tr><td colspan="8">姓名：________　班级：________　日期：________</td></tr>
<tr><td colspan="2">任务目标</td><td>指导老师</td><td colspan="5"></td></tr>
<tr><td colspan="2" rowspan="2">1. 掌握城市轨道交通供电系统的作用；
2. 掌握城市轨道交通供电系统的组成及特点；
3. 了解电力监控系统的作用</td><td>团队成员</td><td></td><td></td><td></td><td></td><td></td></tr>
<tr><td>分工职责</td><td></td><td></td><td></td><td></td><td></td></tr>
<tr><td>任务内容</td><td colspan="7">作为变电值班员，需要了解工区内供电系统的作用和组成，以小组为单位进入轨道交通实训中心，走进城市轨道交通变电所，观察变电所供电示意图，认识供电系统的组成，说出供电系统的作用，能够绘制简单牵引供电系统图，并完成读图报告</td></tr>
</table>

续表

<table>
<tr><td rowspan="2">引导问题</td><td>1. 城市轨道交通供电系统的作用有哪些?
____
____
____________________</td></tr>
<tr><td>2. 观察变电所供电示意图,说明城市轨道交通供电系统的组成:
____
____
____________________</td></tr>
<tr><td colspan="2">任务实施</td></tr>
<tr><td colspan="2">(1)绘制城市轨道交通供电系统各个组成部分的名称、作用的思维导图。

(2)根据上述任务的思维导图,在变电所示意图(变电所实训室模拟盘)上指示出来城市轨道交通供电系统的各个组成部分。

(3)绘制简单的牵引供电系统示意图,并完成读图报告。

完成读图报告:
(1)结合牵引供电系统示意图,写出牵引供电系统的送电路径。

(2)说明各部分的名称及功能</td></tr>
</table>

任务评价

序号	评价内容	评价标准	分数	评分记录		
				学生自评	组间互评	教师评分
1	供电系统基础	准确掌握城市轨道交通供电基础知识	40			
2	供电系统组成	准确掌握城市轨道交通供电系统组成部分	60			
总成绩			100			

巩固与练习

一、填空题

1. 城市轨道交通供电系统主要由________、________、________三部分组成。
2. 牵引供电系统主要由________和________两大部分组成。
3. 牵引变电所的主要设备是________和________。
4. 牵引网主要由________、________、________和________组成。
5. 动力照明供电系统由________，________及________所组成。其主要作用是________、________和________。

二、简答题

1. 简述牵引供电系统的构成。
2. 简述城市轨道交通供电系统的主要功能。
3. 简述动力照明供电系统的作用。

视频

认知接触网

学习任务二　认知接触网

任务导入

地铁作为城市轨道交通系统，它的供电系统与一般铁路中的电力机车不同。地铁的供电方式主要有接触网供电和第三轨供电。接触网供电时（地铁 1 500 V），是靠列车上方的受电弓和接触网接触供电的。另一种方式是第三轨供电，第三供电轨带有 750 V 或 1 500 V 高压电。

任务目标

知识目标

（1）了解城市轨道交通对接触网的基本要求。

（2）理解城市轨道交通接触网的基本分类。

能力目标

（1）能够对照接触网的组成示意图说出接触网的构成部分及作用。

（2）能够区分接触网的结构形式。

(3)能够说出接触网的供电方式。

素质目标

(1)建立爱岗敬业、团结协作的职业责任感。

(2)树立安全意识。

任务描述

通过本任务的学习,学生能够了解城市轨道交通接触网的结构形式,说出接触网的供电方式,并能说明接触网的构成部分与作用。

核心知识

一、牵引网与接触网

牵引网是包括接触网、钢轨回路(包括大地)、馈电线和回流线的一个大的范畴,它是轨道交通供电系统中向电动车组供电的直接环节。

接触网是一种悬挂在轨道上方沿轨道敷设的和铁路轨顶保持一定距离的输电网。通过电动车组的受电弓(或受电流器)和接触网的滑动接触,牵引电能就由接触网进入电动车组,驱动牵引电动机使列车运行。

馈电线是连接牵引变电所和接触网的导线,它把经牵引变电所变换成合乎牵引制式用的电能馈送给接触网。

轨道在非电牵引情况下只作为列车的导轨。在电力牵引时,轨道除仍具有导轨功能外,还需要完成导通回流的任务,因此,电力牵引的轨道,还需要具有畅通导电的性能。

回流线是连接轨道和牵引变电所的导线,通过回流线把轨道中的回路电流导入牵引变电所。

二、对接触网的基本要求

接触网的状态主要是指接触网与电动车组受电弓(或受流器)滑板的接触和导电情况。从电路要求上,为保证良好的导电情况,滑板与接触线的接触应保持一定的接触压力。当电动车组静止时,接触压力可以保持不变。当电动车组运行时,滑板跟着运动,与接触网形成滑动摩擦接触。这时,如能继续保持一定的接触压力,不间断地向电动车组供电,接触网才处于良好的状态。因此,为了尽量保证对电动车组良好的供电,对接触网有一些基本的要求:

(1)接触网悬挂硬弹性均匀、高度一致,在高速行车和恶劣的气象条件下,能保证正常取流。

(2)接触网结构应力求简单,并保证在施工和运营检修方面具有充分的可靠性和灵活性。

(3)接触网的寿命应尽量长,具有足够的耐磨性和抗腐蚀能力。

(4)接触网的建设应注意节约有色金属及其他贵重材料,以降低成本。

三、接触网的分类

接触网分为架空式接触网和接触轨式(也称第三轨)接触网两大类型。架空式接触网用于城市地面或地下、铁路干线、工矿的电力牵引线路,如图 6-10 所示。接触轨式接触网一般用于净空受限的地下电力牵引,如图 6-11 所示。在我国城市轨道交通系统中,架空式和接触轨式接触网均有采用。

图 6-10　架空式接触网

图 6-11　接触轨式接触网

1. 架空式接触网

架空式接触网是架设在轨道上部的接触网，电动列车上部伸出的受电弓与之接触取得电能，如图 6-12 所示。架空式接触网的悬挂类型大致分为两种：柔性架空式接触网和刚性架空式接触网。

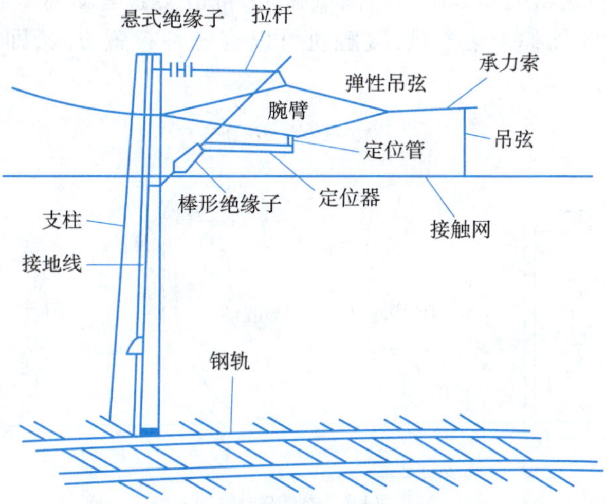

图 6-12　架空式接触网示意图

1）架空式接触网的构成

（1）接触悬挂。接触悬挂由承力索、吊弦、接触线组成，直接与受电弓接触，并保持良好的接触性能。

接触悬挂是由相隔一定距离的悬挂点架空悬挂，接触悬挂分为简单悬挂和链形悬挂两种。简单悬挂是一种直接将接触线固定在支持装置上的悬挂方式，有简单悬挂和弹性简单接触悬挂两种形式。链形悬挂是接触线通过吊弦悬挂到承力索，承力索固定在支持装置上的悬挂方式，有简单链形和弹性链形等多种形式。链形悬挂比简单悬挂性能要好，但也带来了结构复杂、投资大、施工和维修调整较为困难等问题。

（2）支持装置。用以支持接触悬挂并将其负荷传给其他建筑物的结构，包括腕臂、拉杆和绝缘子。

（3）定位装置。包括定位器和定位管。其作用是保证接触线与受电弓的相对位置在规定范围内。

(4)支柱和基础。用以承受接触悬挂和支持装置的负荷,并将接触悬挂固定在规定高度。

2)柔性架空式接触网

柔性架空式接触网由带张力的柔性金属导线组成,在运行过程中,受电弓与接触线保持可靠的弓网压力,并进行取流,其主要特点是以线索形式存在,隧道净空要求较大,运营维护的工作量也较大,能够满足较高的运速要求。

3)刚性架空式接触网

刚性架空式接触网也称刚体接触悬挂或刚性悬挂,是相对传统的柔性接触网而言,为了更有效地利用地下隧道的净空而开发的一种全新形式的接触网。它将传统的接触线夹装在汇流排中,用汇流排取代了承力索,并且利用它自身的刚性保持接触线的固定位置,使接触线不因重力而产生较大弛度。刚性架空接触网节省隧道降空,可靠性高,耐磨性好,接触网零件简单,维修成本大大降低。刚性架空接触网从20世纪90年代起得到较快发展。我国广州、南京等地的城市轨道交通采用刚性架空接触网形式。

2. 接触轨式接触网

接触轨是沿着走行轨道一侧平行铺设的附加第三轨,故又称第三轨。其功能与架空式接触网一样,通过它将电能输送给电动车组。不同点在于,轨道交通电动列车伸出的受流器与第三轨接触取得电能。这种受流器称为集电靴,接触轨可以有三种布置方式,即上磨式、下磨式和侧磨式,具体结构如图6-13所示。

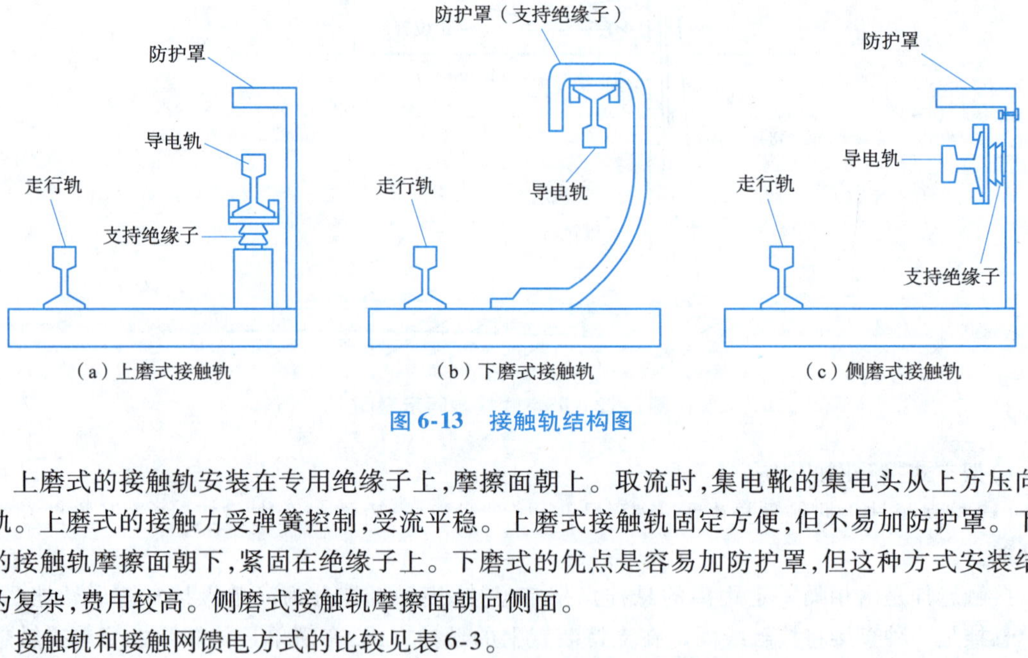

图6-13 接触轨结构图

上磨式的接触轨安装在专用绝缘子上,摩擦面朝上。取流时,集电靴的集电头从上方压向接触轨。上磨式的接触力受弹簧控制,受流平稳。上磨式接触轨固定方便,但不易加防护罩。下磨式的接触轨摩擦面朝下,紧固在绝缘子上。下磨式的优点是容易加防护罩,但这种方式安装结构较为复杂,费用较高。侧磨式接触轨摩擦面朝向侧面。

接触轨和接触网馈电方式的比较见表6-3。

表6-3 接触轨和接触网馈电方式的比较

比较项目	接触轨	接触网
系统构成	简单	复杂
导电部分材质	掺铝钢轨	铜或铜合金线材
所需支撑点	相对多	相对少
系统造价	低	相对较高

续表

比较项目	接触轨	接触网
维护工作量	小	相对较大
在隧道中所需空间	带电的第三轨在走行轨侧方，距走行轨中心 1.4 m，高 0.44 m	相对较大（与隧道挖掘方式和采用悬挂方式有关），带电的接触网在走行轨上方，距轨面高度在 4 m 以上
安全性	线路必须完全封闭，运行中发生突发性事件时必须得到可靠停电通知后或是采用特殊方方法组织乘客转移，或是进行事件现场处理	线路可以不完全封闭，运行中发生突发性事件时车辆可以脱离带电接触网，立即组织乘客转移或是进行事件现场处理
在地面上对城市景观的影响	小	有一定影响，需要精心设计

技能训练

<table>
<tr><th colspan="7">训练工单：认识接触网</th></tr>
<tr><td colspan="7">姓名：________　班级：________　日期：________</td></tr>
<tr><td>任务目标</td><td>指导老师</td><td colspan="5"></td></tr>
<tr><td rowspan="2">1. 能够区分接触网的结构形式；
2. 能够说出接触网的供电方式；
3. 能够对照接触网的组成示意图说出接触网的构成部分及作用</td><td>团队成员</td><td></td><td></td><td></td><td></td><td></td></tr>
<tr><td>分工职责</td><td></td><td></td><td></td><td></td><td></td></tr>
<tr><td>任务内容</td><td colspan="6">作为接触网工，需要了解工区内接触网的运行情况，以小组为单位走进城市轨道交通接触网及接触轨工区，识别接触网的各个组成部分并描述其作用</td></tr>
<tr><td>引导问题</td><td colspan="6">1. 接触网的作用有哪些？
____
____
____
2. 观察接触网，说明接触网的组成：
____
____
________</td></tr>
<tr><th colspan="7">任务实施</th></tr>
<tr><td colspan="7">（1）以小组为单位走进接触网工区，观察接触网、接触轨，识别接触网的各个组成部分并描述其作用。
根据任务信息，写出下图中接触网中各部分的名称和作用。</td></tr>
</table>

序号	名　称	作　用
1		
2		
3		
4		
5		

续表

任务实施
 （2）找出下图中的第三轨，并描述列车如何与第三轨接触并获得电能：  ____ ____ ____

任务评价

序号	评价内容	评价标准	分数	评分记录		
				学生自评	组间互评	教师评分
1	接触网基础知识	准确掌握接触网基本知识	40			
2	接触网的结构形式	能辨认不同地铁线路接触网的结构形式	60			
总成绩			100			

巩固与练习

一、填空题

1. ________是一种悬挂在轨道上方或沿着轨道一侧设置的、和铁路轨顶保持一定距离的输电网。

2. 馈电线是连接________和________的导线。

3. 在电力牵引时，轨道除仍具有导轨功能外，还需要完成________的任务。

4. 回流线是连接________和________的导线。

5. 接触网分为________式接触网和________式接触网。

6. 架空式接触网由________、________、支柱与基础等部分组成。

7. ________是沿线路敷设的与走行轨道平行的附加轨，故又称________。

8. 接触轨是敷设在铁路旁的具有高导电率的________制成的。

9. 接触轨可以有三种布置方式，即________。

10. 上磨式的接触轨安装在专用绝缘子上，摩擦面________。

11. 在所有车站，________总是设在远离站台的轨道一侧，以防止乘客摔落在轨道上时造成触电。

二、简答题

1. 对接触网的基本要求有哪些？

2. 接触悬挂由哪些元件组成？

项目七
城市轨道交通运营管理

项目导入

城市轨道交通是一种容量较大、运送速度较快的交通方式,可为乘客提供安全、迅速便捷、舒适的运送服务。城市轨道交通运营管理是一个系统工程,在运营管理模式上实行高度集中、统一指挥的原则。如此庞大一个系统工程在日常运营管理中控制中心、车站等各部门是如何相互协调工作的呢？本项目首先介绍城市轨道交通运营的基本特性、城市轨道交通运营管理的组织结构及工作岗位人员的职责等,然后介绍行车组织,包括列车运行图等基础内容,以及控制中心行车组织、车站行车组织、车辆段行车组织等,最后介绍城市轨道交通客运组织,包括客运组织作业、客流组织、票务管理等。

通过本项目的学习,学生应能掌握城市轨道交通运营管理的基础知识,并能达到以下学习目标。

学习目标

知识目标	技能目标	素质目标
(1)了解城市轨道交通运营管理的基本特性、运营管理的组织机构及工作岗位人员的工作职责等; (2)理解控制中心、车站、车辆段行车组织的内容; (3)掌握车站日常客运组织、票务管理作业	(1)能准确描述城市轨道交通关键工作岗位的工作职责; (2)能够读懂列车运行图,知道行车组织的运行方式; (3)具备进行车站客流组织、票务处理的能力	(1)培养学生爱岗敬业的职业责任感; (2)培养遵纪守法、严守规章的职业原则; (3)具备团队合作的意识; (4)培养严谨的工作作风、良好的职业道德

学习任务一 认知运营组织与管理

任务导入

某年某月某日,地铁车站站台站务员发现有一名候车乘客跌入轨道,立即按压紧急停车按钮,并报告车控室,列车在站外 40 cm 处停稳。车站值班站长在事故发生后立即组织人员赶赴现场。行车调度员同意下线救人,车站人员将伤者抬离现场。车控室值班员在故障排除后在车控室对紧急停车按钮进行复位,保证了乘客人身安全和车站的正常运营秩序。

任务目标

知识目标

(1)了解城市轨道交通的运营特性。

(2)理解城市轨道交通的运营组织机构和岗位设置。

(3)理解轮班工作制度。

能力目标

(1)熟知轨道交通运营公司岗位职责。

(2)能按照公司规定进行岗位轮班调休。

素质目标

(1)培养学生理论联系实际的学习习惯。

(2)培养“爱岗敬业、使命担当”的工作意识和作风。

任务描述

通过本任务的学习,学生能够认识城市轨道交通运营组织架构,并熟悉各工作岗位职责,对未来自己从事的具体工作岗位有初步的认知。

核心知识

一、城市轨道交通运营特性

城市轨道交通运营管理是综合利用相关设施为乘客提供优质服务的保证。城市轨道交通运营管理的目的:在集中管理和统一指挥的组织体系下,将经过严格培训并且合格的专业管理人员进行有机组合;采取先进的管理方式和手段,利用现代化的设施设备,安全、有效地完成客流运输任务;在发挥城市客运交通体系骨干作用的同时,通过市场化的经营手段,提高社会效益和经济效益,促进企业可持续发展。图 7-1 所示为地铁客运服务情景。

图 7-1　地铁客运服务情景

城市轨道交通运营特性如下:

(1)城市轨道交通安全管理要求高。“安全第一、预防为主、综合治理”是城市轨道交通运营管理永恒的主题。城市轨道交通日常运营管理中的绝大部分工作都是围绕预防运营安全开展的。人、环境、设备等因素都决定了轨道交通必须要有高标准的安全管理措施。

(2)城市轨道交通服务要求高。客运服务质量直接反映轨道交通系统运营管理水平,也是一座城市文明形象的具体展现。城市轨道交通需要通过方便、迅速、准时、舒适、高效、安全性的服务特性来提供更优质的服务。

(3)城市轨道交通行车密度大、运量高。现代城市轨道交通列车运行控制系统可以使行车间隔(行车密度)控制在 90 s 以内。全日客流在时间分布上有较为明显的高峰(早、晚高峰)和平峰之分。在高峰时段,客流量集中,时间要求高;在空间上,各区间的客流密度各不相同。

(4)设备集成程度高。为了实现设备的集中管理、统一调度,城市轨道交通的设备集成度高,自动化、信息化技术广泛,信号系统和综合监控系统是运营组织技术的核心。

从运营功能看,城市轨道交通大体分为以下三大系统:

(1)列车运行系统,包括隧道、站台、线路、车辆、牵引供电、信号、通信、控制中心等。

(2)客运服务系统,包括车站及照明、售检票设备、导向及预告措施、消防、环控、自动扶梯、电梯、车站服务等。

(3)检修保障系统,包括为保障上述设备性能良好,能随时起动并重新投入运行而具备的检修手段及检修能力等。

二、运营组织机构

1. 城市轨道交通运营企业组织架构

随着轨道交通建设的快速发展,大中型城市轨道交通线路交织盘错成交通网络,城市轨道交通形成多投资主体、多运营商、多集成商的运营管理模式,这种网络化运营管理使轨道交通综合协调能力增强,实现多线路、多运营主体的控制指挥功能。

当前,城市轨道交通运营企业大多采用集团公司-分公司两级模式。集团公司设相关职能部门,如人力资源部、财务部、发展规划部、宣传部等,具体负责集团公司相关业务。在集团公司统一领导下,成立各具体业务分公司,如负责运营的运营分公司、负责工程建设的建设分公司、负责开发的开发分公司等。

与城市轨道交通运营管理有关的业务大多属于运营分公司业务范围,因此,运营分公司在城市轨道交通运营企业组织架构中占有重要地位。不同城市轨道交通企业运营分公司组织架构模式不尽相同。某市地铁运营公司组织机构如图 7-2 所示。

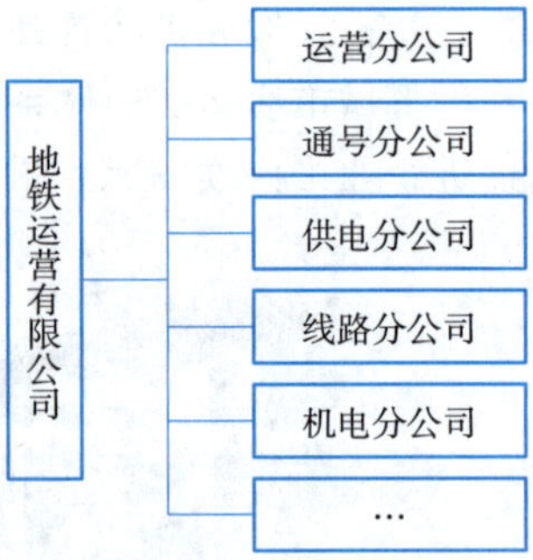

图 7-2　某市地铁运营公司组织机构

2. 城市轨道交通运营指挥体系

城市轨道交通是一个复杂联动大系统,所涉及的专业多,自动化程度高,运营安全可靠度要求高,要想实现安全可靠运营,提供快捷、舒适、正点、大客运量服务,需要各项作业和部门协同工作。城市轨道交通运营企业按照"统一领导、分级管理"的原则组织行车工作,由交通控制中心实行统一指挥,组织和协调日常运营生产活动。

交通控制指挥机构是城市轨道交通日常运营组织工作的指挥中心,是城市轨道交通运营系统信息收发中心和通信联络中心,凡与列车运行有关的各部门,都必须在该机构的统一组织和指挥下进行。

在国内城市轨道交通运营企业中,控制中心是较常见的行车调度指挥机构。控制中心实行分工管理原则,将整个运输生产活动按业务性质划分为若干部分,设置不同的调度工种,分别管理一定的工作。如在控制中心通常设有环控调度、电力调度和行车调度等调度工种,在车站设置值班站长、值班员、站务员等工种。图 7-3 所示是北京市轨道交通指挥中心，图 7-4 所示是中央控制室布局图。

图 7-3　北京市轨道交通指挥中心

图 7-4　中央控制室布局图

三、运营工作岗位设置

1. 控制中心主要工作岗位及职责

1）值班主任

控制中心的值班主任是调度班组工作的组织者和领导者，主要工作职责是传达、贯彻和执行上级有关文件、命令及指示。负责完成本班组各项运输指标、主持接班会、布置有关事项、检查安全生产情况、掌握列车运行图执行情况、负责施工和救援工作的把关、主持事故分析会议。

2）环控调度员

环控调度员主要监控通风、空调、给排水等与环境相关的各种设备。及时调节所管辖区段内的温度、湿度、空气流动速度、含尘量等各种参数，保证环境质量，满足乘客的出行需要。

3）行车调度员

行车调度是运输调度工作的核心。行车调度员是列车运行的统一指挥者，担负着指挥列车运行、贯彻安全生产、实现列车运行图、完成运输计划的重要任务，如图 7-5 所示。主要负责以下工作：

①监控或操纵列车运行控制设备，掌握列车运行、到发情况。

②发布调度命令，检查各站、各段执行和完成行车计划情况。在列车晚点或运行秩序紊乱时采取有效措施尽快恢复按图行车。

③发生行车事故时迅速采取救援措施，并向上级和有关部门报告，填写各种报表。

图 7-5　行车调度员

4）电力调度员

电力调度员主要监控变电所、接触网等与供电相关的各种设备，及时采集各种数据，保证各个车站、列车供电的可靠性与安全性。

5）维修调度员

维修调度员负责各线路设备的维修管理。

2. 车站主要工作岗位及职责

车站是城市轨道交通运输工作的基层单位，是供乘客乘降列车的处所。车站的运营管理人员通常包括站长、值班站长、值班员、站务员等。车站的运营管理工作通常采用值班站长负责制。

1)站长

城市轨道交通车站的站长全面负责车站行政管理工作。对车站的安全管理、票务管理、服务管理、培训组织、人员管理及班组建设等工作负责。组织本站人员完成车站行车、票务和客运服务工作及特殊情况下的应急组织。

2)值班站长

城市轨道交通车站的值班站长直接对站长负责,服从行车调度员的生产指挥。对本站的行车、客运、票务、培训及人员管理等具体事务进行管理和落实。具体工作如下:

(1)值班站长必须掌握车站的近期工作计划、生产计划及当天的生产工作重点,制定工作措施,合理组织和开展工作,对持续性工作做好交接班并跟踪完成情况。

(2)当车站发生设备故障或紧急情况时,担任事故处理主任,组织指挥现场人员按照应急处理预案的要求进行处理。

(3)值班站长在日常工作中要负责对本班工作人员的管理。对车站值班员、站务员的工作进行监督、检查、指导和考评管理。负责对维修人员、商铺人员、施工人员等外单位人员进行属地管理。

3)值班员

城市轨道交通车站的值班员是车站落实行车组织和客运组织的关键岗位。在值班站长的领导下,根据行车和客运组织要求,按照工作流程开展工作,并对当班站务员的工作进行监督指导。值班员根据所负责业务的不同通常又细分为行车值班员和客运值班员岗位。

视频

车站值班员和站务员岗位职责

(1)行车值班员主要负责车站的行车工作,包括监控列车运行情况,管理行车备品,监控车站各类设备运行状态,进行施工管理,接收、传达和执行调度命令,将各类信息向相关部门汇报等。图 7-6 所示为行车值班员。

(2)客运值班员主要负责车站的票务工作和客运服务。票务工作包括车站的车票、票款管理,组织站务员完成售检票任务,以及车站票务营收数据的统计、报表填写和保管工作。客运服务工作包括负责解决并处理乘客票务、服务问题,在发生设备故障或紧急情况时,协助值班站长进行处理。

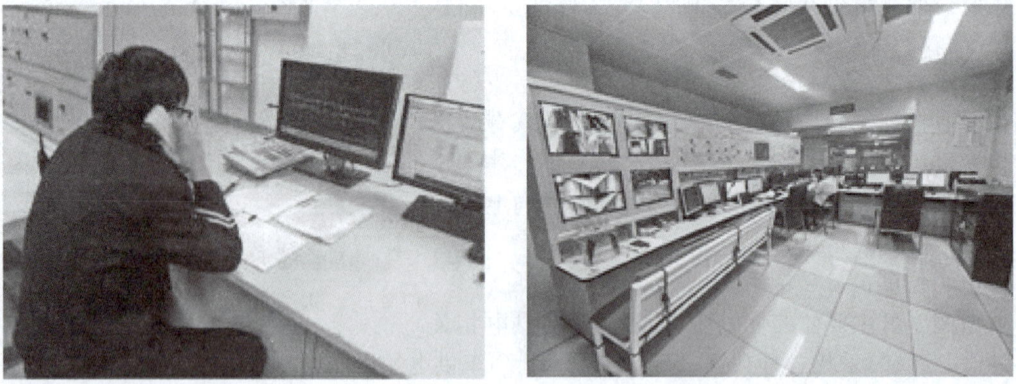

图 7-6　行车值班员

4)站务员

城市轨道交通车站的站务员直接面向乘客提供服务,包括售检票业务、接发列车、组织乘客乘降、回答乘客问询及对车站设备设施运营状态进行巡视检查等具体工作,如图 7-7 所示。

3. 车辆段主要岗位及工作职责

车辆段是城市轨道交通系统对车辆进行运用管理、停放、维修及保养的场所。车辆段主要岗位包括信号楼值班员、车辆检修调度员和派班员、司机等。

1）信号楼值班员

信号楼值班员如图 7-8 所示，主要职责如下：

(1)接收并执行行车调度员的接发列车、调车作业计划。

(2)负责车辆段内行车指挥、进路排列和列车接发工作。

(3)操控计算机设备、实现计算机联锁设备的功能。

图 7-7 站务员(站台岗)

图 7-8 信号楼值班员

2）车辆检修调度员

车辆检修调度员的主要职责如下：

(1)全面负责车辆的计划维修、故障抢修、事故处理、调试、改造作业安排及组织实施。

(2)监视所有车辆技术状态，提供运行图所规定的列车数上线服务，并确保状态良好，符合有关规定。

(3)负责车辆检修内务管理及协调、调配车辆生产任务。

3）派班员

派班员的主要职责如下：

(1)安排司机出勤、退勤。

(2)编制、实施司机的排班计划。

(3)遇突发事件时及时调整交路，安排好司机的出勤、派班工作。

(4)负责与车辆检修调度员交接检修及运用列车，与出/退勤司机交接运营列车，向行车调度员通报司机的配备情况。

(5)管理司机日常事务，检查落实各项管理制度和作业安全规定。

4）司机

车辆段根据列车配置数和运行图的要求配置若干司机。司机包括客车司机和工程车司机。

(1)客车司机负责列车的运行工作。依据列车运行计划的要求，根据行车调度员的指示命令完成客车驾驶，并使客车在各车站完成乘客乘降作业。

(2)工程车司机根据调车员的指挥负责车辆段工程车的开行工作。

四、轮班工作制度

地铁生产性技术、技工及客服系列岗位,凡因工作需要,必须昼夜连续工作的,实行轮班工作制度,实行轮班工作制的员工休息分为轮休与调休。城市轨道交通轮班原则:轮班要严格遵守有关规定,原则上每月工时不能超出《中华人民共和国劳动法》规定,并每月要确保员工休息时间符合有关规定。城市轨道交通轮班制度一般有常白班制、三班两运转制、四班两运转制和五班三运转制。

(1)常白班制:即上班人员实行常日班工作制度。一般为上五天班休息两天制度。此种上班制度的一般为综合技术类工程师、站区站长、车站站长及各运营部门经理、主任等不需要24小时在岗的岗位。

(2)三班两运转班制:即一个岗位上有三个班组在轮流倒班,一个自然日有两个班组在上班(一个班组上早班,另一个班组上中班),一个班组休息。早班时间为运营开始至14时00分。中班时间为14时00分至运营结束。上此种班制的一般为六天中上两个早班、两个中班、休息两天。执行此种班制的一般为车站值班站长、各车间班组长、客服中心站务员等。例如上海地铁1号线值班站长、客服中心站务员即执行三班两运转班制。

(3)四班两运转班制:即一个岗位上有四个班组在轮流倒班,一个自然日有两个班组在上班(一个班组上白班,另一个班组上夜班),另外两个班组休息。上此种班制的一般为四天中一个白班、一个夜班、休息两天。此种排班制度的时间比较灵活,由部门领导根据各工种的差异分配具体的上班时间。执行此种班制的一般是控制中心调度员、车站行车值班员、车站客运值班员、维修部门的维修人员等。

(4)五班三运转班制:即一个岗位上有五个班组在轮流倒班,一个自然日有三个班组在上班(一个班组上白班、一个班组上中班、一个班组上夜班,平均每个班组八小时),另外两个班组休息。具体上班时间由部门领导根据具体情况统一分配。

知识拓展

北京市某地铁线路站区运营组织岗位设置

某地铁线路分若干站区。站区长及站区书记为站区主要负责人,站区执行逐级负责制度。站区长及站区书记对主管副站区长、技术主管、值班站长等所有岗位进行全面管理;主管副站区长在站区长和站区书记的指挥下对技术主管、值班站长及现场岗位进行管理;技术主管在站区长及站区书记、主管副站区长的指挥下对值班站长及现场岗位进行管理;值班站长对现场所有岗位进行管理。站区运营组织岗位设置如图7-9所示。

站区长、站区书记全面负责站区客运组织管理工作、各岗位人员职责的有效落实等。副站区长在站区长、书记的领导下,配合、协助抓好站区客运组织工作等。技术主管对车站的客运组织工作及安检工作进行巡视、监督各车站客运组织的执行落实情况等。值班站长掌握车站客流情况、负责车站人员管理工作等。综控员认真监视综合监控设备,发现故障及时报修,并采取控制措施,依据行调命令办理相关行车作业,以及处理好日常行车业务等。站务员按照站厅岗和站台岗的职责严格执行岗位作业程序等。安检员负责宣传疏导乘客进入安检区域安检等。

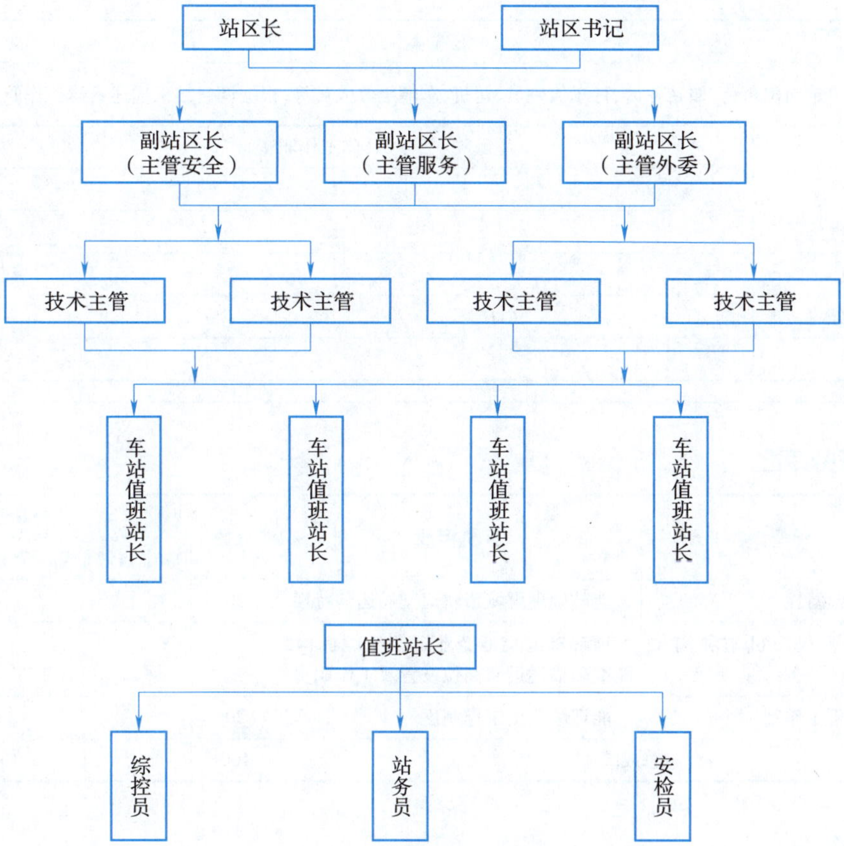

图 7-9 站区运营组织岗位设置

技能训练

<table>
<tr><td colspan="8">训练工单:认识运营组织与管理</td></tr>
<tr><td colspan="8">姓名:________ 班级:________ 日期:________</td></tr>
<tr><td colspan="2">任务目标</td><td>指导老师</td><td colspan="5"></td></tr>
<tr><td colspan="2" rowspan="2">熟悉城市轨道交通岗位分工及职责</td><td>团队成员</td><td></td><td></td><td></td><td></td><td></td></tr>
<tr><td>分工职责</td><td></td><td></td><td></td><td></td><td></td></tr>
<tr><td>任务内容</td><td colspan="7">调研自己所在城市的地铁运营管理情况,了解轨道交通企业运营组织架构,了解轨道交通企业内部各岗位的设施及工作职责,并对未来自己将要从事的岗位要求有清晰的认知</td></tr>
<tr><td>引导问题</td><td colspan="7">调研自己所在城市的轨道交通运营岗位设置有哪些,绘制层次结构图。</td></tr>
</table>

续表

任务实施
小组为单位设定岗位角色，如站务员、行车值班员、司机、车辆维修人员等，根据调研结果描述具体工作职责：

岗位	具体工作职责
站务员	
行车值班员	
司机	
车辆维修人员	
其他	

任务评价

序号	评价内容	评价标准	分数	评分记录		
				学生自评	组间互评	教师评分
1	运营特性	能准确理解城市轨道交通运营特性	20			
2	运营组织机构和岗位设置	理解轨道交通企业运营组织机构，能准确描述运营岗位设置及工作职责	60			
3	轮班工作制	能理解轮班工作制度	20			
总成绩			100			

巩固与练习

一、填空题

1. 城市轨道交通运营企业大多采用________-分公司两级模式。
2. 城市轨道交通运营企业按照“统一领导、________”的原则组织行车工作。
3. 城市轨道交通轮班制度一般有常白班制、________、四班两运转制和五班三运转制。

二、简答题

1. 简述控制中心主要的岗位及职责。
2. 简述车站主要的岗位及职责。
3. 简述车辆段主要岗位及职责。

视频

认知行车组织和调度

学习任务二　认知行车组织和调度

任务导入

地铁行车值班员每天目不转睛地盯着控制台，密切关注着进站的每一趟列车；每天接几十次电话，每一分钟都在接收、处理信息，为车站运营安全保驾护航。透过车站控制室的玻璃窗，看着每天来来往往的乘客，心中时刻常存一份责任。

早晚高峰客流量十分大，行车组织工作稍有差池都会对乘客带来极大的不便，同时还会造成很大的安全隐患。行车调度员，紧盯监控大屏，确认线上每一列车的位置与时刻，控制行车间隔与安全，确保准点运行。

任务目标

知识目标

（1）了解行车组织的定义、原则和模式。

（2）理解列车运行图的作用。

（3）理解控制中心、车站、车辆段如何组织列车运行。

（4）了解行车调度的基本任务和机构。

能力目标

（1）能识读列车运行图。

（2）能遵守执行控制中心、车站、车辆段的行车组织规则。

素质目标

（1）培养学生遵章守纪、爱岗敬业的精神。

（2）培养学生严谨、踏实的工作态度和作风。

任务描述

城市轨道交通运营系统需要通过列车开行才能实现将乘客运送到目的地的目标。本任务介绍城市轨道交通行车组织的相关基础知识，主要包括行车组织概述，列车运行图、控制中心行车作业组织、车站行车组织、车辆段行车组织和行车调度工作等。

核心知识

一、城市轨道交通行车组织概述

1. 城市轨道交通行车组织定义

城市轨道交通行车组织是指利用城市轨道交通设施设备，根据列车运行图组织列车运行的活动。行车组织工作是整个城市轨道交通运输生产的核心内容，行车组织工作的质量影响乘客出行，与乘客的生命和财产安全息息相关，直接关系到乘客的选择意愿。

2. 城市轨道交通行车组织指挥体系

城市轨道交通是一种复杂、技术密集型的城市公共交通系统，其正常运转需要各个作业环节、各部门和各工种密切合作才能完成。因此，城市轨道交通行车组织必须贯彻安全生产的方针，坚持高度集中、统一指挥、逐级负责的原则。

3. 城市轨道交通行车组织基本要求

（1）列车运行图是行车组织工作的基础，所有与列车运行有关的单位都必须严格根据列车运行图的要求开展运营生产工作，保证按图行车。列车运行图的编制以满足客流需求为导向，综合考虑线路客流规律及线网衔接等因素，结合车辆设备条件，有效发挥线路能力，经济合理地运用车辆和安排施工维修时间，确定线路运营时间及各时段的行车间隔、停站时间、行车交路等。列车运行图应保持相对稳定，需要常态化延长运营服务时间或缩小行车间隔的，要充分论证用车数量、线路条件等设施设备能力及施工维修时间、人员配备需要等情况，确保满足安全运营条件的方可组织实施。列车运行图至少保存两年。

（2）行车指挥层级自上而下分为线网监控级、线路控制级和现场执行级，下级服从上级指挥。

线网监控级负责监控线网运行状态、统筹线网运营生产、指挥应急情况下线网列车运行调整,以及对外联络协调。线路控制级负责本线路的运营状态监控、运行调整和应急指挥。现场执行级负责具体执行行车计划及现场应急处置。

(3)正常情况下列车应按双线、右侧单方向运行。直线型线路行车方向以自西向东、自南向北为上行,以自东向西、自北向南为下行;环形、半环形线路以外环(逆时针方向)为上行,以内环(顺时针方向)为下行。对角线方向线路应按照东西方向及南北方向线路区段所占比重,以比重较大的区段方向判定上、下行。

(4)城市轨道交通列车等级由高至低依次为专运列车、载客列车、空驶列车、调试列车和其他列车。开往事故现场的抢险救援列车,在确保乘客安全的前提下,应优先办理行车。

(5)行车调度命令是指挥列车运行的命令(运行揭示调度命令除外)和口头指示,只能由行车调度人员发布。行车各相关岗位人员必须服从指挥,严格执行行车调度命令。发令人应通过具备追溯功能的渠道发布行车调度命令,做到一事一令。行车调度命令分为书面命令和口头命令,书面命令包含纸质命令和电子命令。书面命令要素应包含发令日期、时间、命令号码、发令人、命令内容、受令人。口头命令要素应包含命令号码、命令内容、受令人。发令人应使用普通话和行车标准用语。受令人应复诵命令内容,命令记录应至少保存一年。

(6)行车组织方法由高至低包括移动闭塞法、准移动闭塞法、进路闭塞法、电话闭塞法等。行车调度人员应根据信号系统具备的功能层级,由高至低使用相应的行车组织方法。

移动闭塞法及准移动闭塞法的行车凭证均为车载允许信号,列车按照信号系统给定的移动授权信息运行,控制列车安全运行间隔和行驶速度。其中,移动闭塞法和准移动闭塞法分别以前方列车尾部和所占有区段末端为追踪点进行计算授权,控制列车安全运行间隔和行驶速度。

进路闭塞法的行车凭证为地面信号机显示的允许信号,列车运行间隔为进路始端信号机至相邻下一个顺向信号机,一条进路内两个相邻信号机间只允许一列车占用(列车救援时除外)。电话闭塞法是当上述更高级别的行车闭塞法不能使用时,由区间两端车站利用站间行车电话发出电话记录号码的方式办理闭塞的一种方法,启用前应确认所有列车停妥,准确掌握实施电话闭塞区域内所有列车位置且进路准备妥当;电话闭塞法应使用纸质行车凭证,一站一区间,或车辆基地至相邻车站只允许一列车占用(列车救援时除外);启用电话闭塞法时,首列车运行速度不应高于 25 km/h。

(7)用于行车指挥工作的调度电话、公务电话和无线电话须有良好的录音装置。通信内容须录音保存。

二、列车运行图

列车运行图是列车运行的基础。列车运行图规定了各次列车占用区间的顺序,在每个车站到达、出发或通过的时刻,列车在区间运行时间,以及列车在车站的停站时间和折返站折返时间等。列车运行图能直观地显示列车在时间和空间上的关系,显示列车在各区间的运行及在各车站停车或通过的状态。

1. 列车运行图图解

在列车运行图上,对列车运行时空关系的图解可以有两种方式。一种是以横坐标表示时间,纵坐标表距离。这时列车运行图上的水平线表示车站,垂直线表示时间,水平线间的间隔表示区间,垂直线间的间隔表示时间的单位。另一种是以横坐标表示距离,纵坐标表示时间,这时列车运行图上的水平线表示时间,垂直线表示区间。在我国,列车运行图的图解方式通常采用第一种,图 7-10 所示为某地铁部分时段列车运行图(5:00~7:00)。

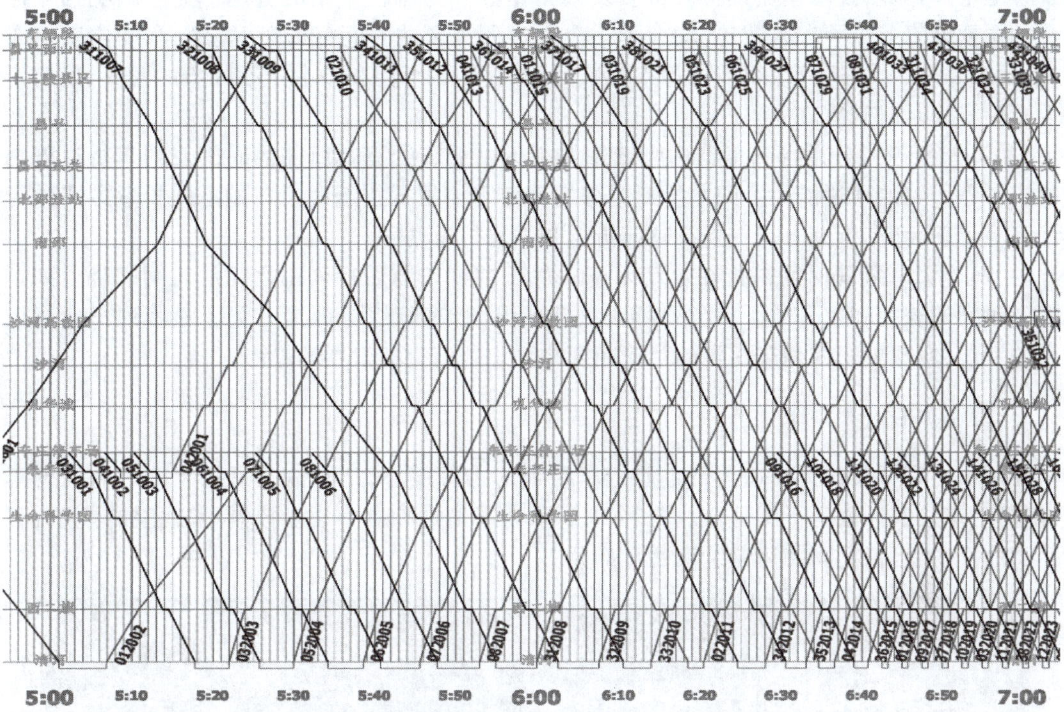

图 7-10　某地铁部分时段列车运行图(5:00－7:00)

图 7-10 所示的列车运行图上有横线、竖线和斜线三种线条。它们的含义分别如下：

(1)横线将纵轴按一定比率划分,代表车站的中心线。

(2)竖线将横线按一定的时间单位进行等分,此处为一分格。

(3)斜线是列车运行的轨迹,代表列车运行线。列车运行线与车站中心线的交点表示列车在车站的到达、出发和通过时刻。

根据竖线等分横轴的时间单位不同,列车运行图主要有以下四种格式：

(1)一分格运行图,横轴以 1 min 为单位进行等分。

(2)二分格运行图,横轴以 2 min 为单位进行等分。

(3)十分格运行图,横轴以 10 min 为单位进行等分。十分格运行图是市郊铁路日常使用的列车运行图。

(4)小时分格运行图,横轴以 1 h 为单位进行等分。小时运行图是编制旅客列车方案图、机车周转图或客车周转图时采用的格式。

2. 列车运行图的要素

列车运行图包含的要素很多,这里主要介绍以下几种要素：区间运行时分、列车停站时分、列车折返时分和列车发车间隔时间。

(1)列车区间运行时分是指列车在相邻车站之间的正常运行时间标准,它是通过牵引计算和试验查定相结合的方法确定的。计算列车区间运行时分的基本参数包括区间距(按车站中心线的距离确定)、运行速度、加减速度和线路的横纵断面条件。

(2)在车站上列车常常需要进行有关作业,列车在车站作业时所需要的停留时间即为列车停站时分。城市轨道交通的列车在车站上的作业主要有客运作业和技术作业。其中,客运作业是指乘客上下车作业，技术作业是指设备接发列车作业和列车在车站的折返作业。影响列车停站时分的主要因素有上下车人数、平均上下一个乘客所需要的时间（和车门宽度、车厢内装修布置方式、站台高度、车站运营组织措施等有关）、开关门时间、车门和站台门不同步的时间、确定车门关妥及信号显示时间等。

(3)列车折返时分是指列车到达终点站或折返站后转线运行所需的时间。列车折返能力直接决定一条线路的通过能力。列车折返时分的确定需要根据折返线设置的不同折返方式进行分别计算。目前，列车折返方式主要有站前折返和站后折返两种。

(4)列车发车间隔时间是指在自动闭塞条件下前列车与后行列车之间的时间间隔。列车发车间隔时间的长短和信号类型、列车性能、线路状况、行车组织等因素有关。随着列车运行控制技术的发展，实现更短的列车间隔的移动闭塞是城市轨道交通发展的趋势。

三、控制中心行车组织

控制中心是城市轨道交通运营企业行车组织的指挥中心，正常情况下控制中心监控列车运行，确保列车按照计划运行图运行。图 7-11 所示为某地铁控制中心。控制中心主要作业流程包括运营前准备、运营期间和运营结束后三部分。

图 7-11　某地铁控制中心

1. 运营前准备

每天在运营前规定时间内，行车调度员确认线路出清并符合行车条件后进行下列准备工作：

(1)试验道岔。每天运营开始前规定时间内，行车调度员通知各联锁站的行车值班员试验道岔，值班调度主任、行车调度员查看 ATS 子系统的调度员工作站的显示。联锁站试验完毕，行车调度员收回控制权。调度主任、行车调度员使用中央联锁工作站试验进路、道岔的操作，使有关道岔处于正确位置。如果发现道岔不能正常使用，及时通知维修调度，派人检查抢修。

(2)检查和准备。运营前主要检查行车值班员到岗情况，站台是否有异物侵入限界，行车设备是否正常，备品是否齐全、完好，以及当日运用车、备用车的准备及乘务员配备等情况。行车调度员检查完毕，在运营开始前规定时间通知电调牵引系统送电。同时，行车调员需按车辆段调度员提供的当日上线列车及备用车编辑无线调度台动态组，以便调度。

(3)加载列车运行图。根据客流分布规律，城市轨道交通一般采用分号运行图。在每天运营前规定时间控制中心主任调度在行车调度员工作站上加载当天使用的列车运行图。当日使用的列车运行图加载后，必须检查是否有效。通常运营部门都会编制多个不同的列车运行图，比如工作日运行图、周末运行图、节假日运行图等。

(4)核对时钟时间。行车调度员、电调在开始行车前与各站(含车辆段)、各变电所(站)核对日期和时钟时间(对表);行车调度员与车辆段派班员核对时钟时间、服务号和注意事项。

(5)核对列车出库计划。根据当日列车运行图,行车调度员与车辆段调度员核对列车出库计划是否准确。

(6)组织首班车。开行首班车,要严格按照列车运行图组织列车运行,按时开出,避免晚点发车。

2. 运营期间

运营期间行车调度员应充分使用各种调度指挥设备,组织列车按照列车运行图安全、正点运行,尽量均衡在线列车的行车间隔。运营期间行车调度员的主要工作有列车运行监控,配合其他调度员进行电力供应、环境控制、防灾救护及设备维修施工等的调度指挥,监视各站情况,与相关单位进行信息沟通,列车运行调整,末班车组织等。

3. 运营结束后

每天运营结束后,行车调度员负责当天的行车工作分析和总结。运营结束后行车调度员的主要工作有打印当日行车计划运行图和实际列车运行图,编写运营情况日报表,组织施工计划的实施和各种运营指标的统计。

四、车站行车组织

城市轨道交通车站行车组织的工作是监督行车设备运转状态,收集信息并上报运营控制中心,执行行车调度员命令调整列车运行,与列车司机执行联控措施。为了能安全、均衡、有节奏地完成乘客运输任务,各车站都有一套完整的行车作业要求、作业制度和接发列车作业程序。

1. 行车作业要求

1)执行命令、听从指挥

严格执行单一指挥制,车站行车工作由车站行车值班员统一指挥,站务员在行车值班员指挥下处理车站内行车事件。

2)遵章守纪、按图行车

认真执行行车规章制度,遵守各项劳动纪律。办理行车作业正确及时,严防错办和漏办,严禁违章作业。

3)作业联系、及时准确

联系各种行车事宜时,必须程序正确、用语规范、内容完整、简明清楚,严防误听、误解和臆测行事。

4)接发列车、目迎目送

接发列车严肃认真,姿势端正,目迎目送,确保列车安全运行。

5)行车表报填写齐全

行车表报包括各种行车凭证、行车日志、调度命令登记表、设备故障登记表、手摇把使用登记表、交接班登记表和施工作业登记表等。车站工作人员必须认真、规范地填写各种行车报表,字迹要清晰、工整,表格内容要填写完整。

2. 作业制度

为了加强车站行车工作组织,保证车站良好的行车作业秩序,必须建立和健全各项行车工作制度,做到行车作业制度化、程序化、标准化。行车值班员必须按照各项规章制度进行行车作业才能保证行车安全。

1)行车值班员岗位责任制

车站行车工作实行单一指挥制,行车值班员是车站行车工作的组织者和指挥者。车站根据行车工作的需要设置行车作业岗位。

2)交接班制度

行车值班员交班时,应处理好当班事物,填写好相关台账,并口头向接班行车值班员交代清楚。行车值班员接班时,要了解列车运行情况,检查行车设备、备品、记录检查、钥匙是否齐全,登记与实际情况是否吻合,确认无误后,签名接班。

3)检修、施工登记制度

行车值班员根据检修、施工计划向检修和施工负责人交代有关注意事项后,方可登记。登记工作必须做到认真、细致、全面、及时。凡影响列车运行的临时设备抢修,必须先与行车调度员联系作业时间,经批准后方可记。

4)道岔擦拭制度

道岔关系行车安全,必须由专人负责定期擦拭。擦拭道岔前,先与行车调度员联系,办理控制权下放手续。道岔擦拭时,车站控制室要有人监护,必须严格遵守相关管理规定,杜绝随意、私自扳动道岔。

5)巡视检查制度

送电前,行车值班员应进行站线巡视,检查线路上有无影响列车运行的异物。对站内设备检修、施工后的现场进行巡视检查,复核检修、施工登记/注销情况。检查行车控制台是否有异常情况。

6)行车事故处理制度

发生行车事故时应立即采取措施进行处理,同时向行车调度员及有关部门报告。详细记录事故发生的时间、地点、列车车次、车号、涉及人员姓名、人员伤亡和设备损坏情况。立即赶赴现场,查找人证与物证,并做好记录。清理现场,尽快恢复线路。对责任行车事故,应找出原因,提出处理意见,制定防范措施。

3. 接发列车

目前,国内城市轨道交通普遍采用行车指挥自动化组织列车运行,实现了列车自动驾驶,列车以规定的速度进站,车站不显示接车信号,因此各车站原则上不办理接发列车作业。当信号联锁设备故障,需人工排列进路组织列车运行或退行等特殊情况下须办理接发列车作业。车站接发列车的基本程序如下:

1)办理闭塞

闭塞的实质是同一区段在同一时间内只允许一列车占用。办理闭塞实际上就是使出发列车取得占用区间的许可权。

2)布置与准备进路

(1)布置进路。在城市轨道交通系统中,接发列车的关键是正确及时地准备好列车进路。布置进路时,务必要确定列车车次和列车占用线路情况。行车值班员必须确认进路是否准备妥当。

(2)准备进路。准备进路时,顺序按压进路始端、终端按钮,道岔会自动转换并锁闭该进路,进路排列完毕,同时防护该进路的信号机自动开放。

3)开闭信号

当联锁站接发列车进路准备好后,信号自动开放。由于轨道电路的作用,当机车或车辆第一轮对越过信号机后信号自动关闭。

4)接送列车

站台接发列车作业人员应在规定地点立岗接送列车,注意列车运行状态,一旦有危及行车安全情况时,立即采取紧急措施。

5)车站报点

列车到达车站或出站后,车站行车值班员应及时将列车到达、出发时刻通知邻站,并在“行车日志”中登记,向行车调度员报点。

五、车辆段行车组织

车辆段行车由车辆段调度员统一指挥,并由其负责车辆段日常运营和设备维修组织等工作。车辆段的其他工作人员应服从车辆段调度员的指挥,按照各自职责开展工作。车辆段行车指挥部门主要负责组织列车出入段,实施客车、机车车辆转轨、取送、检修作业,车辆段内行车设备检修维护作业、客车调试等工作。

1. 列车进出段作业

列车进出段作业包括车辆移交、列车出入段计划编制和接发列车作业。

(1)车辆移交。客车及工程车车辆根据其所处的状态不同分为运营状态和维修状态。不同的状态下,其调度指挥权不同。因此两种状态相互转换时,需要交换调度指挥权。

(2)列车出入段计划编制。车辆调度员根据当日的列车运行图编制列车出入段计划,编制好的计划提前送达控制中心行车调度员和信号楼值班员。

(3)接发列车作业。车辆段接发列车作业过程由两部分组成:一部分是车辆段车库到车辆段接发车线(转换轨)的进路安排及列车运行组织;另一部分是车辆段接发车线(转换轨)与正线出入段线相连接的车站之间的接发车作业。车辆段车库到车辆段接发车线(转换轨)的接发车作业比较简单,与列车转线程序大致一致。而车辆段接发车线(转换轨)与正线出入段线相连接的车站之间的接发车作业,在正常情况下由调度集中控制,控制中心行车调度员排列进路,并通知列车司机按信号动车,当无法实施调度集中控制时,由车辆段与车站直接办理接发车作业。

2. 调车作业

在城市轨道交通日常运营过程中,除了列车在正线上的运行外,凡列车或车辆有目的的移动都属于调车。调车是车辆段内行车组织工作中的一项重要内容,主要有转线调车、取送调车、解体调车和编组调车四种。

调车作业必须按照调车信号机和调车手信号的显示要求进行。没有信号不准动车,信号不清立即停车。调车作业时,调车员必须正确及时显示信号,列车司机要认真确认信号,并鸣笛回示。没有回示时,应立即显示停车手信号。

六、行车调度工作

1. 行车调度工作的基本任务

城市轨道交通行车调度工作由控制中心实施,实行高度集中统一指挥的原则,各部门协调统一,紧密配合,确保列车运行安全、准点运行。行车调度指挥工作是城市轨道交通系统的核心工作。控制中心通常设有行车调度、电力调度、环控调度、设备维修调度等工种,各工种在值班主任的统一指挥下按照正常流程有序开展工作。

行车调度工作的基本任务有:

(1)组织指挥各部门、各工种严格按照列车运行图工作。

(2)监视列车到达、出发及途中运行情况,确保列车运行的正常秩序。

(3)当列车运行秩序不正常时,能够及时采取措施,尽快恢复正常运行秩序。

(4)及时、准确地处理行车异常情况,防止行车事故的发生。

(5)随时掌握客流情况,及时调整列车运行方案。

(6)检查监督各行车部门执行运行图情况,发布调度命令。

(7)当区间或车站发生行车事故时向主管部门汇报,并采取措施防止事故扩大,积极参与救援组织工作。

2. 行车调度指挥机构

城市轨道交通调度指挥系统中,控制中心为调度机构,同时设置了不同的调度工种,按照不同工种实行分工管理,如图 7-12 所示。运营指挥分为一级和二级两个指挥层级,二级服从一级;一级指挥有行车调度员、电力度员、环控调度员和设备维修调度员(不同城市轨道交通企业可能设在不同部门),控制中心的日常工作由值班主任组织和领导;二级指挥有车站值班站长、车辆段调度员、车辆段检修调度员、派班员以及其他二级指挥调度;各级指挥要根据各自的职责任务独立开展工作并服从控制中心值班主任总体协调指挥。

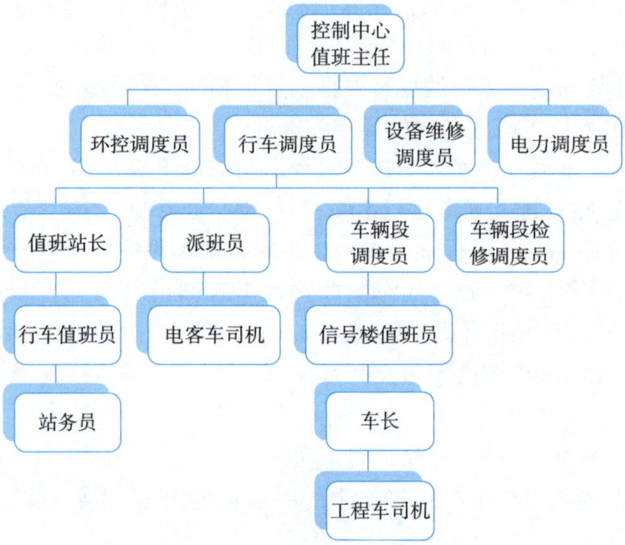

图 7-12　行车调度指挥系统组织结构

一级指挥层又称为线路控制层,主要负责指挥线路列车运行、非正常情况和应急情况下列车运行计划调整和组织实施;二级指挥层又称为站场控制层,主要负责列车运行计划的执行,非正常情况和应急情况下负责本区域行车组织和应急处置方案的执行。

运营单位结合网络化运营需求,可在线路控制层的基础上建立线网指挥层,负责线网正常运营组织监督、突发事件应急处置的统筹协调指挥等工作。

知识拓展

某地铁公司接发车一般规定

(1)行车调度、综控员、信号楼值班员严格按规定时机开闭信号。如需取消进路,须确认列车尚未启动并通知司机后,关闭信号,取消进路。

(2)车站应不间断地接发列车,严格按列车运行图组织行车。接发列车时,综控员须及时交付凭证及显示信号,并及时办理闭塞、开通进路、开闭信号等。

(3)综控员须随时注意列车运行情况,发现列车运行偏离列车运行图时,及时报告行车调度。注意乘客乘降情况,监视列车状态。发现问题及时采取相应措施。

(4)遇发车计时器故障时,司机通报行车调度,按图定时刻发车。

(5)使用引导手信号接车时,引导手信号须于来车方向站台末端端门处的安全位置显示。引导接车时,列车以不得超过 15 km/h 的速度进站,并做好随时停车的准备。列车头部越过引导信号,即可收回引导手信号。

(6)遇道岔由于停电或故障使用手摇把转换时,须在综控员(包括信号楼值班员)的统一指挥下办理。

(7)列车进站按规定位置停稳后,司机负责列车车门及站台门的开关作业。

(8)采用 AM、CM 驾驶模式的列车进站按规定位置停稳后,司机可根据开门指令进行车门开关作业,站台门与车门联动开关。

(9)采用 RM、EUM 驾驶模式的列车进站按规定位置停稳后,司机需人工确认列车车门开启方向,并使用站台的就地控制盘打开站台门,再打开列车门;关门时先关闭车门,再关闭站台门。

(10)遇列车进站按规定位置停稳后无开门指令时,司机在确认开门方向后,进行列车车门及站台门的开关作业。

(11)遇 AM、CM 驾驶模式的列车进站按规定位置停稳、车门打开但站台门未打开时,司机须尽快使用站台的就地控制盘将站台门打开,并立即报综控员。关门时先关闭车门,再关闭站台门。列车运行至前方站如出现同样故障,司机须及时报告行车调度。

(12)综控员如得到同方向连续两列列车报告车门打开但站台门未打开,须立即报告行车调度,行车调度须及时通知后续列车。预先得到通知的后续列车进站停稳后,司机须先使用站台的就地控制盘打开站台门,再打开列车门;关门时先关闭车门,再关闭站台门。

(13)车站工作人员发现站台门未关闭时,如仅为单个站台门须将该门 LCB 置于“手动开”位,使该故障站台门处于打开状态,如为多个站台门须进行互锁解除操作,保证列车及时发车。综控员须立即报行车调度。

技能训练

<table>
<tr><td colspan="8">训练工单:认识行车组织和调度</td></tr>
<tr><td colspan="8">姓名:________　班级:________　日期:________</td></tr>
<tr><td colspan="2">任务目标</td><td>指导老师</td><td colspan="5"></td></tr>
<tr><td colspan="2" rowspan="2">(1)能识读列车运行图;
(2)能按照规定组织行车</td><td>团队成员</td><td></td><td></td><td></td><td></td><td></td></tr>
<tr><td>分工职责</td><td></td><td></td><td></td><td></td><td></td></tr>
<tr><td>任务内容</td><td colspan="7">作为地铁车站的行车运营人员,需要熟悉所在线路的行车组织情况,并能按照规定进行正确的行车组织</td></tr>
<tr><td>引导问题</td><td colspan="7">(1)什么是列车运行图,有何作用?
____
____
____
(2)城市轨道交通行车组织有何要求?
____
____
________________________________</td></tr>
</table>

续表

任务实施
(1)教师给定某城市地铁线路的列车运行图,以小组为单位进行运行图的识读分析。

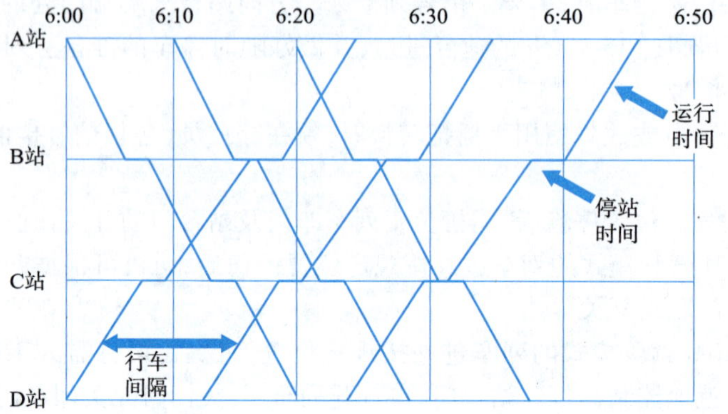

(2)某日,某地铁列车早上5:00开始载客运营,请描述下列行车岗位的工作内容相关规定。

行车岗位	岗位工作内容规定		
车站行车值班员			
车辆段信号楼值班员			
调度员			

(3)拓展:调研所在城市某地铁线路近五年发生的行车事故,撰写行车分析报告,上交电子版报告(包括行车事故概况、事故处理过程及影响等)

任务评价

序号	评价内容	评价标准	分数	评分记录		
				学生自评	组间互评	教师评分
1	行车组织基本知识	准确描述出行车组织的定义、基本要求等	10			
2	列车运行图	准确识读地铁列车运行图	30			
3	控制中心、车站、车辆段行车组织	准确描述行车组织工作职责和规定	40			
4	行车调度工作	准确说出行车调度任务和指挥机构	20			
总成绩			100			

巩固与练习

一、填空题

1. 城市轨道交通一般可分为行车指挥自动化时的列车运行组织、________和调度监督下的列车运行组织三种模式。

2. 列车运行图分为________、二分格、十分格、小时格运行图。

3. 车站行车严格执行单一指挥制，车站行车工作由________统一指挥，站务员在行车值班员指挥下处理车站内行车事件。

二、简答题

1. 简述城市轨道交通行车组织基本要求。

2. 简述行车调度的基本任务。

视频

认知客运组织管理

学习任务三　认知客运组织管理

任务导入

早上5:30，晨曦微露，值班站长的忙碌也由此开始，检查人员是否都已到岗、客服设备是否开启、设备运行是否正常等。"扶梯开启正常""TVM、闸机开启正常""安检设备正常、人员到岗正常""站台已到岗"，对讲机内，各岗位报告声此起彼伏。

从开站前的有序备战、早高峰的紧锣密鼓、车站内的日常巡视、安检处的强化盯控、应急时的全力以赴、晚高峰的用心守护，到交接班的慎终如始、运营后的数据盘点、施工时的精细管理，值班站长以良好的专业素养确保一天地铁车站运作有条不紊。

任务目标

知识目标

(1)了解客运组织的概念。

(2)理解客运服务的内容和技巧。

(3)掌握车站客流组织工作。

(4)了解票务管理工作。

能力目标

(1)具备车站客运服务的能力。

(2)具备车站客流组织的能力。

素质目标

(1)培养学生爱岗敬业、诚实守信的工作作风。

(2)培养学生全心全意为乘客服务的意识。

任务描述

通过本任务的学习，学生能够认识客运组织的基本概念，了解客运服务的内容和技巧，掌握客流组织的规则和票务管理规定，达到城市轨道交通运营维护人员的基本能力要求。

核心知识

一、客运组织概念

城市轨道交通客运组织是指通过合理的安排岗位人员及布置客运有关设备、设施，对客流采取有效的引导措施，从而实现乘客位移的过程。城市轨道交通主要通过合理的客运组织来完成其大容量的客运任务。

在城市轨道交通系统中,车站作为乘客集散的重要场所,完成城市轨道交通客运的组织工作。车站中的运营人员主要有站(区)长、值班站长、行车值班员、客运值班员以及站务员等。涉及的设备设施如自动售检票系统、站台门系统、电梯系统、广播子系统、闭路监控系统、火灾报警系统等。

客运组织工作是城市轨道交通运营生产的重要组成部分,其质量直接反映城市轨道交通运营企业的管理水平。客运组织工作必须实行集中领导、统一指挥的原则,控制指挥中负责全线的客运组织工作,车站站(区)长或值班站长负责车站的客运组织工作。

二、客运服务

城市轨道交通服务是一个城市文明的窗口之一,也是反映城市轨道交通运营管理水平的重要标志之一。对一个城市轨道交通运营公司来讲,客运服务能直接反映企业的口碑,优质、高效、满意的服务可以吸引越来越多的乘客,提高城市轨道交通在市场中的竞争力。

1. 客运服务的内容

城市轨道交通提供的产品为乘客运输服务,即将乘客从出发站输送到目的站的过程,城市轨道交通服务主要体现在乘客整个乘车活动的每个环节(包括进站、购票、候车、换乘、出站等)的人性化服务。乘客进站流程如图7-13所示,乘客出站流程如图7-14所示。

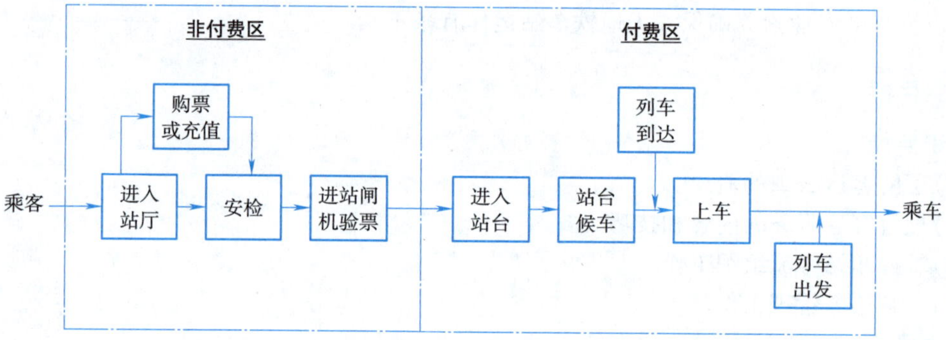

图7-13 乘客进站流程图

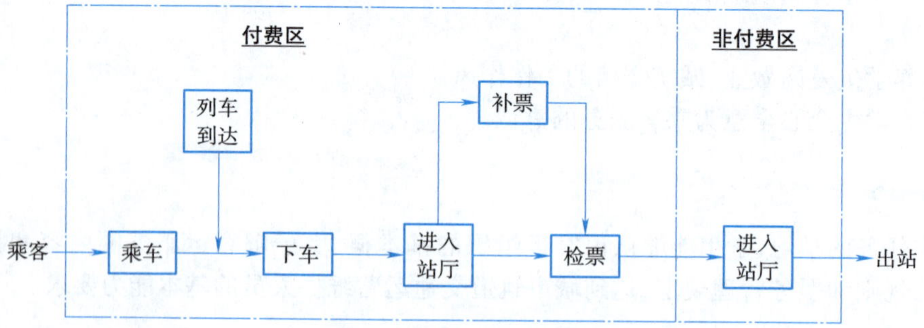

图7-14 乘客出站流程图

(1)引导服务。车站应在出入口、自动售票机、闸机、站台等明显区域设置导向标识引导乘客顺利进出站,或者在特定的客流密集区安排人员引导乘客。例如,在站外设置站外导向标识,出入口设置进出站标识,自动售票机处设置购票操作指引等标识。

(2)问讯服务。乘客在进站乘车的过程中,会产生问讯的需求,一般包括票务信息查询、乘车路线查询、周边建筑位置查询等内容。车站提供的问讯服务分为有人式问询服务和无人式查询服务两类。车站工作人员应向乘客提供问讯服务。另外，随着信息化时代的发展，车站的问讯服务向自助式服务方向发展，例如，采用自动查询机可供乘客查询票价及各类票卡的金额等功能。

(3)售检票服务。目前，我国城市轨道交通售检票服务的主要形式是采用自动售检票为主、人工售检票为辅的方式。采用自动售检票系统替代人工售检票，可提供更为准确的售检票服务，提高服务效率和水平，减少因差错而导致的票款损失。

(4)组织乘降。在运营期间，站台应配置人员维持站台乘车秩序，确保乘降安全有序。站台设有明显的候车安全线，车站工作人员提示乘客站在候车安全线内候车，提示乘客在列车进站未停稳、车门未完全打开之前不要越过安全线，以防发生意外。在乘降过程中，组织乘客先下后上，在指定时间内完成乘降作业，同时留意站台门和车门等设备状态，在突发情况下第一时间处理。

图 7-15 所示为地铁车站客运引导服务，图 7-16 所示为地铁车站组织乘降服务。

图 7-15　地铁车站客运引导服务

图 7-16　地铁车站组织乘降服务

2. 客运服务的技巧

城市轨道交通客运服务质量对运营来说至关重要，而车站又是服务的重要窗口。因此，车站工作人员需掌握一定的服务技巧，为乘客提供优质的服务。

(1)票务服务技巧。处理票务事务应遵循“一分析”“二解释”“三处理”的原则。出售票卡应遵循“一收”“二验”“三售找”“四清”的原则。收取票款验明真伪后将票卡、找零一并交给乘客，待乘客离开窗口后将票款清理放入抽屉。

(2)问讯服务技巧。问讯服务人员应遵循“一问”“二听”“三答”的原则询问乘客需求，耐心倾听乘客需求，耐心解答。

(3)便民服务技巧。车站要主动发现乘客需求，遵循“一观”“二问”“三帮”的原则。观察乘客需求，主动询问并提供帮助。

三、客流组织

为了科学地组织好地铁车站的客流，车站定期根据日常客流统计以及客流增长速度预测未来的客流，预先做好客流组织方案，指导车站的客流组织工作。一般情况下，客流预案修改的时间为半年，如果车站周边建筑、活动对车站客流有较大影响，车站需根据实际情况实时调整客流预案。日常客流组织的方式主要有车站售检票位置设置、售检票设备开关、车站导向标识设置、售票设备数量配置、用于引导和控制的工作人员配备、摆放铁马、调整自动扶梯方向等。地铁车站向导标识如图 7-17 所示。

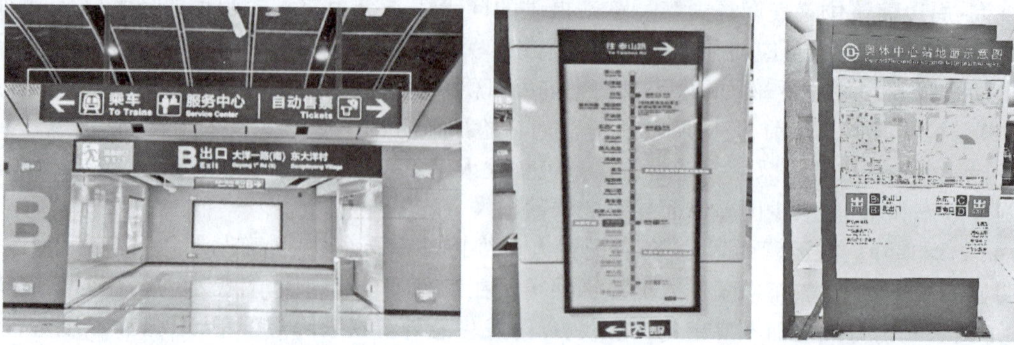

图 7-17　地铁车站向导标识

进行客流组织时，应特别考虑以下几个原则：

1. 日常客流组织

(1)合理安排售检票位置、出入口、楼梯，行人流动路线应简单明确，尽量减少客流交叉对流。

(2)保证城市轨道交通与其他交通工具换乘的便利性。人流与车流行驶路线分开，保证行人的安全和车辆驾驶不受干扰。

(3)完善乘客导向系统，快速分流，较少出现客流聚集和过分拥挤现象。

(4)满足乘客换乘的便利性、安全性和舒适性等一些基本要求。例如，适宜的换乘步行距离和换乘等候时间、无障碍通道设计、应急系统等。

2. 大客流组织

1)大客流的定义

大客流是指在某一集中时段，集中到达的客流量超过车站正常客运设施或客运组织措施所能承担的流量时的客流。

2)大客流的分类

根据大客流产生的影响和后果不同，可分为一级大客流和二级大客流。

(1)一级大客流。一级大客流的判定标准：各车站根据本站的正常乘客数量进行比较，站台聚集人数达到或大于站台有效区域的80%，并且持续时间大于实际行车时间间隔。这种情况会给乘客及轨道交通运营安全造成影响，存在明显的安全隐患。

(2)二级大客流。二级大客流判定标准：各车站根据本站的正常乘客数量进行比较，站台聚集人数达到站台有效区域的70%，并有持续不断上升的趋势。这种情况下，乘客的正常出行和轨道交通所提供的服务水平受到一定程度的影响，车站比较拥挤，乘客感觉比较压抑，但尚未对乘客及轨道交通运营安全造成影响。

3)大客流产生的原因

一般大客流产生有以下三种情形：

(1)早晚高峰时段、节假日、重大活动期间的爆发性客流超出车站承载能力。

(2)多线换乘客流在车站换乘通道交汇对冲。

(3)遇到自然灾害、突发性运营故障、火灾、治安案(事)件、恐怖袭击等情况，造成车站乘客滞留拥挤等。

4)车站大客流组织的影响因素

城市轨道交通车站大客流的组织主要考虑的影响因素有站厅站台的面积、楼梯与通道的通过能力、自动售检票设备的通过能力、列车输送能力等。

5)大客流的组织原则

(1)地铁运行控制中心负责地铁线路的客流组织工作,车站客流组织由值班站长负责。

(2)在大客流情况下,车站应采取有效措施对车站的人流进行控制。客流控制应遵循由内至外、由下至上的原则。

(3)当站台乘客数量大于站台容积能力时,必须进行入闸机控制点的客流控制,控制乘客前往站台的数量。

(4)当站台乘客数量大于站台容积能力时,就必须对出入口控制点进行控制,临时限制进站客流。

6)大客流的组织措施

(1)增加列车运能。可以根据预测客流量提前编制针对大客流的特殊情况下的列车运行图,保证运能。一般可根据大客流的方向,在大客流发生时,利用就近的折返线、存车线增开临时列车,个别区段增开短交路列车等,从而保证最大限度地把乘客送出。

(2)增加售、检票能力。售、检票能力不足是大客流疏散的主要障碍,因此车站在设置售、检票位置时,应考虑提供疏散大客流的通道。在大客流疏散时,可事先做好票务服务及相关服务设备设施的准备工作。例如,确保售检票设备能正常使用、车站有足够的车票和零钞、临时售票亭准备妥当、临时导向标识和人员准备到位等。

(3)合理疏散和限制客流。一般情况下,需要车站疏导的客流主要为进站大客流和换乘大客流。车站进行大客流组织时应有序组织乘客进站、加快出站速度、合理引导换乘客流,视客流情况采取合理的限流、疏散措施。可以通过调整售检票能力、改变扶梯运行方向、调整闸机的进出方向、设置隔离栏限流等措施进行客流控制。

四、票务管理

1. 票务系统

城市轨道交通票务系统是城市轨道交通票务收入和结算的基础,随着系统功能外延的不断扩展,票务系统也承担起对营运状况进行监控管理的职责。现代城市轨道交通票务系统的业务管理主要借助于自动售检票系统来实现,主要内容有票卡管理、规则管理、信息管理、账务管理、模式管理、运营监督等。

(1)票卡管理。票卡是乘客使用的车票,用于记载乘客的出行和费用信息,是乘车的有效凭证。票卡管理是对票卡的发行、使用、更新等全过程进行的有效管理。

(2)规则管理。为保证票务系统能够在多部门和多环节高效运行,就必须制定一整套科学、严密的规则和流程,包括票价策略、结算规则、权限管理和操作流程等。

(3)信息管理。信息化是自动售检票系统的一个基本特征,为进行有效的管理,并为决策提供可靠的信息支持,需要对自动售检票系统收集的基础数据进行深度挖掘、加工,开展统计分析并发布信息。

(4)账务管理。账务管理是对系统内的票务收入进行汇缴、清算、入账等过程的管理,包括账户设置、票款汇缴、登账稽核、收益清算、资金划拨和对凭证进行有效管理等。

(5)模式管理。模式管理是针对不同的运营条件所做出的相应操作行为的选择和实施,包括正常运营模式、降级运营模式及相配套的运营管理。

(6)运营监督。运营监督是通过对系统设备及其所具有的完整、严密、及时的信息流,对运营状况进行实时跟踪监督,以提高运营质量和服务水平,它包括信息传输状况监督、客流状况监督、车票调配监督、收款监督及收益监督等。

2. 票务作业

票务作业作为车站日常工作的重要组成部分，是城市轨道交通运营企业向乘客提供售检票服务、完成收益结算及实现财务管理的重要环节。售票作业主要有人工售/补票和自动售票两种。图 7-18 所示为地铁车站人工售票。图 7-19 所示为地铁车站自动售票。

图 7-18　地铁车站人工售票

图 7-19　地铁车站自动售票

知识拓展

某地铁车站高峰客运组织

图 7-20 和图 7-21 分别是车站高峰站厅岗和站台岗的岗位安排情况，工作日高峰客运组织方式如下：

一、工作日早高峰客运组织

(1)6:30 前开启 A2 口(预约进站口)闸机，采取开启扇门的方式，既保证需要刷卡的乘客能够正常刷卡，又保证未预约的乘客可以正常进站，同时摆设 A2 口围挡。继续完成关闭 A1 口栅栏门及 A 口直梯，使用导流带对步梯上口、直梯上下口进行围挡。

(2)7:00 开始将 A2 口预约进站闸机扇门改为关闭模式，A2 口扶梯前工作人员引导预约乘客刷卡进站，人工核验口工作人员将扶梯下端围栏设置到位，引导已预约未到刷闸时间或已超过刷闸时间的乘客进行人工核验，从限流围栏内排队至 A2 口进站，引导未成功预约乘客从 B 口进站。

(3)7:00—7:30 期间，B1 口、B2 口摆设导流带，引导乘客排队进站。根据站内客流情况，将 B1 口下行扶梯改成上行使用(如站台、连廊客流堆积明显，立即将下行扶梯停止使用)。7:30 将原下行扶梯改为停梯状态，7:40 根据站台、连廊客流堆积情况，通过调整 B1 口、B2 口导流带宽度(两队变一队)，引导乘客限流进站(在此之前如站台、连廊客流堆积明显，立即引导乘客排一队进站)。

(4)7:00 至解限，北厅下行扶梯改为上行使用，北厅出站闸机群三组出站闸机改为进站使用，摆放站厅导流围栏。

(5)7:00 至解限，南厅出站闸机群两组出站闸机改为进站使用，摆放站厅导流围栏，引导南厅出站乘客由 A 口出站。

(6)8:30 后，视站内客流情况及站外排队情况，适时解除出入口限流措施，开启 B1 口下行扶梯、将南厅出站闸机群两组进站闸机恢复出站使用。北厅出站闸机群三组进站闸机恢复出站使用，将北厅下行扶梯恢复下行使用。开启 A 口直梯，打开 A1 口栅栏门，将 A2 口预约闸机设置为开启扇门的模式。

(7)限流解除后,将站厅、出入口导流设施、宣传提示牌恢复成日常状态,开放 A1 口,各岗位将所携带的手台、扩音设备、钥匙等备品交回综控室。

(8)9:30 由白班人员负责关闭预约进站设备。

二、工作日晚高峰客运组织

(1)17:00 至运营结束,A、B 口安检点关闭一个安检门,同时扩大连廊出站通道宽度,以满足出站乘客使用。

(2)17:00 至运营结束,将南厅进站闸机中三台设备改为出站使用,保留一台设备供乘客进站使用。

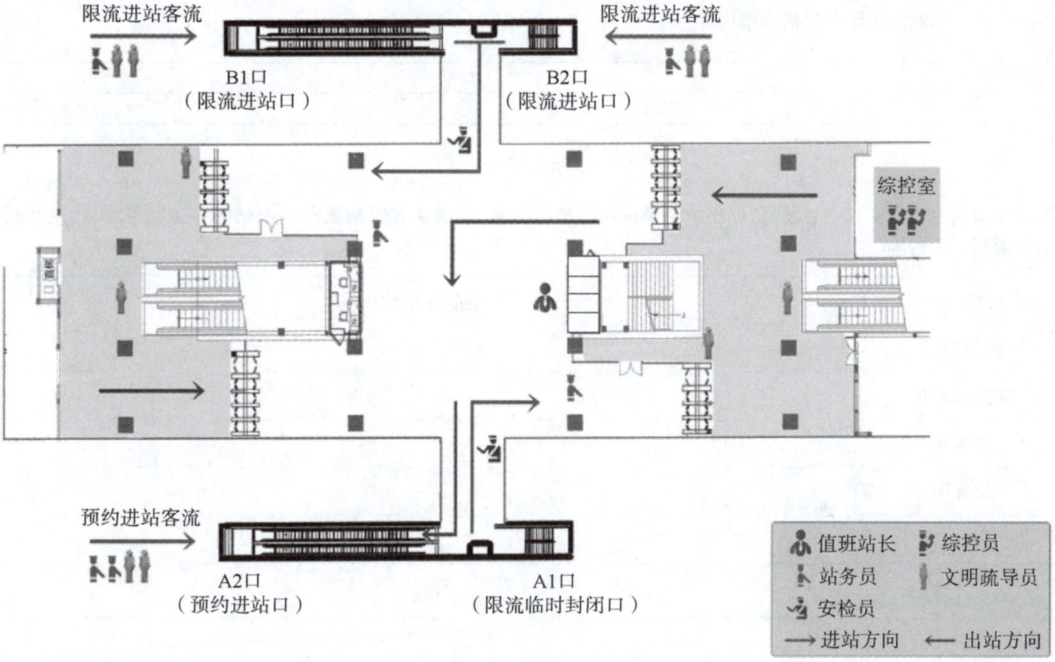

图 7-20　车站高峰站厅岗安排

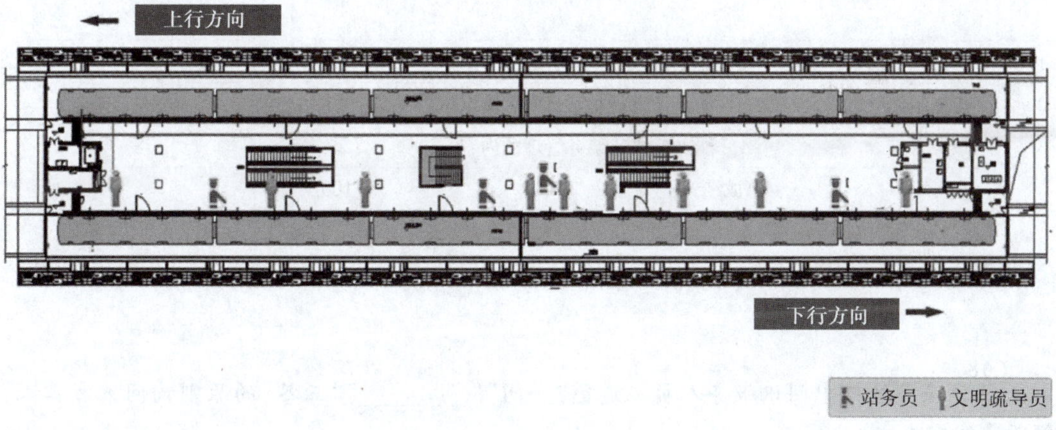

图 7-21　车站高峰站台岗的岗位安排

技能训练

<table>
<tr><td colspan="7">训练工单:认识客运组织管理</td></tr>
<tr><td colspan="7">姓名:________ 班级:________ 日期:________</td></tr>
<tr><td>任务目标</td><td>指导老师</td><td colspan="5"></td></tr>
<tr><td rowspan="2">(1)熟悉客运服务工作;
(2)会进行日常客流组织</td><td>团队成员</td><td></td><td></td><td></td><td></td><td></td></tr>
<tr><td>分工职责</td><td></td><td></td><td></td><td></td><td></td></tr>
<tr><td>任务内容</td><td colspan="6">学生分组进行角色扮演,分别扮演值班站长、客运值班员、票务员、乘客甲和乘客乙,在轨道交通实训中心进行客运服务工作</td></tr>
<tr><td>引导问题</td><td colspan="6">车站客运服务包括哪些内容?
____
____
________________</td></tr>
<tr><td colspan="7">任务实施</td></tr>
<tr><td colspan="7">依托城市轨道交通实训中心场景,以小组为单位进行角色扮演,设定乘客进站乘车至出站的客运服务情景,进行情景演示并填写下面内容。</td></tr>
</table>

角色	客运服务工作内容
值班站长	
客运值班员	
票务员	
乘客甲	
乘客乙	

任务评价

序号	评价内容	评价标准	分数	评分记录		
				学生自评	组间互评	教师评分
1	客运服务内容和技巧	能正常进行车站客运服务工作	40			
2	客流组织	能正常进行车站日常客流组织	40			
3	票务管理	能准确描述票务管理的内容	20			
总成绩			100			

巩固与练习

一、填空题

1. 问讯服务技巧中问讯服务人员应遵循“一问”“________”“三答”的原则询问乘客需求,耐心倾听乘客需求,耐心解答。

2. 城市轨道交通客流组织主要包括日常客流组织和________。

3. 城市轨道交通票务系统的业务管理主要内容有票卡管理、规则管理、信息管理、________、模式管理、运营监督等。

二、简答题

简述车站客流组织措施。

参 考 文 献

[1] 刘亚苹,梁立肖.城市轨道交通概论[M].北京:机械工业出版社,2020.
[2] 崔宏巍.城市轨道交通概论[M].北京:人民邮电出版社,2018.
[3] 李建国.城市轨道交通系统概论[M].北京:机械工业出版社,2019.
[4] 米玉琴,刘亚磊,齐超.城市轨道交通概论[M].北京:北京交通大学出版社,2018.
[5] 牛红霞.城市轨道交通概论[M].北京:化学工业出版社,2016.
[6] 曾险峰.城市轨道交通概论[M].北京:中国电力出版社,2014.
[7] 于存涛,李良玉.城市轨道交通概论[M].北京:北京交通大学出版社,2015.